HEED에서 답을 찾는다
당신의 조직은 무엇에 멈춰 있습니까?

양필석 지음

카오스북

이 책에서의 관행은 조직(기업)에서 일어나는 방식에 한정한다.
따라서 정부관행, 국가관행은 이 책에서 다루지 않는다.

프롤로그

HEED

여러분은 'HEED(히드)'라는 단어를 들어보신 적 있으신가요?
저는 이 단어 속에서 삶의 중요한 가치를 새롭게 발견했습니다.
그리고, 그 가치들이 조직의 혁신을 이끌고, 안전한 문화를 만들어가는 힘이 된다는 사실을 알게 되었습니다.

이제, HEED로 인해 제 삶이 바뀐 이야기를 천천히 들려드리겠습니다.

한때 저는 그렇게 믿었습니다.
사람들의 이야기를 잘 듣고, 주변에 늘 세심한 관심을 기울여야 한다고 여겼습니다.

하지만, 현실의 저는 달랐습니다.
마음도 닫혀 있었고, 귀도 닫혀 있었습니다.

말뿐인 사람이었습니다.

제 생각만 옳다고 고집했고, 다른 사람들의 의견은 쉽게 흘려버렸습니다.
뛰어난 것도 없으면서 괜스레 잘난 척하기도 했습니다.
가까운 이들의 사랑과 배려조차 당연하게 여겼습니다.

감사는 부족했고, 고집만 앞섰습니다.
결국 저는 스스로를 좁은 틀 속에 가두고 살아왔습니다.

돌아보니, 오랜 시간 제 거만을 인정하지 못했습니다.
그럴듯한 말로 자신을 포장했을 뿐입니다.
그때는 제가 얼마나 부족한 존재인지조차 알지 못했습니다.

그러던 어느 날, 'HEED'라는 낯선 단어가 제 앞에 다가왔습니다.
그 순간부터 제 삶과 일터는 서서히 다른 빛깔로 변하기 시작했습니다.

부끄러움이 밀려왔고 후회의 무게가 마음을 짓눌렀습니다.
그리고 이 감정들이 결국 제가 살아온 강의실과 조직 경험 속에서 깊게 맞닿아 있음을 깨달았습니다.

나를 성장하게 한 HEED

저는 약 19년 동안, 대학교에서 학부생을 대상으로 인사·조직 분야 강의를 해 왔습니다. 강의는 늘 사례 제시로 시작되었고, 그 사례에서 얻은 시사점을 도출한 후 본 주제를 다루는 방식이었습니다. 주제에 관한 강의가 끝나면 이슈 체크 및 토론을 진행하며, 학생들은 조직에 제공하는 시사점을 중심으로 논의했습니다.

학생들과 토론을 거듭할수록 저는 조직이 성장하기 위한 핵심 요소에 대해 고민했습니다. 그런데 그 과정에서 자주 등장하는 핵심 키워드는 겸손Humility, 공정Equity, 실책Error, 낙심Disappointment이었습니다. 여기서 공정Equity은 구성원 각자의 상황과 기여를 고려해 조직 내 균형을 찾아가는 섬세한 과정을 의미합니다. 이는 모두에게 똑같이 대하는 평등Equality과는 구별되는 개념입니다.

강의를 준비하던 어느 날, 저는 이 네 가지 가치를 체계적으로 정리해 보았습니다. 흥미롭게도 'HEED'라는 단어가 만들어졌습니다. 'HEED'는 영어로 "주의를 기울이다, 관심을 가지다, 귀 기울이다"라는 의미를 가지고 있습니다. 이 뜻을 곱씹으며 저는 깨달았습니다. 조직이 사회로부터 인정받고 사랑받으려면 구성원들이 서로에게 관심을 기울이고 마음을 열어 소통하며, 각자의 강점을 모아 함께 길을 만들어가야 한다는 것입니다. 그리고 조직 전체가 열린 마음을 가져야 한다는 것도 알게 되었습니다. 이러한 문화가 자리 잡을 때, 조직의 지속적 성장은 자연스럽게 뒤따를 것이라고 확신했습니다.

현장에서 얻은 확신

2012년 10월부터 약 8년간, 제조업과 서비스업 분야를 대상으로 조직경쟁력 강화, 시장조사 및 분석 등 다양한 경영 컨설팅을 수행했습니다. 그 과정에서 저는 조직의 성패를 가르는 뚜렷한 차이를 발견했습니다. 성장하는 조직에서는 "고생했어!", "자네 덕분이야!", "네 아이디어 좋아!"와 같은 긍정적 대화가 자연스럽게 오갔습니다. 반면, 정체된 조직에서는 "내가 과거에 얼마나 잘 나갔는지 알아?"라는 말이 지배했고, 기존의 방식에 안주하려는 경향이 강했습니다.

저는 여러 산업현장에서 일하며 깨달은 사실이 있습니다. 오래된 관행이 안전사고를 불러일으킬 뿐 아니라, 혁신의 발목까지 잡고 있다는 점입니다. 기업이 첨단 기술과 AI 안전관리자를 도입하더라도, 관행이 바뀌지 않는 한 산업재해는 획기적으로 줄지 않습니다. 관행은 단순한 습관이 아니라, 사람이 만들어내고 고착시킨 견고한 장벽입니다. 사람 중심의 HEED는 위험한 관행을 멈추고, 혁신이 뿌리내리도록 돕습니다.

특히 2023년 1월부터 약 2년 6개월 동안 현장에서 직접 일용직으로 몸을 부딪쳐 일하면서, 여전히 과거의 방식을 답습하는 조직문화를 목격했습니다. 이 경험은 저에게 확신을 주었습니다. 결국 성장하는 조직은 변화하는 환경에 맞추어 새로운 관행을 끊임없이 만들어가는 일을 멈추지 않아야 한다는 사실을 깨달았습니다. 무엇보다 그 일은 일회성에 그치지 않고, 일상으로 자리 잡아야만 진정한 성장이 가능하다는 확신을 가졌습니다.

HEED, 경청을 넘는 경고

흥미롭게도, 'HEED'라는 단어는 성경에도 등장합니다. 시편 94편 8절에 "백성 중의 어리석은 자들아, 너희는 생각하라. 무지한 자들아, 너희가 언제나 지혜로울까?"라는 말씀이 나옵니다.

이 구절에서 하나님은 인간에게 "주의를 기울이라heed"고 말씀하십니다. 즉, 서로의 행동과 말을 가볍게 여기지 말고 주의 깊게 듣고, 지혜롭게 행하라는 의미가 담겨 있습니다. 이 말씀은 겸손, 공정, 실책에 대한 포용, 그리고 낙심하지 않도록 서로를 배려하는 태도의 중요성을 강조합니다.

HEED의 개념은 단순한 경청을 넘어, 강력한 경고의 메시지를 담고 있습니다. 위에서 예를 든 성경에서의 'HEED'는 "내가 이미 말했다. 그런데 너희는 왜 아직도 이행하지 않고 있느냐?"라는 준엄한 꾸짖음입니다. 단순히 주의를 기울이라는 차원을 넘어, 반드시 그 말에 따라 행동하라는 의미입니다. 경고는 말로 그치지 않고, 실행되지 않는 말에 대한 책망으로 이어집니다.

조직에서 구성원의 불만이나 의견이 나왔을 때, 단지 "잘 듣겠다"는 말로 끝나서는 안 됩니다. HEED의 관점에서, 이는 매우 무책임한 태도입니다. 경고의 언어가 들렸다면 즉각 대응 체계를 가동해야 하며, 문제 해결을 위한 조치가 뒤따라야 합니다. 경고를 듣고도 움직이지 않으면, 그것은 이미 조직의 위기를 방치하는 것과 같습니다.

예컨대, 현장에서 누군가 어떤 문제를 제기했을 때, HEED는 단순히 귀를 기울이라는 수준에서 멈추지 않습니다. 그것은 마치 조기경보시스템처럼 작동되어야 하며, 실질적 해결책으로 이어져야 합니다. 반영은커녕 반복되는 사고 앞에서 "우리는 들었다"고 말하는 것은 무책임한 대답일 뿐입니다. 이 지점에서 HEED는 강력히 경고합니다. "너희가 들었다고? 그런데 왜 여전히 같은 실수를 반복하느냐? 이 우둔한 자들아!" 그 경고는 경청을 넘어, 실천하지 않는 자들에 대한 준엄한 질타입니다.

조직을 진짜 혁신하는 HEED

이 원칙을 조직에 적용하면, HEED의 네 가지 가치가 조직 내에서 어떻게 작동하는지 분명히 드러납니다. 자기 자신을 이해하고 점검하는 일에서부터 상사와 부하 직원 간의 배려, 나아가 조직이 가져야 할 태도에 이 가치를 실천해 나간다면, 조직은 단순히 '일하기 좋은 곳'을 넘어 사회로부터 인정받고 사랑받는 존재로 혁신할 수 있습니다.

제가 제시하는 HEED의 네 가지 가치는 순차적인 흐름을 가집니다. 그 디딤돌은 '관심'입니다. 관심이 깊어질수록 자연스럽게 겸손이 따라오며, 겸손은 동료나 상사와의 관계에서 자신의 한계를 인정하고 서로의 의견을 존중할 때 실현됩니다. 특히 관리자와 리더가 권위적인 태도를 내려놓을 때 구성원과의 신뢰가 형성되며, 이 신뢰는 조직 내 차별을 줄이고 직급이나 배경에 관계없이 모든 구성원을 공정하게 대우하는 문화로 이어집니다. 결국 겸손은 공정성을 가능하게 하는 핵심 토대가 됩니다.

조직은 또한 변화하는 환경에 선제적으로 대응하기 위해 새로운 기법이나 시스템을 도입합니다. 이 과정에서 실책은 불가피합니다. 그러나 실책을 허용하지 않는 조직은 결국 경쟁에서 뒤처질 수밖에 없습니다. 반면, 실수를 학습의 기회로 받아들이는 문화가 자리 잡으면, 구성원들은 도전을 두려워하지 않습니다. 예를 들어 도요타는 카이젠Kaizen 시스템을 통해 실수를 개선의 기회로 삼는 문화를 정착시켰고, 이를 통해 생산성을 극대화하고 지속적인 혁신을 이루었습니다. 또한, 존스홉킨스 병원은 의료진이 실수를 공개적으로 공유하고 개선할 수 있도록 독려하는 시스템을 도입한 후 의료사고율을 크게 줄였습니다. 노르웨이의 에너지 기업 에퀴노르(Equinor)가 추구하는 HOP(Human and Organisational Performance) 철학 역시 구성원의 실수를 '통제의 대상'이 아닌 '학습과 시스템 개선의 기회'로 봅니다. 그 결과, 에퀴노르는 중대한 사고 발생 빈도가 최근 수년간 지속적으로 감소하며 낮은 수준을 유지하고 있습니다(에퀴노르 홈페이지, 2025년 1분기 안전결과 보고서).

국내에서는 SK하이닉스가 좋은 사례를 보여줍니다. SK하이닉스 미래기술연구원은 R&D 과정에서의 실패 경험을 조직 전체의 자산으로 삼기 위해 2018년 4월, '지금 알고 있는 걸 그때도 알았더라면 좋았을 컬'이라는 이름의 사례 경진대회를 처음 열었습니다. 여기서 '컬'은 문화(Culture)의 앞 글자를 딴 표현입니다(파이낸셜뉴스, 2018.4.13.). 이듬해 열린 두 번째 대회에서는 400건이 넘는 연구 실패 사례가 공유되었고, 이는 혁신을 가속화하는 성과로 이어졌습니다. 나아가 SK하이닉스는 실패 사례의 내용뿐 아니라 이를 조직 내에 얼마나 적극적으로 공유했는지까지 평가하여, 자발성·적극성·파급력의 기준으로 심사하고 우수 사례를 선정해 임직원을 시상했습니다(매일경제, 2019.4.26.). 이 사례는 실패의 공유가 곧 학습을 촉진하고, 나아가 혁신을 가능하게 한다는 사실을 잘 보여줍니다.

그리고 조직은 지속적인 구조조정을 수행하는데, 이 과정에서 낙심이나 실망관리가 필수적입니다. 예를 들어, 구글은 직원들이 혁신적인 프로젝트를 시도하다 실패해도 심리적 안정감을 가질 수 있도록 '실패 축하 문화'를 장려합니다. 심리적 안정감은 구성원들이 서로를 존중하며 자신이 조직 내에서 신뢰받고 있다고 느끼는 감정을 의미합니다. 이를 통해 직원들은 낙심하지 않고 다음 도전에 나설 수 있었습니다. 어려운 상황에서도 서로를 격려하고 지치지 않도록 지원하는 조직만이 지속적으로 성장할 수 있습니다.

따라서 HEED는 무엇보다 구성원 한 사람 한 사람에게 관심을 기울이는 것에서 시작됩니다. 관심은 구성원이 스스로를 돌아보고 타인을 이해하게 만들며, 자연스럽게 겸손의 수준을 높입니다. 이 겸손은 조직 내 불공정성을 줄이고, 직급이나 배경과 상관없이 모두를 공정하게 대우하는 문화로 이어집니다. 또한 구성원들이 실수나 오류를 학습의 기회로 받아들이도록 돕고, 낙심을 줄이며 도전 의욕과 회복력을 높입니다. 결국 HEED의 네 가지 가치는 순차적으로 작동하며, 조직 전체에 혁신과 성장의 선순환을 만들어냅니다.

조직을 살아 움직이게 한다

결국, HEED의 네 가지 가치는 개인의 성장뿐 아니라 조직의 지속 가능성과 직결됩니다. 이 원칙을 실천하는 조직은 내부적으로 구성원을 더욱 단단하게 만들고, 외부적으로도 사회적 신뢰를 얻고 인정받게 됩니다. HEED는 단순한 개념이 아닙니다. 지금, 우리가 일하는 공간에 무엇을 채울지에 대한 가장 현실적인 해답입니다. 지속 성장을 위해 조직이 반드시 실천해야 할 핵심 가치입니다.

이 책은 HEED의 네 가지 가치를 하나씩 풀어가며, 조직이 어떻게 사람 중심의 혁신을 실현할 수 있는지를 사례와 연구, 제안과 함께 보여 드릴 것입니다.

**이제 당신의 조직은 HEED를 실천할 준비가 되었습니까?
오늘부터라도 작은 변화 하나를 시작해 보시기 바랍니다.**

목차

프롤로그　3

1 HEED란 무엇인가?　15

🔗 **1장 왜 HEED인가?**　17
　1.1 조직혁신과 HEED　18
　1.2 제안: 상사의 '믿음수당'　31
　1.3 HEED 없는 조직의 말로　36
　1.4 HEED의 힘　43

🔗 **2장 HEED의 가치**　47
　2.1 관심(Attention): HEED의 토대　48
　2.2 협업(Collaboration): 함께 잇는 관계　52
　2.3 관행(Tradition): 관행의 줄을 끊는 HEED　58
　2.4 ACT로 조직 전체를 움직이다　62
　2.5 1부를 마치며　67

2 관행을 혁파하라 71

🔗 **3장 어색한 것에서 시작되는 관행　83**

　3.1 어색함을 마주하다　86
　3.2 관행을 만드는 사람들　109

🔗 **4장 익숙함의 덫　113**

　4.1 익숙함에 대한 착각(1/2): 조직특성과 조직변화 차원　115
　4.2 익숙함에 대한 착각(2/2): 팀 및 개인 특성 차원　128
　4.3 스마트폰에 저당 잡힌 관계들　138
　4.4 방치된 관행의 모습들　141
　4.5 침묵하게 만드는 관행의 덫　144

🔗 **5장 변화되지 않은 관행의 발자취　149**

　5.1 아직 남아 있는 관행의 변화 가능성　156
　5.2 관행의 변화를 이끄는 신뢰　161
　5.3 관행의 싹　165
　5.4 관행, 성장의 싹이 되는 기회　170

3 HEED의 가치 살리기 173

🔗 **6장 겸손　175**

　6.1 겸손의 개인적 가치　177
　6.2 겸손한 상사는 무엇이 다른가　182

6.3 권한을 무기처럼   188
6.4 조직의 겸손   196

7장 공정   209

7.1 공정을 향한 첫 걸음   210
7.2 권리의 확장으로 나아가는 공정   213
7.3 공정을 위협하는 것들   218

8장 실책 관리   225

8.1 실책 마주하기   226
8.2 실책 앞에서 조직은 무엇을 선택하는가   231
8.3 실수를 기록하라   234
8.4 실책을 시스템 개선으로   238

9장 낙심 관리   249

9.1 구성원을 지키는 조직의 품격   251
9.2 실패를 딛고 성장하는 조직   255
9.3 내면의 성장을 믿는 개인의 태도   259

10장 HEED를 조직에 심는 방법   263

10.1 HEED의 가치를 지속시키는 요건   264
10.2 현장이 말하는 HEED의 현실   270
10.3 HEED의 실천 방법과 적용 전략   278

11장 관행 변경의 습관화 실천하기   299

11.1 왜 관행을 바꿔야 하는가   299
11.2 HEED로 보는 상하 커뮤니케이션의 혁신   306
11.3 관행을 바꾸는 다섯 가지 실천 방안   315

에필로그   325

1

HEED란 무엇인가?

1장

왜 HEED인가?

무엇을 채워야 하는가

　같은 공간이라도 무엇이 있느냐에 따라 그 공간의 의미는 달라진다. 방 안에 음식이 가득하면 식당이 되고, 책이 많으면 공부방이 된다. 혁신 관련 보고서가 쌓이면 그곳은 곧 혁신의 공간이 된다. 같은 장소라도 무엇을 채우느냐에 따라 기능과 분위기가 완전히 바뀌는 것이다.

　공간을 채우는 건 사물만이 아니다. 그 안에서 오가는 말들도 공간을 변화시킨다. 존중하는 말이 자주 오가는 곳은 구성원 간의 신뢰와 배려가 자라나는 조직이 된다. 반대로 차별이나 무시가 담긴 언어가 난무하면 아무리 좋은 환경도 갈등이 싹트는 공간이 되기 쉽다.

　말은 눈에 보이지 않지만, 시간 속에서 분명한 차이를 만들어 낸다. 공정하고 차별 없는 조직은 작은 성과에도 격려가 넘치고, 결국 더 큰 성과로 이어진다. 당장은 티 나지 않더라도, 시간이 지날수록 그 차이는 더욱 분명해진다.

HEED(이하 '히드'와 'HEED'를 병행함)는 바로 그런 차이를 만드는 힘이다. 겸손한 태도, 공정을 중시하며 구성원을 존중하는 마음, 실책을 품는 문화, 낙심하지 않도록 돌보는 리더는 보이지 않지만 조직이라는 공간을 다르게 만든다. 말과 태도가 반복되어 문화가 되고, 결국 그 문화가 성과를 만든다.

이제, 당신은 물어야 한다.
"당신의 조직은 무엇으로 채워져 있습니까?"
그리고 다시 물어야 한다.
"그 안을 채운 것들은 어떤 말입니까?"
그리고 마지막으로 물어야 한다.
"그것들은 구성원을 살리고 있습니까?"

1.1 조직혁신과 HEED

진짜 놓치고 있는 변화의 조건

앞서 프롤로그에서 다룬 바와 같이, HEED는 겸손, 공정, 실책, 낙심의 네 가지 가치를 지닌 개념이다. 이제 1장에서는 왜 이 가치가 오늘날 조직혁신의 핵심 조건이 되는지를 살펴보고자 한다. 우리는 지금, 변화가 일상이 된 시대를 살아가고 있다. 기술은 눈 깜짝할 새 발전하고, AI와 자동화는 산업의 근간을 바꾸고 있다. 디지털 전환은 더 이상 선택이 아닌 생존의 조건이 되었고, 글로벌 환경은 실시간으로 얽히며 복잡성을 더하고 있다. 문제는, 세상의 속도에 비해 조직 내부는 여전히 느리다는 점이다. 변화는 외부에서 밀려오는데, 조직은 여전히 과거의 방식과 언어에 머물러 있다.

많은 조직이 여전히 어제의 성공 방정식을 반복하고 있다. 매뉴얼과 규범, 상명하복의 문화, 위험을 피하려는 관성은 쉽게 깨지지 않는다. 새로운 기술을 도입해도 조직의 작동 방식은 변하지 않는다. 관리자와 구성원은 바뀐 도구를 가지고도 예전 방식으로 일한다. 결국 변화는 시스템에 머물고, 문화와 관계, 신뢰는 과거에 묶여 있는 경우가 많다.

우리가 놓치고 있는 본질은 기술 그 자체가 아니라, 그 기술을 운용하는 '사람'이라는 점이다. 아무리 뛰어난 전략이나 기술을 갖추었어도, 그것을 실행하는 사람들 간에 신뢰가 없다면 성과는 지연되거나 무너진다. 기술은 단지 도구이고, 사람은 그 도구의 가치를 실현하는 존재다. 관계가 무너지면 전략은 흔들리고, 신뢰가 약하면 변화는 자리를 잡지 못한다.

2021년, 미국 코퍼필드 자문회사, 경제 매체 인사이더, 레볼루션 인사이트 그룹 등 3개 기관이 공동 분석한 보고서가 있다. 이들은 2016년부터 2020년까지 혁신을 시도한 글로벌 기업 128곳의 재무성과와 기업 평판 데이터를 종합했다. 그 결과, 전체 기업 중 78%가 혁신에 실패했다. 성공한 기업은 단 22%에 불과했다. 그 22%의 공통된 비결은 무엇이었을까?

그들은 단지 더 많은 돈을 쓰거나, 더 강한 구조조정을 한 기업이 아니었다. 이들 기업은 사람 중심의 문화를 실현하고 있었다. 직원에게 더 나은 보상과 기회를 제공했고, 다양성과 형평성을 반영한 채용과 승진시스템을 갖추고 있었다. 특히 이들은 조직의 사명과 비전에 인간성과 공감을 담아냈다.

기술은 누구나 도입할 수 있다. 그러나 사람을 진심으로 이해하고 존중하는 조직문화는 단기간에 만들 수 없다. 위대한 조직은 시스템이 아닌 '관계'를 먼저 바꾼다. 혁신은 결국 인간에 대한 믿음에서 출발한다. 사람을 비용이 아닌 자산으로 대하는 조직만이 진짜 변화를 만들어 낼 수 있다.

그렇다면 과연, HEED가 잘 구현된 조직은 어떤 모습일까? 이 질문은 단순한 궁금증이 아니라, 우리가 추구해야 할 조직의 방향성을 묻는 본질적 물음이다. 많은 조직은 현재 상태에 머물러 있을 수 없다고 말하며, 스스로에게 변화가 필요하다고 선언한다. 그러나 여기서 다시 생각해 볼 필요가 있다. 과연, 어떤 조직이 진정으로 '변화된 조직'이라 할 수 있을까? 말로만 변화라고 외친다고 변화가 이루어지는 것은 아니다. 나는 오랫동안 여러 조직을 관찰하고 경험하며, 행복하고 건강한 조직에는 공통된 세 가지 특징이 존재한다고 느꼈다.

첫째, 구성원들 사이에 깊은 믿음이 존재한다. 이 믿음은 단순한 신뢰를 넘어 서로에 대한 강한 확신과 의지로 이어진다. 이 믿음을 가

행복한 조직은 구성원들이 서로를 믿는다

장 잘 설명해 주는 비유가 공중그네 서커스다. 공중그네는 보는 이들조차 손에 땀을 쥐게 만드는, 위험하고 긴장감 넘치는 순간의 연속이다. 이 묘기를 가능하게 하는 핵심은 오직 하나, 파트너에 대한 절대적 믿음이다. '상대가 나를 잘 잡아 줄 것이다'는 강한 신뢰가 없다면, 허공에 몸을 던지는 결단은 결코 내릴 수 없다.

둘째, 어려움 속에서도 서로 돕고, 지지하고, 함께하는 문화가 있다. 단지 말로만 '협업'이나 '연대'를 외치는 것이 아니라, 위기 상황에서 그 진가를 드러내는 행동양식이다. 이 점을 설명하는 데 적절한 또 하나의 비유는 바로 크랩의 군집 행동이다. 크랩은 깊은 바닷속에서 공동체를 이루며 살아간다. 천적인 가오리가 공격을 시도할 때, 크랩들은 본능적으로 각자 도망치려 하기보다 오히려 서로의 몸을 딛고 위로 올라가 산을 만든다. 그렇게 하여 가장 약한 개체를 보호한다. 이런 본능적 연대의 모습은, 진정한 공동체가 위기에 어떻게 대응해야 하는지를 보여 준다.

행복한 조직은 구성원들이 어려울 때 서로 돕고, 보살펴 주며 늘 함께 함

셋째, 리더는 겸손하고 낮은 자세로 스스로 본이 된다. 진정한 변화는 위에서 아래로 강요되는 것이 아니라, 리더가 먼저 변화의 모습을 통해 보여줄 때 시작된다. 단지 지시하고 명령하는 리더는 구성원에게 신뢰를 얻을 수 없다. 아인슈타인이 말했듯, "똑같은 일을 반복하면서 다른 결과를 기대하는 것은 어리석은 일"이다. "변화하라"고 말하기 전에, "무엇을 어떻게 바꿔야 하는지"를 스스로 묻고 직접 행동으로 보여주는 사람이 진정한 리더다.

행복한 조직의 리더는 겸손하고 낮은 자세를 보임(본을 보인다)

이처럼 리더의 변화와 사람 중심의 문화가 중요한 이유는 분명하다. 그것은 단지 조직 내에서의 문제가 아니라, 우리의 삶을 지탱하는 산업 현장의 안전과도 맞닿아 있다. 하지만 현실에서는 이를 충분히 고려하지 않은 채, 정보기술에 기대어 안전을 지키려는 시도가 반복되고 있다. 그렇다면 오늘의 산업현장은 과연 어떤 얼굴을 하고 있을까?

산업현장의 현실

2022년 1월 시행된 중대재해처벌법은 어느 날 갑자기 나타난 법이 아니다. 수많은 근로자의 피와 땀, 그리고 목숨이 쌓여 만들어진, 후진국형 사고를 막고 낡은 관행을 끝내겠다는 선언이었다. 그러나 시행 3년이 지난 지금, 결과는 기대와 거리가 멀다. 국회입법조사처(2025. 8. 28.)의 '중대재해처벌법 입법 영향 분석' 보고서에 따르면, 산재 사망자는 2020년 2천62명, 2021년 2천80명, 2022년 2천223명, 2023년 2천16명, 2024년 2천98명으로 매년 2천 명 이상을 기록했다. 재해자 수는 2020년 10만8천379명에서 2024년 14만2천771명으로 꾸준히 증가했다.

일터에서 돌아오지 못한 근로자는 늘어만 가고, 개선의 흔적은 좀처럼 보이지 않는다. 원칙을 지키지 않는 것이 오히려 '관행'이 되어 버렸다. 언론 보도에 따르면 기업들은 실질적 안전관리보다 서류 정비와 법적 대응에 집중하고 있다고 지적했다(내일신문, 2025. 8. 28.).

그 대가는 막대하다. 최근 5년간 우리나라 산업재해로 인한 경제적 손실은 170조 원에 이르렀다(경향신문, 연합뉴스, 2025. 9. 21.). 이는 산재보험, 보상금 등 직접 손실뿐 아니라 생산성 저하, 대체 인력 투입, 재활 비용, 사고 후유증 등 눈에 보이지 않는 비용까지 포함한 수치다. 특히 간접 손실은 직접 손실의 약 4배에 달한다고 한다. 근로손실일수만 3억 일을 넘어섰다. 숫자로만 표현되지만, 이는 곧 3억 번의 노동이 사라졌다는 뜻이다. 결국 '관행'이 남긴 대가는 수많은 생명과 막대한 경제적 손실이었다.

더 심각한 것은 국제적 비교에서도 드러난다. 통계청(한국의 안전보고서 2023)에 따르면, 2022년 우리나라의 산업재해 치명률은 근로자

10만명당 4.33명으로, 이는 OECD 평균(2.34명)을 훨씬 웃도는 수치다. 최근 보고서(싱가포르 노동부, 2024)에 따르면, 우리나라의 최근 3년 평균 산업재해 치명률은 근로자 10만명당 4.2명이다. 산업재해 치명률은 업무상 사고 또는 질병으로 인해 사망에 이르는 치명적인 산업재해자 수를 의미한다. 우리나라는 여전히 선진국 중에서도 산업재해 위험이 높은 나라로 분류되고 있는 셈이다.

세계 산업재해 사망률 비교 현황
출처: 싱가포르 노동부(2024) /헤럴드경제(2025.10.13)

이러한 수치는 단순한 통계를 넘어, 우리 사회가 반복적으로 보내고 있는 경고 신호다. 처음엔 미미해 보이지만, 이를 무시하면 결국 치명적인 결과로 이어진다. 마치 감기몸살을 대수롭지 않게 넘기다 큰 병으로 키우는 것과 같다.

감기몸살 같은 신호

우리는 몸이 조금 아프면 대수롭지 않게 여겨 푹 쉬면 괜찮아질 거라 생각한다. 감기 몸살 정도로 판단하여 지나치는 일은 누구나 흔히 겪는 일이다. 그런데 이런 증상이 반복되면 몸 전체에 영향을 주고, 결국 병원에서 "이대로 두면 암이 될 수 있다"는 진단까지 받게 된다. 그제야 우리는 원인을 찾기 시작한다. 단순히 감기라 치부했던 증상 속에 잘못된 생활습관이나 면역력 저하 같은 더 깊은 이유가 있었음을 깨닫는다. 문제는 병이 커지기 전에 알아차리고 대응하지 않으면 회복이 어려워진다는 점이다. 우리 몸도 그렇듯이, 조직도 작은 이상 신호를 그냥 넘기면 반드시 큰 문제로 돌아온다.

조직은 우리 신체와 같다. 겉으로는 멀쩡해 보여도, 몸속 한 부위에서 병이 시작될 수 있다. 팀원들 간 의사소통이 원활하지 않거나 사소한 오해가 반복되면, 이를 방치하는 순간 성과가 떨어지기 시작한다. 제품 불량률이 높아지고, 서비스의 질은 떨어지며, 고객 항의가 잦아진다. 이런 문제를 해결하지 않으면 조직은 비로소 문제를 인식하지만, 이미 때는 늦다. 결국 구조조정이라는 외과적 수술을 단행해야 하고, 해당 구성원들은 "나는 잘하고 있었는데 왜 다른 부서로 가야 하느냐"며 반발한다. 기존 인력에 대한 신뢰 부족, 변화에 대한 저항, 소통 없는 조치는 조직 내 갈등을 심화시키고, 변화는 실패로 끝난다. 많은 조직이 이러한 악순환을 반복하면서도, 변화가 어려운 이유를 근본적으로 고민하지 않는다.

HEED는 이러한 반복적 악순환을 끊기 위한 새로운 시도다. 겉으로 드러난 문제만 다루지 않고, 문제의 출발점인 '나' 자신부터 점검할 것을 강조한다. 감기인지 아닌지, 드러난 증상에 대한 고민에 앞서, 내 업무가 어떤 기준으로 처리되고 있는지를 먼저 살펴야 한다. 이렇게 스스로를 점검하는 행위가 바로 HEED의 시작이며, 그것이 개인의 '겸손'이다.

겸손은 단순히 자신을 낮추는 태도가 아니다. 오히려 자신을 솔직히 있는 그대로 평가하고, 잘못된 점을 정확히 인식하는 자세다. 스스로에 대한 자기평가가 가능할 때, 비로소 타인의 관점도 존중할 수 있다. 이 겸손이 부재하면 조직 내 갈등과 문제가 발생한다. 우리 일상에서 겸손이 무너지는 대표적인 모습은 비인격적 언어의 사용이다. 누군가 실수했을 때 "아이 씨, 넌 그래서 안 되는 거야"라는 말이 아무렇지도 않게 오간다. 이러한 말은 단순한 지적을 넘어 상대의 자존감을 훼손하고, 관계 회복을 어렵게 만든다.

자신을 돌아보지 못하는 사람일수록 남을 쉽게 판단한다. 두 손가락으로 남을 지적하면서 정작 세 손가락은 자신을 향하고 있다는 사실을 잊는다. 겸손을 잃는 순간, 조직 안의 신뢰는 금이 가고, 구성원들 사이에는 쉽게 메워지지 않는 틈이 생긴다. 겉으로는 성과를 말하지만, 속으로는 사람을 잃고 있는 것이다.

반대로 겸손한 조직은 지시와 명령 대신 질문과 응원을 택하며, 말의 감정으로 관계를 단단하게 만든다. 단정적인 말 한마디가 누군가의 가능성을 닫거나 열 수 있음을 기억한다. 그래서 겸손한 조직은 실수 앞에서 냉정함보다 따뜻함을 선택한다. 겸손은 조직의 숨을 돌리게 하고, 관계에 온기를 만들며, 오늘날 조직이 가장 필요로 하는 변화의 첫걸음이 된다. 이제는 겸손을 넘어, 우리가 마주한 진짜 문제를 들여다볼 때다. 사람 문제라고 생각했던 갈등의 대부분은 사실 관계 문제였다.

성과의 뿌리는 좋은 관계

'일하기 좋은 일터'를 평가하는 GPTW Great Place To Work 는 구성원 간의 신뢰와 존중, 즉 동료애와 친밀감, 보살핌을 핵심 기준으로 삼는다. 이는 조직구성원이 수치나 성과보다는 인간적 관계 속에서 존중받고 신뢰받기를 원한다는 사실을 보여준다. 결국 행복한 조직은 상사와 동료 간의 따뜻한 관계와 배려에서 비롯되며, 성과 중심의 경쟁보다 관계 중심의 문화가 조직의 질을 좌우한다는 점에서 시사하는 바가 크다.

이러한 인식은 여러 설문조사 결과를 통해 확인된다. 2025년 3월 잡플래닛 조사에서는 직장인 66%가 업무보다 인간관계 문제로 퇴사를 결심했으며, 2024년 7월 사람인 조사에서는 40%가 인간관계 스트레스가 적은 회사를 '좋은 직장'이라고 응답했다. 2020년 7월 잡코리아 설문에서도 '상사 및 동료와의 인간관계'가 가장 큰 스트레스 요인으로 꼽혔다.

상대방을 이해하는 겸손의 자세는 관계 문제 해결의 필수 요소다. 사람들은 자신이 존중받고 있다는 느낌을 받으면 더 나은 성과를 낼 뿐 아니라 조직에 대한 충성도와 소속감을 높인다. 반대로, 존중받지 못한다고 느끼면 불만과 갈등은 커진다. 따라서 '사람 문제'를 해결하기 위해서는, 인간적 존중과 공감을 바탕으로 관계를 다져 나가는 것이 중요하다.

관계 문제는 간단히 해결되는 것이 아니다. 많은 조직이 '사람 문제'를 단지 관리자의 지시와 지침으로 해결하려 하지만, 근본적인 해결책이 되지 못한다. 심리적 안정감에 관한 연구에 따르면 이러한 방식은 오히려 협업을 위축시키고 문제 해결을 어렵게 만든다고 지적한다. 진정한 해결책은 사람 간의 관계를 회복하고, 그들이 상호작용할 수 있는 환경을 만들어 주는 것이다. 변화의 시작은 결국 조직 내 인간관계 회복과 이를 바탕으로 한 신뢰 구축에서 시작된다.

사람을 먼저 선택하는 용기

조직의 문제는 대개 갈등과 불통에서 시작된다. 약화된 관계는 개인과 조직 모두의 성과를 위협한다. 관계를 어떻게 바라보고 회복하느냐에 따라 조직의 분위기와 성과는 달라진다. 그러나 회복은 개인의 리더십만으로는 충분하지 않다. 조직차원에서 상호 존중과 배려를 제도와 관행에 반영해야 한다. 관리자는 권위보다 경청을 우선시하고, 직급이나 배경과 무관하게 자유로운 의견 표현이 가능한 환경을 만들어야 한다. 겸손과 공정이 일상적 문화로 자리 잡을 때 관계는 비로소 회복되고 강화된다.

겸손은 말이 아니라 선택이다. 특히 조직에서 겸손은 구성원과 금전 사이에서 무엇을 먼저 둘 것인지에 관한 선택이다. "사람이냐, 돈이냐?"라는 물음은 극단적으로 들릴 수 있으나, 실제로 조직운영은 늘 이 갈림길에 선다. HEED는 이 선택의 우선순위를 바꾸는 힘이다. 겸손한 조직은 돈보다 사람을 선택하는 방향이어야 한다.

안전보건체계 구축에 투자하지 않거나 예산 부족을 이유로 노후 설비를 방치하거나 최소한의 관리 기준조차 마련하지 않은 사례는 쉽게 찾을 수 있다. 2025년 5월 19일 SPC삼립 시화공장에서 50대 근로자가 기계 컨베이어 벨트에 상반신이 끼어 숨진 사건이 대표적이다. SPC 계열사에서는 이미 유사한 산업재해가 수차례 발생한 바 있다. 2022년 10월에는 평택 SPC계열사 SPL 제빵공장에서 20대 여성 근로자가 소스 혼합기에 몸이 말려들어 사망했고, 2023년 8월에는 SPC계열사 샤니 제빵공장에서 50대 여성 근로자가 기계에 끼여 숨졌다. 시민단체 관계자는 "사업장들이 안전보건체계 구축에 투자하기보다는 산재 발생 시 처벌을 피하는 방식으로 대응한다"며 "현장에서 산재를 예방할 수 있는 시스템과 장비 투자가 필요하다"고 지적했다(뉴스핌, 2025. 5. 23.).

또한, 포스코이앤씨에서는 2025년 7월 28일 함양울산고속도로 의령나들목 공사 현장에서 한 노동자가 천공기에 끼어 숨진 지 일주일 만에, 8월 4일에는 또다시 포스코이앤씨 현장에서 외국인 노동자가 감전되는 사고가 발생했다. 두 건의 사고가 연이어 발생했다. 무엇보다 2025년 1월부터 8월까지 올해만 벌써 네 번째 사망자가 나왔다(쿠키뉴스, 2025. 7. 31.). 최고경영진이 수차례 안전경영을 강조했음에도, 현장에서는 노동자들이 사고로 목숨을 잃었다. 2022년 중대재해처벌법 시행 이후에도 사망 사고는 끊이지 않았으며, 근본적 변화는 나타나지 않았다. 하청 노동자가 대부분인 하도급 구조, 노후 설비, 안전절차 미준수 등이 사고 발생의 주요 원인으로 꼽힌다(뷰어스, 2025. 9. 3.).

사고가 발생할 때마다 "재발 방지를 위해 노력하겠다"는 말이 반복된다. 하지만 겸손은 단순한 말에 머물지 않고, 말과 행동의 간극을 줄이려는 실질적 노력에서 시작된다. 중요한 것은 관행 속에서도 겸손을 실천하려는 적극적 관심과 태도다. 진정한 겸손은 말보다 행동으로 드러나며, 조직 내 변화를 만들어낸다.

"재발 방지를 위한 노력"이라는 말은 누구나 쉽게 할 수 있다. 그러나 그 진정성은 '당장의 이익을 포기할 수 있는가?'라는 질문 앞에서 드러난다. 손해처럼 보이는 결정을 감수할 수 있을 때, 리더의 진짜 겸손이 드러난다. 겸손은 단순한 포기가 아니라 더 중요한 것을 선택하고 지지하는 판단이며, 그 선택은 반드시 상호 존중과 신뢰 위에 세워져야 한다.

이는 조직이 무조건적으로 비용을 떠안아야 한다는 뜻은 아니다.

오히려 겸손한 조직일수록 투자가 필요한 영역을 분명히 선별할 수 있다. 연구에 따르면, 겸손한 최고경영자는 자신을 정확히 평가하고 타인의 기여를 솔직하게 인정하고, 이러한 태도 덕분에 사람 중심의 투자를 하면서도 자원을 어디에 배분할지 명확하고 전략적으로 판단할 수 있다고 밝히고 있다(Owens 등 2013; 이주원, 2017). 따라서 겸손한 조직은 사람을 살리는 선택에 정확히 투자한다.

그렇다면, 겸손이 조직의 공정성, 실책, 낙심과 어떤 관계가 있는지에 대한 연구는 존재할까? 이에 관해서는 HEED의 각각의 개념들을 중심으로 많은 연구가 이루어지고 있다. 다만 본 책에서는 이러한 가치 요소들을 단순히 학술적으로 제시하는 데 그치지 않고, 실제 현장에서 어떻게 적용하고 활용할 수 있는지 구체적으로 설명한다는 점에서 차별성을 가진다.

실제로 국내외 학위논문과 학술 저널의 연구는 분명한 결과를 보여준다. 겸손한 경영자나 상사일수록 조직 내 공정성이 높아진다. 또한 실책을 관리하는 문화는 구성원의 내재적 동기와 회복탄력성을 강화하지만, 그렇지 않은 문화에서는 구성원들이 쉽게 낙심하거나 실망한다. 결과적으로 이러한 문화는 조직효과성에도 영향을 미친다. 이처럼, HEED가 제시하는 겸손의 원리는 단순한 이상론이 아니라, 실제 연구 근거에 기반하고 있음을 알 수 있다.

이러한 연구 근거를 바탕으로 나는 지금까지 HEED의 출발점인 겸손을 중심으로 논의를 전개해왔다. 이는 HEED에서 말하는 겸손이 단순히 개인의 겸손에 그치지 않고, 기업이 갖춰야 할 겸손, 즉 조직차원의 겸손 역시 중요하기 때문이다. 다시 말해, 겸손은 공정성과 관련되며, 나아가 실책과 낙심으로 이어질 수 있어 결코 가볍게 다룰 수는 없다는 것이다. 이어지는 2절에서는 HEED가 오늘날 더 절실히 요구되는 이유를, 실제 현장의 이야기 속에서 풀어가 보려 한다.

1.2 제안: 상사의 '믿음수당'

작업 현장에서는 한 사람의 말투와 표정의 영향력이 생각보다 크다. 일용직으로 일하던 어느 날, 나는 상사의 표정 하나와 설명 없는 말 한마디가 신뢰를 무너뜨리는 순간을 직접 경험했다. 이 사건은 HEED의 네 가지 가치, 겸손, 공정, 실책관리, 낙심관리가 왜 중요한지를 생생하게 알려주는 사례였다. 이 절에서는 나의 경험을 바탕으로 세 가지 가치, 공정, 실책, 낙심 관리의 관점에서 상황을 구체적으로 살펴보고 마지막에는 조직관행 개선을 위한 '믿음수당'을 제안한다(자세한 내용은 10장 3절에서 다룬다).

공정: 신뢰를 쌓는 표정과 말

제조업 현장에서 일하던 어느 날, 나는 처음 해 보는 낯선 업무를 맡게 되었다. 경험해 보지 못했던 현장이라 특히 생소한 용어들이 혼란을 더했다. 그날 팀장은 나에게 "보루를 가져오라" 말했다. '보루'가 무엇인지 몰라 창고에서 어리둥절하게 서 있던 나를 본 팀장은 "걸레 같은 거 가져오란 말이야!" 소리쳤다. 당황한 나는 연신 "죄송합니다!" 했지만, 그의 얼굴엔 나를 향한 불편함이 역력했다.

현장에서는 기계 소음 탓에 자연스레 상사의 목소리가 커진다. 그러나 그 목소리에 감정이 섞이면 상황은 달라진다. 특히 일용직이나 하위 직급 구성원들은 지시의 내용뿐 아니라 상사의 표정과 말투까지 민감하게 받아들인다. 무시하거나 실망한 듯한 표정은 자신이 존중받지 못한다는 감정으로 전달되고 곧, 신뢰 단절로 이어진다.

좋은 상사는 단지 지시하는 사람이 아니다. 신뢰를 기반으로 동료를 존중하고, 실수나 부족함도 성장의 일부로 바라본다. 그날 팀장이 생소한 업무를 설명하며 부드러운 표정으로 대해 주었다면, 나는 더 능동적이고 자연스럽게 업무에 적응했을 것이다. 공정은 서로를 존중하는 마음에서 비롯된다.

실책: 반복된 실수를 부르는 지적질

그날의 실수는 내 부주의보다는 정보 부족에서 비롯된 일이었다. 팀장은 '보루'가 무엇인지 알려주지 않았고, 나 역시 그 뜻을 몰라 우왕좌왕했다. 그럼에도 그는 짜증 섞인 말투와 표정으로 나를 지적했다. 이런 방식은 실수를 줄여 주는 게 아니라 오히려 반복하게 만드는 구조다.

실책에 대한 지적이 그 잘못을 질책하기 위한 것이어서는 안 된다. 오히려 시스템을 개선할 기회여야 한다. '보루'가 현장에서는 익숙한 말일지언정 처음 듣는 이에게는 생소한 용어일 수 있다. 업무 전에 기초 용어와 작업 방식에 대한 간단한 브리핑만 있었더라도 이러한 실수는 충분히 예방 가능했다.

현장에서는 작은 실수가 큰 사고로 이어질 수 있다. 그래서 실수를 줄이기 위한 선행 조건은 '충분한 설명'과 '심리적 안정감'이다. 상사가 반복적으로 실수만 지적하고 설명은 생략한다면, 구성원은 위축되고 방어적으로 변한다. 그 결과, 실수는 줄지 않고 오히려 사고 위험만 커진다.

낙심: 감정을 후벼파는 심리적 후퇴

그날 이후 나는 하루 종일 위축된 마음으로 작업을 이어갔다. 실수했다는 자책감, 상사의 불편한 표정, 나의 부족함이 드러났다는 부끄러움이 뒤섞여 있었다. 끝내 '나는 과연 여기 있어도 되는 사람인가?'라는 생각에 이르렀다. 한 번의 지적이 마음 깊이 응어리로 남았고, 그에게 다시 묻는 게 두려워 혼자 판단해 행동하게 되었다.

그러한 생각은 매우 위험한 태도이다. 현장의 구성원은 심리적 안정이 확보될 때 자율적·능동적 태도를 유지한다. 심리적 위축은 시키는 일 외에는 하지 않는 피동적 태도나 잘못된 방식의 위험한 독자적 행동으로 이어진다. 낙심 또는 실망은 사고로 이어질 수 있는 위험 요소다. 그 누구도 낙심한 채 현장에 있게 해서는 안 된다.

상사의 불편한 표정 자체가 잘못은 아닐 수 있다. 하지만 그 표정이 부하 직원에게 어떤 영향을 미치는지 인지하지 못하면, 낙심의 고리가 시작된다. "나는 너를 믿는다"는 태도, 말과 표정으로 그러한 감정을 내 보일 때, 구성원은 부족함에도 불구하고 당당히 배우고 성장할 수 있다.

'믿음수당'을 제도화하자

이 경험을 통해 나는 하나의 질문을 품게 되었다.

'상사의 태도 하나가 구성원들의 신뢰를 형성하고, 그 신뢰가 안전사고를 줄이며 조직의 혁신 수준을 높인다면, 이를 제도로 어떻게 보상할 수 있을까?'

'믿음이 돈이 될 수는 없을까?'

그날 떠오른 아이디어가 바로 '믿음수당(조건 없는 신뢰의 보상)'이다.

좋은 상사는 맛을 더하기 위해 늘 노력한다. 그렇다면, 상사의 이 노력에 대해 조직이 정식으로 인정해 줄 수 있지 않을까? 내가 제안하는 믿음수당은 상급자의 '신뢰받을 만한 태도'를 구성원이 직접 평가하여 수당으로 보상하는 제도다. 방법은 어렵지 않다. 기존 수당 체계를 기반으로, 팀원이 팀장을 평가하는 간단한 구조를 도입하면 된다.

예컨대, 10명의 팀원이 팀장을 평가하고, 그 평가 점수를 기준으로 상위 순위의 팀장에게 믿음수당을 차등 지급하는 방식이다. 복잡하게 만들 필요는 없다. 기존 인센티브 체계에 '믿음수당(신뢰받는 상사)' 항목을 추가하는 것만으로도 충분하다. 이 수당은 다음의 기본 조건에 따라 평가·지급된다.

- 일상에서 명확한 설명과 존중 어린 태도를 유지한 상사
- 실수한 팀원에게 기회를 주고, 다시 설명해 주는 상사
- 지위를 내세우지 않고, 같은 눈높이에서 말하는 상사

믿음수당은 하급자에 대한 신뢰, 충분한 사전 업무 설명, 불편한 표정을 걷어 내려는 노력 등에 대한 보상이다. 이는 단순한 금전 이상의 가치다. 구성원이 함께 참여해 워크숍 등으로 합의하고, 조직의 목표와 평가에 반영되면 충분히 자연스러운 문화로 자리 매김할 수 있다.

조직 입장에서는 수당 지급이 기업의 이윤을 감소시킨다고 생각할 수 있지만, 현재 우리나라 기업들의 사내유보금은 역대 최대를 기록하고 있다(인천투데이, 2025.9.11.). 이렇게 쌓여 있는 자금을 구성원에게 투자하는 것은 단기적으로는 비용처럼 보일 수 있지만, 장기적으로는 훨씬 더 큰 이익을 가져온다. 구성원의 충성심과 동기부여가 높

아지면 결과적으로 생산성이 향상되기 때문이다.

그럼에도 믿음수당에 대해 부담을 느끼는 조직이라면, 금전 지급이 아닌 내재적 보상 방식으로 접근할 수도 있다. 예를 들어 '믿음수당 마일리지' 제도를 도입해 구성원이 신뢰 기반의 행동을 실천할 때마다 포인트를 부여하고, 이를 학습 기회나 복지 혜택으로 환원하는 방식이다. 이러한 비금전적 보상은 비용 부담을 줄이면서도 조직 내 긍정적 인정과 격려의 문화를 확산시킨다.

궁극적으로 중요한 것은 '얼마를 주느냐'가 아니라, 믿음수당을 통해 HEED의 핵심 가치를 조직 내에 정착시키는 것이다. 사내유보금을 활용한 신뢰 기반 투자든, 마일리지 제도를 통한 내재적 보상이든, 두 방식 모두 구성원이 존중받고 신뢰받는 문화를 만드는 출발점이 되어야 한다는 점이다.

이러한 신뢰기반 보상과 권한위임의 원리는 조직구조와 제도차원에서도 구현될 수 있다. 대표적인 사례가 독일의 노동이사제다. 노동이사제는 근로자 대표가 기업 이사회에 참석해 발언권과 의결권을 가지며, 노동자 관점에서 의견을 제시하고 다른 이사들과 동등한 자격으로 의사결정에 참여하는 제도이다. 평소에는 근로자 신분으로 일하지만, 이사회에서는 결정권자로서 역할을 수행한다. 현재 독일을 비롯해 프랑스 등 유럽 18개국이 이미 이 제도를 운영 중이며, 한국에서는 다소 낯선 개념이다.

노동이사의 권한은 이사회 구조에 따라 달라진다. 독일처럼 '경영이사회'와 '감독이사회'로 분리된 경우 권한이 제한적이지만, 단일이사회의 형태를 가진 한국 기업에서는 권한이 더 클 수 있다. 독일에서는 주로 자문 기능을 수행하지만, 한국에서는 노동이사가 실질적 경영 참여까지 가능하다(뉴스핌, 2022.1.11.).

실제 사례로, 독일 방산기업 라인메탈Rheinmetall은 노동자 대표가 감사위원회 부의장을 겸하고 있으며, 완성차 기업 폭스바겐Volkswagen은 감독이사회 내 주주 대표단에 포함되어 노동자 의견이 경영에 반영된다. 폭스바겐은 감사위원회에 포함된 대주주가 경영진에 영향을 미치지 않는 이유까지 명시하여 제도의 투명성을 높였다(thebell, 2025.7.3.). 이처럼 노동자 대표가 의사결정 과정에 참여하는 구조는 경영의 투명성과 책임성을 높일 뿐 아니라, 노동자들의 경험과 지식을 활용해 생산성, 품질, 공정 개선, 안전 등 다양한 영역에서 성과 향상에 기여한다.

1.3 HEED 없는 조직의 말로

HEED 가치를 무시하거나 실천하지 않는 조직은 형식이나 변명으로 유지되는 환경이 고착된다. 겉으로는 아무 문제없이 돌아가는 듯 보이지만, 내부 갈등이나 신뢰가 파탄난 관계 문제는 결국 조직에 심각한 영향을 미친다.

겉으론 괜찮아 보이지만

겉으론 멀쩡해 보이는 조직이 있다. 성과도 꾸준히 나오고, 시스템도 잘 갖춰져 있어 외부에서 보면 전혀 문제없어 보인다. 보고서는 정해진 기한 안에 착착 올라오고, 정기적으로 꼬박꼬박 회의가 열리며 모든 절차가 형식과 절차에 맞게 진행된다. 조직의 구조도 견고하고, 각자 맡은 업무 충실해 보인다. 하지만 그 겉모습 뒤에는 미묘한 균열이 자리 잡고 있다. 사람들 얼굴에서 예전 같았던 활기와 웃음이 사라지고, 자연스러운 대화는 줄어들며 말수가 점점 적어진다. 회식 자리는 더 이상 서로를 이해하고 치유하는 시간이 아니라 의무감에 짓눌린 일상의 부분으로 전락한다. 억지로 웃으며 참석하지만 마음 한구석엔 피로감과 무기력이 자리 잡고 있다.

그런 조직 안에서 누군가 조심스레 한마디를 꺼낸다.

"요즘 팀 분위기 왜 이래?"

하지만 그 말에 대한 답은 쉽게 나오지 않는다. 각자 속마음을 감추고 불편한 감정을 드러내지 않는다. 겉으로는 아무렇지 않은 척, 묵묵히 하루를 넘기고 또 넘긴다. 불편한 진실을 피하는 침묵 속에서 점점 소통은 단절되고 분위기는 무겁게 가라앉는다. 그렇게 시간이 흐르면서, 분위기를 주도하던 사람들부터 하나둘씩 조직을 떠나기 시작한다. 떠나는 이유에 대해선 별다른 설명이 없다. 모두가 알면서도 말을 아끼고, 떠난 뒤에야 빈자리가 크게 느껴진다. 결국 그 조직은 사람의 마음이 움직이지 않는 표면적 업무만 쳇바퀴처럼 돌아간다.

그러는 와중에도 관리자들은 상황을 제대로 파악하지 못한다. 숫자와 성과 지표에만 몰두한 나머지, 조직구성원들의 감정과 관계를 들여다 볼 여지는 없다. 중요한 것은 숫자가 아니라 사람이다. 이를 간과한 조직은 결국 내부에서부터 무너질 수밖에 없다. 아무리 외형적 체계가 단단해 보인다 하더라도, HEED의 가치는 그런 곳에서 결코 살아 숨 쉴 수 없다.

해외 사례만 보아도 그렇다. 미국의 거대 IT 기업들은 AI 투자에 속도를 내면서도, 동시에 구글·아마존·메타 등의 기업은 대규모 해고를 이어가고 있다. AI 확산은 특히 대체가 쉬운 소프트웨어 개발 직무에 집중되며, 25세 이하 젊은 노동자의 일자리를 크게 줄였다. 스탠퍼드대 연구에 따르면 AI 도입 이후 젊은층 고용은 평균 13% 감소했고, 신입·초급 인력의 진입 장벽은 전례 없이 높아졌다. 이는 사회 혁신의 기반이 되는 인재 유입 경로 자체를 막아버릴 수 있다는 우려로 이어지고 있다. 결국 숫자와 효율에만 집착한 결과, 혁신의 토대가 약화되는 모순이 전개되고 있는 것이다(중앙선데이, 2025.9.6.).

국내 사례도 다르지 않다. 2024년 6월, 삼성전자는 창사 55년 만에 처음으로 근로자들이 연차 투쟁을 통해 파업을 벌였다. 단순한 임금 문제가 아니라, 임원과 직원 간의 격차와 노동 존중 요구가 그 배경에 자리하고 있었다. DS 부문 임원들은 장기 성과 인센티브(LTI)로 수억 원을 받는 반면, 근로자들은 임금이 30%나 삭감되는 불균형이 심화되었다. 언론은 높은 연봉에도 불구하고 단체행동에 나선 근로자들을 주목했다. 근로자들의 요구는 임금 인상을 넘어, 일하기 좋은 직장, 다시 말해 노동 존중의 실천을 바라는 것이었다(시사IN, 2024.6.24.).

겉으로는 건재해 보이는 조직도 내부의 균열을 외면하면 결국 무너진다. 미국의 거대 IT 기업들이 보여주듯, 효율을 좇다 보면 혁신의 기반이 사라지고, 삼성전자의 사례가 말해주듯, 불균형이 방치되면 조직의 존립 자체가 흔들린다. 결국 조직을 지탱하는 힘은 성과지표가 아니라 사람이다.

HEED의 네 가지 가치가 조직 내에 제대로 자리 잡지 못하면, 조직은 서서히 무너져 간다. 반대로, 진정한 성공을 거둔 조직은 이 네 가지를 철저히 관리하고 실천한다. 그 차이는 결국 사람에 대한 태도에서 온다. 그 결과는 구성원들의 몰입도와 만족도, 그리고 조직 전체의 건강에 큰 차이를 가져온다.

감정을 배제한 리더십은 매우 위험하다. 실수를 단순히 숫자나 통계로만 다루고 구성원들의 감정을 제대로 살피지 않으면 조직 내 구성원은 점점 '의미 없이 일하는' 존재가 되어 버린다. 마음이 닫히고 소통이 끊긴 조직에서는 작은 실수조차 돌이킬 수 없는 위기로 번질 수 있다. 이제 나는 그러한 나의 경험을 이야기하려 한다. 한 사람의 작은 실수가 어떻게 조직 전체를 무너뜨리는지, 그리고 그 안에 감춰진 진짜 문제들이 무엇인지 말이다. 이 이야기를 통해 조직이 놓치고 있는 진짜 '사람'의 중요성을 다시 한 번 돌아보게 될 것이다

실수보다 더 아픈 것

나는 한 삼겹살집에서 설거지 아르바이트를 했었다. 2월부터 5월까지 약 4개월간이었다. 손님이 밀려들기 전 준비는 늘 주방 안에서 소주, 맥주, 사이다 병을 닦고 정리하는 일로 시작했다. 기존 병은 앞으로 새 병은 뒤쪽으로 넣는, 선입선출 규칙. 늘 그렇게 해 왔다. 익숙한 일이었다.

4월 중순, 날씨가 더워지기 시작했다. 바쁘게 병을 닦다 실수를 했다. 기존 병과 새 병을 섞어 진열한 것이다. 그 순간엔 몰랐다. 하지만 손님이 맥주를 주문한 뒤 알게 됐다. 미지근한 맥주를 받은 손님이 곧 불만을 표했던 것이다.

불만은 사장님에게 전달됐다. 그리고 곧장 주방에서 나온 사장님은 홀 한가운데에 나를 불러 세우고 손님들 앞에서 큰소리로 질책했다.

"대체 어떻게 정리한 거야? 뭐 하는 거야 지금?"

사장의 목소리가 식당 전체를 울렸다.

나는 고개를 숙이고 연신 "죄송합니다. 죄송합니다"만 반복했다.

하지만 그 순간 느낀 나의 감정은 단순한 '죄송함'이 아니었다. 내 자신이 무너지는 느낌이었다. 함께 일했던 사람이 나를 낯선 존재로 대하는 느낌. 존재 자체가 부정당한 느낌이었다.

분명한 나의 실수였다. 하지만 내가 감당해야 할 질책의 무게보다 더 힘들고 아프게 했던 건, 나의 실수를 대하는 상대의 태도였다. 감정이 짓밟혔다. 나의 '3개월의 성실성'에 대한 일말의 기대나 인정은 산산이 부서져 한순간에 무시되었고, 그 자리에 '문제 직원'만 남았다.

마음이 떠나는 순간

그날 이후, 나는 변했다. 몸은 여전히 주방에 있었지만, 마음은 그 자리에 없었다. 하던 일은 했지만, 더 이상 내 일이라는 생각은 들지 않았다. 그 순간, 나는 조직에서 '떠난' 것이다.

HEED가 일상화되었다면 어땠을까? 겸손한 리더라면 이렇게 말했을지 모른다. "더운 날씨에 고생 많지. 다음엔 더 조심하자." 평등이 있는 조직이라면? "나도 예전에 맥주병 실수했어. 괜찮아." 실책을 품는 문화였다면? "앞으로 시스템을 바꾸자."

그리고 진짜 중요한 것. 낙심을 관리하는 한 마디.

"지금까지 정말 잘했어! 잘 할 수 있다는 생각 잊지 마!"

이 말 한 마디면 나는 다시 일어설 수 있었다. 하지만 그런 말은 없었다. 대신, 감정의 깊은 상처만 남았다.

문제는 내가 지금까지 일했던 조직에서 날마다 같은 장면이 반복되었다는 것이다. 현장에서 반복된 이러한 장면은 단순한 우연이 아니다. 실제 연구에 따르면, 김지윤(2019)은 이런 논리를 뒷받침한다. 그는 『조직 내 구성원들이 인식한 리더의 겸손이 조직유효성에 미치는 영향과 자기효능감 및 과업상호의존성의 조절효과』에서, 겸손한 리더가 구성원의 기여에 감사함을 표현하고, 아이디어와 강점을 존중할 때 직무와 조직에 대한 헌신이 높아진다고 밝혔다. 결국 사람은 '작은 실수' 때문에 떠나는 것이 아니라, 그 실수를 다루는 방식 때문에 떠난다. 하지만 나는 여전히 그 이유를 헤아리지 못한 채, "요즘 사람들은 왜 이렇게 예민한가"라는 말을 종종 듣는다.

그러나 사람이 예민한 게 아니다. 조직이 무딘 것이다. 감정에는 둔감하고, 실수에는 가혹하며, 사람을 오직 '성과의 부속품'으로만 바라본다. HEED가 사라진 조직의 결말은 분명하다. 누군가는 조용히, 그러나 확실히 떠난다. 나는 다시 강조하고 싶다. 조직을 무너뜨리는 건 실수가 아니다. 사람을 떠나게 만드는 진짜 이유는, 서로 다른 생각과 방식을 존중하지 않고 외면하는 태도에 있다.

이러한 경험은 단순한 개인적 느낌이 아니다. 실제 연구에서도 같은 메시지를 확인할 수 있다. 오선영 외 3인(2015)의 연구에 따르면, 사람을 존중하는 조직문화는 구성원의 회복탄력성과 행복감을 높이고, 결국 조직성과까지 끌어올린다고 한다. 다시 말해, 존중이 있는 문화가 사람을 지키고, 그 사람들이 결국 조직을 지켜낸다는 것이다.

다름을 외면한 대가

모든 사람은 사고방식이나 일하는 방식이 다르기 때문에 쉽게 친밀감을 형성하기 어렵다. 성격이나 관점이 다른 사람과 가까워지기란 결코 쉬운 일이 아니다. 이와 같은 차이는 감정적 거리뿐 아니라, 정보의 공유나 협업의 효율성에도 부정적 영향을 미칠 수 있다.

그러나 여기서 간과해서는 안 될 점이 있다. 사람은 각자 고유한 역량과 전문성을 지니고 있다는 사실이다. 평소 성향이 맞지 않아 거리감을 느꼈던 사람일지라도, 특정 상황이나 위기 국면에서는 그 능력이 절실하게 요구될 수 있다. 그럼에도 단지 관계의 불편함만을 이유로 그 가능성을 무시한다면, 조직은 스스로 큰 기회를 놓치고 손해를 입을 수 있다.

예를 들어, 고객들이 별다른 이유 없이 절반 이상 이탈했다고 가정해 보자. 대부분의 구성원은 고객 만족도 하락 탓이라며 분주히 움직이지만, 명확한 원인을 파악하지 못한 채 시간만 흘려보낸다. 문제 해결의 실마리는 보이지 않고, 조직은 점차 혼란에 빠지며 결국 심각한 위기에 직면하게 된다.

이러한 상황에서 평소 주목받지 못했던 한 마케팅 직원이 고객 이탈의 정확한 원인을 밝혀낸다. 그는 조직의 안일한 대응과 급변하는 시장 환경에 대한 준비 부족을 핵심 문제라고 분석한다. 그러나 그의 의견은 조직에 받아들여지지 않고, 결국 그는 자신의 가능성을 인정해 줄 경쟁기업으로 이직한다. 국내 기업 사례를 보면, 삼성전자와 하이닉스의 기술력 격차는 삼성전자의 많은 우수인력이 하이닉스로 이동하면서 더욱 벌어졌으며, 현재 두 회사의 분위기와 기술력에는 상당한 차이가 존재한다. 조직은 위기를 극복할 수 있는 단서를 스스로 외면한 셈이다.

이처럼 구성원들이 인간적 호불호에 따라 협업에 대한 판단이 흐려지면, 결정적 순간에 유능한 인재를 놓치는 결과를 초래할 수 있다. 이는 단지 한 사람을 잃는 문제를 넘어, 조직의 미래를 지킬 기회를 잃는 일이기도 하다. 결국 조직은 실력 있는 인재를 떠나보내는 동시에, 스스로의 경쟁력까지 약화시키는 치명적 실수로 이어진다.

1.4 HEED의 힘

수치로 환산할 수 없는 가치

진짜로 성공한 조직은 숫자보다 먼저 사람을 챙긴다. 위기의 순간에도 무너지지 않고 살아남은 조직, 나아가 위기를 기회로 전환한 조직들은 공통적으로 하나의 문화를 공유하고 있었다. 그것은 바로 '사람을 챙기는 문화'였다. 구글은 2008년 글로벌 금융위기 속에서도 인재를 비용으로 보지 않았다. 오히려 사람에 대한 투자를 줄이지 않고, 직원들의 성장을 지원하며 심리적 안정감을 지켰다. 그 결과 조직은 흔들리지 않았고, 위기를 새로운 기회의 발판으로 삼을 수 있었다.

비슷한 시기, 스타벅스 또한 '사람을 우선한다'는 철학을 포기하지 않았다. 매출이 줄어드는 상황에서도 파트너라 불리는 직원들의 복지를 지키고, 교육프로그램을 확대하며 장기적인 신뢰를 다졌다. 이런 선택은 단기적으로는 부담이었지만, 시간이 지나면서 스타벅스를 가장 신뢰받는 글로벌 브랜드 중 하나로 성장시키는 토대가 되었다.

결국 위기를 이겨낸 조직에는 공통된 비밀이 있었다. 위기를 숫자와 비용의 문제가 아니라 사람과 신뢰의 문제로 바라본 것이다. 사람을 챙긴 조직은 살아남았고, 그렇지 못한 조직은 사라졌다. 단언컨대, 그 문화의 중심에는 HEED가 있다. 이 가치는 단순히 착하고 따뜻하기만 한 정적(靜的) 가치가 아니다. 실패를 견디고, 신뢰를 쌓고, 관계를 회복시키는, 조직의 가장 깊은 뿌리에서 작동하는 보이지 않는 힘이다.

그럼에도 HEED의 가치는 숫자로 계량하기 어렵다. 재무제표에도, KPI 지표에도 HEED는 보이지 않는다. 그러나 위기 앞에서 흔들림 없는 조직의 힘은, 어쩌면 HEED와 같은 보이지 않는 가치에서 비롯되는지도 모른다.

조직성장 동력의 밑천

모든 조직에는 눈에 보이지 않는 '밑천'이 있다. 외형적으로는 자본금, 인프라, 기술력이 기반처럼 보이지만, 실제로 조직을 지속적으로 움직이는 힘은 다른 곳에 있다. 구성원 간의 신뢰, 자유롭게 말할 수 있는 분위기, 그리고 문제를 개선할 수 있다는 믿음이야말로 조직의 진짜 자산이다. 이런 무형의 밑천을 키우는 중심축이 바로 HEED다.

HEED가 뿌리내린 조직은 실수에서 배우고, 위기 속에서 전환점을 찾으며, 결국 성장한다. 그래서 HEED는 단순한 태도가 아니라 조직문화 자체를 바꾸는 힘이다. 반대로 HEED가 고갈된 조직은 불신과 긴장 속에 갇힌다. 작은 문제에도 분위기는 얼어붙고, 구성원은 침묵으로 책임을 피하며, 위축된다. 결국 조직은 스스로의 에너지를 잠식하며 성장의 불씨를 꺼뜨린다.

HEED가 제대로 작동하면, 그 힘은 학습조직으로 향하는 길을 열어준다. 조직이 환경변화에 미리 대응하려면 학습이 필수적이며, 실제로 중소기업과 대학 등 다양한 조직을 대상으로 한 여러 연구에서 학습조직이 효과적으로 정착하여 성과를 거둔 사례들이 확인되고 있다(전혜금, 2009; 배명덕, 2017). 이처럼 학습조직이 자리 잡은 환경에서, 구성원에 대한 깊은 관심은 자연스럽게 겸손으로 이어지고, 겸손은 평가의 공정을 담보한다. 공정한 평가가 자리 잡은 조직에서는 실책이 줄고, 설령 실책이 있더라도 낙심으로 이어지지 않는다. 이런 순환이 구축되면 조직 안에는 심리적 안정감이 생기고, 누구나 실현

가능한 좋은 아이디어를 낼 수 있다. 이는 곧 조직이 스스로 배우고 성장하는 바탕이 된다. HEED는 학문적인 이론보다 삶에 가까운 원리로서, 우리가 날마다 이어가는 소통과 관계 속에서 자연스럽게 학습조직을 가능하게 한다.

정리하면, HEED는 조직의 성장 동력이자 밑천이다. 눈에 보이지 않는 신뢰와 존중, 그리고 서로를 일으켜 세우는 힘이 쌓일 때 조직은 오래 간다. 학습조직의 다섯 가지 원리가 이상을 그려낸다면, HEED는 그 이상을 현실로 끌어내는 바탕이다. 여기서 학습조직의 다섯 가지 원리는 Peter Senge(1990)가 제안한 개인적 숙련, 정신 모델, 공유된 비전, 팀 학습, 시스템 사고를 의미한다. 결국 HEED는 사람을 오래 품고, 조직의 성장을 지속하게 한다. 이제 우리는 HEED의 각 가치를 하나씩 깊이 들여다보고, 그것이 조직을 어떻게 변화시키는지 살펴보려 한다.

2장

HEED의 가치

개인 간의 관계를 북돋우고 조직을 단단하게 하는 힘

주지한 바와 같이, 조직이 무너지는 이유는 대부분 '성과'가 아니라 '관계'에서 비롯된다. 관계는 곧 감정과 태도의 언어로 형성된다. HEED는 이 언어를 풀어내는 도구다. HEED가 지향하는 네 가지 가치는 조직 내 대화의 분위기를 바꾸고, 위기를 배움으로 전환하며, 궁극적으로는 구성원이 '떠나고 싶지 않은 조직'을 만드는 토대가 된다. 사람들은 수치나 도표보다 태도에 반응한다. HEED는 바로 그 태도의 구조를 세워 주는 내면의 질서다.

HEED의 네 가지 가치는 따로 떨어진 개념이 아니다. 겸손은 공정성을 높이고, 이 공정성이 뿌리내린 조직은 구성원의 문제를 자연스럽게 드러내어 실수를 예방하며, 그리고 실수를 올바르게 다루는 문화는 구성원의 실망을 줄이며 동기를 높인다. 이처럼, HEED는 하나의 흐름이며, 그 출발점은 겸손이다. 그리고 이 겸손의 바탕에는 '관심'이 있다. 이제 그 흐름을 함께 따라가 보자.

2.1 관심(Attention): HEED의 토대

관행과 새로움 사이, CAN의 법칙

손흥민 선수의 부친은 손흥민에게 기본기를 완전히 익힌
18세 이후에야 슈팅 훈련을 시작하게 했다.
훌륭한 선수는 기본기에 충실하면서 한결같이 최선을 다한다

 HEED의 토대는 구성원에 대한 '관심'이다. 조직이 지속적으로 성장하기 위해서는 단순히 계량된 수치나 성과에만 집중하지 않고, 함께하는 사람들의 마음과 목소리를 깊이 이해하는 태도가 필수적이다. 최고의 조직들은 바로 이 '관심'을 바탕으로 변화와 혁신을 선택해 왔으며, 우리는 또한 이러한 방향성을 고민해야 한다. 관심은 상대에 대한 단순한 호기심이 아니라, 조직이 앞으로 나아가야 할 길을 가리키는 중요한 이정표다.

지속적으로 성장하는 조직으로의 변화를 위해서는 지금까지 당연하게 여겼던 관행을 점검하고, 변화가 필요한 지점을 과감히 찾아내야 한다. 관행을 바꾸는 일은 결코 쉽지 않다. 익숙함과 새로움 사이에서 균형을 찾고, 그 속에서 어떤 방향을 선택할지는 결국 '얼마나 진심으로 구성원에게 관심을 기울이느냐'에 달려 있다. '관심'은 호기심이나 현상에 대한 표면적 관찰을 넘어, 구성원의 이야기를 듣고, 그들의 필요와 바람을 이해하며, 이를 바탕으로 조직문화를 새롭게 만들어 가는 힘이다.

나는 오랜 시간 관행과 새로움을 어떻게 조화롭게 연결할 수 있을지 고민해 왔다. 그러던 중, 2025년 봄 다니는 교회에서 목사님의 설교를 통해 'CAN의 법칙'을 접하게 되었다. 설교에서는 삶에 대한 중요한 통찰로 'BCD 원칙'을 설명하셨는데, 이는 CAN 원칙과 비슷한 맥락으로, 출생Birth과 죽음Death 사이에 있는 선택Choice이 삶의 방향을 결정한다는 내용이었다. 이 간단한 원칙은 마음에 깊이 남았고, 자연스럽게 조직과 관행의 문제에도 이 원칙을 적용해 보고자 하는 생각이 들었다.

조직에 이 원칙을 적용하면 'CAN의 법칙'이라는 개념으로 확장할 수 있다. 여기서 'CAN'은 관행Custom과 새로움Novelty 사이에 자리한 '관심Attention'을 의미한다. 즉, 구성원에 대한 깊은 관심이야말로 조직변화를 성공으로 이끄는 결정적 열쇠라는 것이다. 아무리 혁신적 시도를 하더라도, 구성원에 대한 관심과 배려가 부족하면 변화는 일시적일 수밖에 없다. 반면, 구성원을 깊이 이해하고 배려하는 관심이 바탕이 된다면, 변화와 혁신은 조직 안에 자연스럽게 뿌리내릴 수 있다.

실제 정동일(2013)의 연구(『경영관행의 조직 내 확산과 편향적 조직학습)에서도, 새로운 경영방식인 품질경영 프로그램을 도입할 때 조직 상층부의 강력한 압력 하에 놓인 부서들은 탐색의 범위를 극도로 제한하는 경향을 보였고, 부서들은 높은 가시적 성과를 낸 팀만을 학습 표본으로 삼아 경험적·대리학습을 수행했다. 이러한 편향적 조직 학습은 팀 활동의 지속성 및 성과에 부정적 영향을 주었으며, 전사적 차원에서 품질경영 프로그램의 빠른 쇠퇴로 이어졌다. 즉, 조직 상위 계층의 시간적 압박 속에서 소수 성공 사례에 과도하게 주목하는 조직은 구성원들의 학습과 실행이 편향될 수밖에 없으며, 이는 성과 저하와 좌절, 나아가 경영 관행에 대한 광범위한 거부를 초래할 수 있음을 보여준다. 따라서 혁신과 변화를 조직에 뿌리내리게 하려면, 구성원 한 사람 한 사람에 대한 진심 어린 관심과 이해가 필수적임을 알 수 있다.

결국 구성원에 대한 깊은 관심은 단순한 마음가짐을 넘어, 조직의 관행을 변화시키고 지속가능한 성장을 가능하게 한다. 사람을 중심에 두고 서로를 존중하며 함께 성장할 때, HEED의 가치도 비로소 현실이 된다. '관심'은 조직을 움직이는 시작점이자, 우리를 세상으로부터 사랑받는 최고의 조직으로 이끄는 가장 강력한 힘이다.

PIN 법칙과 조직의 정체

"장미를 남에게 주면 향기는 자신의 손에 남는다"는 말이 있다. 타인을 향한 관심과 배려는 결국 자신에게도 따뜻한 흔적으로 돌아온다. 조직도 마찬가지다. 우리가 서로에게 관심을 기울이고 작은 친절을 나눌 때, 그 따뜻함은 곧 조직문화를 변화시키는 강력한 원동력이 된다. 관심은 조직을 단지 일하는 공간이 아닌, 함께 살아가는 공간으로 바꾼다.

그러나 모든 조직이 같은 선택을 하지는 않는다. 예를 들어, 비유하면, 어떤 조직은 변화의 기로에서 '관행Practice'과 '새로움Novelty' 사이에서 '정보Information'를 선택한다. 나는 이를 'PIN의 법칙'이라 부른다. 말 그대로 조직이 관행과 정보 사이에 고정pin되어 정체된 모습을 드러내는 것이다. 패션 산업에서 이러한 사례를 쉽게 찾아볼 수 있다. 오프라인 매장 중심의 운영을 온라인 전략으로 신속히 전환하지 못한 경우가 대표적이다. 정보는 충분히 있었지만, 기존 관행에 얽매인 조직문화 때문에 변화를 실행하지 못했고, 결국 문제해결이 늦어졌다. 바로 이 점에서 PIN의 법칙이 잘 드러난다.

앞에서 말한 CAN의 법칙은 이와는 전혀 다른 접근이다. CAN의 법칙에서 가장 중요한 전제는, 할 수 있다는 '믿음'이다. 변화는 믿음에서 시작되고, 믿음은 관심에서 자란다. 예컨대, 어떤 조직에서 안전사고가 반복되고 있다면, 단순한 통계에 대한 접근을 넘어 '줄일 수 있다'는 확신이 우선되어야 한다. 지금 성장이 멈춰 있는 조직이라면 특히, '우리가 관심을 기울이면 바꿀 수 있다'는 확신이 공유되어야 한다. 변화에 대한 확신이 조직변화를 여는 첫 단추다.

역사를 돌이켜보면, 산업혁명 초기의 영국에선 안전문제가 깊은 사회적 고통으로 제기되었다. 수많은 사고와 희생이 이어졌고, 그들은 그 원인을 끊임없이 진단하고 개선을 위한 노력을 멈추지 않았다. "사고는 줄일 수 있다"는 믿음은 결국, 영국을 세계에서 가장 안전한 산업 환경을 갖춘 나라 중 하나로 만들었다. 이러한 변화의 전환점은 1972년 로벤스위원회의 발표였다. 이들은 사업장 내 자율관리 시스템을 기본 원칙으로 제시하면서, 노사가 서로를 믿고 함께 책임지는 구조를 만들었다. 보고서는 안전보건이 더 이상 특정 집단의 책임이 아니라 노사 모두가 공유해야 할 과제임을 강조했고, 이는 새로운 기업 경영의 표준이자 확고한 사회규범으로 자리 잡았다. 그 결과 영국 작업장의 사망자 수는 획기적으로 감소했으며, 그 변화의 중심에는 '할 수 있다'는 믿음과 사람에 대한 깊은 '관심'이 자리하고 있었다.

변화는 거창한 전략에서 시작되지 않는다. 구성원 한 사람 한 사람의 관심에서 비롯된다. 결국, 지속가능한 변화의 출발점은 늘 같다. 바로, '사람에 대한 관심'이다.

2.2 협업(Collaboration): 함께 잇는 관계

신뢰의 첫걸음, 자기인식

HEED는 단순히 구성원 간의 '관심'에 머물지 않는다. 그 너머의 신뢰와 공감을 핵심 가치로 삼는다. 단순한 협업이나 업무 분담이 아닌, 함께하는 사람들 간의 진정한 연결과 깊은 이해를 바탕으로 관계를 형성하고자 하는 의지이다. 신뢰는 하루아침에 만들어지지 않는다. 각자 자기 자신을 진지하게 돌아보고, 스스로를 진솔하게 바라보는 태도에서 시작된다. 협업 역시 개인이 자신을 돌아보고 타인에게 미치는 영향을 이해하는 과정에서 비롯된다. 결국 자기인식이 바탕이 될 때 신뢰와 협업이 가능하다. 따라서 HEED의 두 번째 가치는 개인과 조직이 함께 매듭짓는 '협업'이다.

자기인식은 지난 일에 대한 후회나 반성이라는 단순한 차원이 아니다. 스스로의 생각, 감정, 행동의 배경을 깊이 들여다보고, 무엇이 부족하고 어떤 태도가 변화되어야 하는지를 되돌아보는 심리적·내면적 과정이다. 다니엘 골먼Daniel Goleman이 주장한 '정서지능EQ'에 의하면, 자기인식이 높은 사람은 자신의 강점과 약점을 균형 있게 이해하고, 감정의 흐름이 타인에게 어떤 영향을 미치는지도 잘 파악한다고 한다. 이러한 자기인식의 힘을 통해 각자의 한계를 인정하고, 개선의 여지를 발견하며, 지향해야 할 가치와 방향을 재정립한다. 이 과정은 조직 내 각자의 역할과 존재 의미를 더욱 분명히 자각하게 만든다.

개인은 스스로를 깊이 들여다볼 때, 비로소 타인에 대한 이해와 배려의 공감능력을 갖출 수 있다. 자기인식은 스스로 완벽한 존재가 아님을 깨닫게 하고, 타인의 실수나 부족함에 유연하고 따뜻한 시선을 가질 수 있게 한다. 나의 불완전함을 인정하는 순간, 상대에게 진심으로 다가갈 수 있다. 그렇게 다져진 이해와 배려가 구성원 간 신뢰를 탄탄하게 떠받드는 기초이다.

HEED가 지향하는 신뢰는 바로 이런 개인의 내면에서 비롯된 자기인식 위에 세워진다. 서로에 대한 믿음은 자신에 대한 인식에서 시작되고, 그것이 조직 전체의 문화로 확산될 때 우리는 더욱 단단한 공동체로 거듭날 수 있다. 함께 줄을 매는 조직, 서로를 끌어주는 문화는 그저 잘 맞는 사람들이 모였기 때문이 아니라, 각자가 자신을 돌아보고 성장하려는 의지를 가졌기 때문에 가능한 것이다.

조직, 응답하는 존재여야

조직이 진정으로 변화하기 위해서는 구성원 개개인의 변화만으로는 충분하지 않다. 아무리 개인이 자기인식을 통한 변화를 시도해도,

조직이 응답하지 않으면 신뢰는 쌓일 수 없고 그 노력은 쉽게 무너진다. 개인과 조직의 관계는 일방적 노력이 아니라, 상호작용 속에서 형성된다. 따라서 조직은 구성원의 변화에 단순히 '반응'하는 수준을 넘어, 진정성 있는 '응답'을 내놓아야 한다.

개인이 자기인식을 통해 변화를 시작하듯, 조직도 자기점검을 통해 스스로를 돌아봐야 한다. 조직은 단순한 구조나 시스템이 아니라 살아 있는 유기체다. 그래서 끊임없는 점검이 필요하다. 구성원의 목소리를 듣고 반영할 때 비로소 변화는 힘을 얻는다. 진심을 이해하려는 태도 없는 혁신은 결국 공허한 외침에 불과하다.

하지만 현실은 아직 멀다. 일부 기업에서 여전히 "배부른 소리 하네"라는 반응이 나오고 있다. 어느 대기업 협력업체에서 실제로 일어난 이야기다. 힘든 업무 때문에 시간당 금액 인상을 요청한 동료에게 관리자는 이렇게 말했다. "일하기 싫으시면 다른 곳에 가세요. 올 사람 많아요." 이 말은 듣는 사람마다 다르게 해석될 수 있다. 하지만 중요한 것은, 이런 태도가 조직의 신뢰를 무너뜨리고 성장을 가로막을 수 있다는 점이다. HEED는 단순히 듣는 데 머무르지 않는다. 구성원의 목소리를 행동으로 옮기고, 실천으로 이어갈 때 비로소 조직은 살아 있는 힘을 갖게 된다.

직원과 고객의 제안을 단순히 수용하는 데서 끝내서는 안 된다. 그것을 실제 조직변화로 연결하려는 태도가 필요하다. 영업이익 감소, 내부 갈등, 고객 불만, 반복되는 실수 등은 모두 조직 건강에 울리는 경고음이다. 이 신호들을 외면하지 않고 즉각 대응하며, 실질적인 개선으로 이어갈 때 조직은 지속가능한 성장을 하게 된다.

조직의 자기점검은 겉으로 드러나는 말이나 문구가 아닌, 일상적 조직운영과 태도에 녹아 있어야 한다. 예컨대 소통을 강조하는 경우, 형식적 보고체계에 주안점을 두지 않고 구성원 각자가 자유롭게 의견을 표현할 수 있는 심리적 안정감이 보장되어야 한다. 조직이 추구하는 가치가 일관되게 조직문화 전반에 반영되어야 구성원들은 그 진정성을 믿고 따를 수 있다.

조직은 구체적인 자기점검 질문을 끊임없이 제기해야 한다.
"조직은 구성원을 진심으로 존중하고 있는가?"
"조직은 다양한 의견을 수용할 준비가 되어 있는가?"
"조직의 목표와 비전은 일하는 사람들에게 실제적 의미로 다가서는가?"

이 질문에 솔직하게 긍정적으로 답할 수 없다면, 조직문화 변화에 대한 의지나 열망은 공허한 구호에 그칠 뿐이다. 구성원들은 말보다 구체적이고 실질적인 행동으로 판단한다. 조직이 어떤 태도로 일관하는지 일상 속에서 예민하게 감지한다.

변화를 위한 여정은 조직이 먼저 손을 내밀 때 비로소 시작된다. 구성원의 미미한 변화의 신호를 조직이 섬세하게 감지하여 반응할 수 있어야 한다. 구성원의 일상적 말과 행동, 감정에 귀 기울이려는 조직의 노력은 형식적 제도나 시스템 정비 차원이 아니라, 조직 전체의 운영 철학과 문화로 체화되어야 한다.

결국 조직은 단순한 시스템이 아니라, 구성원의 변화와 감정에 '응답'하는 살아 있는 존재여야 한다. 응답이란 단순한 반응이 아니라, 진심 어린 태도로 함께 움직이고 성장하려는 적극적 자세다. 응답이 있을 때, 구성원은 조직을 신뢰하고, 조직은 그 신뢰 위에서 더 멀리 나아갈 수 있다.

함께 매듭짓는 줄

앞서 언급한 것처럼, 변화는 결코 한 사람의 노력만으로 이루어지지 않는다. 개인이 자기인식을 통해 성장한다 해도, 조직이 그 변화를 무시하거나 받아들이지 않으면 그 노력은 벽에 부딪힐 수밖에 없다. 대체로 이런 조직은 성과평가와 보상이 불공정하거나 수직적 위계가 강하게 작동하는 구조를 갖는다. 연구들 역시 폐쇄적이고 권위적인 문화가 개인의 성장과 변화를 제약하며, 구성원의 학습과 혁신적 시도가 뿌리내리는 것을 방해한다고 지적한다. 결국 개인의 노력만으로는 충분하지 않으며, 변화를 가능하게 하려면 조직차원의 응답과 배려, 공정하고 열린 문화가 반드시 뒷받침되어야 한다.

한편, 조직이 아무리 정교한 시스템과 공정한 절차를 갖추었다 해도, 구성원들의 내면적 자기인식이 결여된 채 편견과 차별적 태도가 지속된다면 변화는 오래가지 못한다. 이는 제도나 규정의 문제가 아니라, 구성원의 태도와 가치관이 변화의 지속 가능성을 좌우한다는 사실을 보여준다. 예를 들어, A사는 성과평가시스템을 도입하여 공정성을 강조했지만, 구성원들의 편견과 선입견이 여전히 존재하여 평가결과에 불공정성이 나타난다는 것이다. 이는 시스템의 문제라기보다는 구성원들의 내면적 태도와 가치관이 변화에 저항하는 주요 요인임을 시사한다. 따라서 진정한 변화와 성장은 개인과 조직이 서로를 신뢰하며 함께 움직일 때 비로소 가능하다.

HEED가 강조하는 '함께 매듭짓는 줄'은 바로 이 공동의 책임의식을 상징한다. 그것은 조직과 구성원이 서로를 감시하거나 감독하는 관계가 아니라, 서로를 비추는 거울처럼 진심으로 반응하는 관계임을 뜻한다. 내가 멈출 때 너도 함께 멈추고, 내가 앞서 나아갈 때 너도 용기 내어 걸어갈 수 있는 관계, 바로 그런 상호 연결 속에서 지속가능한 변화가 시작된다.

'함께 매듭짓는 일'은 단순한 협업이나 조직의 공동목표를 향한 분업을 뜻하지 않는다. 우리가 함께 매듭짓는 줄은 신뢰를 기반으로 한 깊은 유대이며, 서로에 대한 책임감과 배려로 엮인 관계이다. 때로는 버겁게 느껴질 수도 있지만, 우리 모두를 안전하게 지탱해 주는 튼튼한 관계이다. 위기의 순간일수록 이 관계의 매듭이 튼튼하게 동여매 있는지 여부가 조직의 운명을 좌우한다.

매듭이 느슨해서는 안 된다. 대충 묶이거나 표면적으로 덧씌워진 관계는 사소한 불협화음에도 쉽게 끊긴다. 관계의 매듭이 단단해지려면, 먼저 각자 자신의 한계를 인정하고 열린 마음으로 스스로를 돌아볼 수 있어야 한다. 조직은 구성원 각자의 목소리에 민감하게 반응하고, 권한과 책임의 균형을 점검하여 스스로를 돌아볼 수 있어야 한다. 줄탁동시, 이러한 과정에 비로소 서로 지지하고 신뢰하는 끈끈한 연결이 생겨난다.

이렇게 단단하게 형성된 매듭은, 변화를 일회성 이벤트를 넘어 조직문화로 자리 잡게 하는 결정적 기초가 된다. HEED는 일시적 캠페인이나 외형적 슬로건이 아니다. 그것은 조직 내에서 실제로 사람을 존중하고, 구성원의 권익을 보장하며, 지속가능한 변화를 만들어내는 문화와 제도를 의미한다. 이러한 가치가 잘 구현된 사례로는 독일과 스웨덴 등 유럽의 노사관계를 들 수 있다. 이들 국가는 노동자 참여와 권리보장을 제도적으로 보장함으로써, 단기적 성과가 아니라 조직의 장기적 성장과 구성원의 만족도를 동시에 높이는 문화를 구축해 왔다. 구성원 간의 깊은 신뢰, 조직의 응답과 책임, 그리고 일상에서 실천되는 상호 존중의 문화가 함께 얽혀 만들어 내는 구조다. 눈에 보이지 않지만, 조직을 지탱하는 가장 강력한 힘이다.

결국 이 '함께 매듭짓는 줄'이야말로 우리가 지향해야 할 변화의 진정한 출발점이다. 어떤 위기 앞에서도 쉽게 풀리지 않고, 서로를 끝까지 지지할 수 있는 연결, 바로 그것이 HEED가 추구하는 변화의 본질이다.

2.3 관행(Tradition): 관행의 줄을 끊는 HEED

진정성 없이 변화하는 조직은

조직 내 평가와 피드백은 단순한 형식적 절차가 아니라, 개인의 성장과 조직의 방향성을 점검하는 핵심과정이다. 대부분의 조직은 '자기평가', '다면평가' 같은 제도를 운영하며 구성원 각자가 자기점검을 실시하도록 한다. 그러나 현실에서는 이러한 제도의 진정성이 자주 의심받는다. 평가라는 이름으로 진행되지만, 결과가 실제 변화를 만들어 내지 못하기 때문이다. 따라서 HEED의 세 번째 가치는 '관행의 줄을 끊는 것'이다.

어느 팀에서건 정기적으로 자신을 돌아보고 팀 전체를 점검하는 시간을 가진다. 문제는 내용의 진정성이다. 우리는 과연 "그 평가에서 충분히 솔직하다고 응답할 수 있는가"라는 질문에 스스로 답할 수 있어야 한다. 그러나 많은 경우 이 과정은 피상적·형식적 절차에 머문다. "별 문제 없네", "이대로 하는 게 낫지" 등 겉핥기 수준의 평가로 넘어가며, 진짜 문제와 마주하길 피한다. 다만 무탈하게 끝내고 넘어가는 것이 목적이 되어 버린다.

이러한 현상의 이면에는 평가와 피드백이 본질적 변화보다는 단순 지적과 형식적 체크에 만족해 버리는 현실이 존재한다. 문제의 뿌리를 파고드는 대신, 표면을 어루만지는 데 그친다. 조직 내부에 "어차피 바뀌지 않아", "괜히 건드려 봤자 피곤하지"와 같은 체념이 깔려 있다. 이처럼 변화는 시작되기도 전에 무력화되며, 실제 개선보다 '평가를 했다는 사실'이 더 중요하게 여겨지는 분위기가 형성된다.

결국 남는 것은 진정성이 부족한 변화다. 형식은 그럴듯하지만, 본질은 건드리지 못한 채 흐지부지 끝나는 점검과 개편이 반복된다. 히드는 바로 이런 관행의 반복에 이의를 제기하며, 문제를 정면으로 마주하고 솔직한 피드백을 주고받으며, 형식이 아닌 본질을 향한 변화를 추구한다. 이와 관련된 사례로, 인텔의 몰락은 기술력 강화보다 비용 절감과 효율성에 치중한 경영진의 판단 착오에서 비롯됐다. 전현직 CEO들은 시장 변화에 제대로 대응하지 못한 채 잘못된 전략을 이어갔고, 이는 곧 기술 경쟁력 약화로 이어졌다. 그 결과 인텔은 오랫동안 지켜온 글로벌 점유율과 기술 리더십을 상실했으며, 이는 세계 반도체 시장 재편을 앞당기는 계기가 되었다(비즈니스포스터, 2024. 9. 18.).

잘 나가던 기업이 혁신하지 못하는 가장 큰 이유는 두 가지다. 첫째, "잘되고 있는데 왜 흔드나"라는 안일주의이고, 둘째는 "혁신은 했지만 원가절감에 치중"한 단기 이익 우선주의다. 즉, 안일주의는 경쟁이 치열한 시장에서도 조직이 예리함을 잃고 방어적인 태도에 머물며 기존 방식을 유지하는 데 집중하는 것이며, 단기 이익 우선주의는 신제품이나 신기술 개발에 필요한 위험과 지속적 투자보다 단기적 비용 절감과 이익을 우선시하는 것이다(매일경제, 2024. 8. 21.).

'대충'의 문화가 만든 장벽

'대충대충 점검하고 평가하는 습관'은 개인의 게으름이나 성향에서 비롯된 문제가 아니다. 오랜 시간에 걸쳐 조직 안에 뿌리내린 문화이자 관행이다. '다들 이렇게 하잖아', '이 정도면 괜찮은 거지 뭐' 같은 생각이 반복되며, 무의식적으로 받아들여진 태도가 행동 양식으로 굳어진다. 어느새 '대충'은 예외가 아니라 일상이 된다.

사람은 익숙한 방식을 따르기 마련이고, 익숙함은 곧 습관이 된다. 한번 형성된 습관은 점차 무비판적 관행으로 발전하고, 관행은 비판이나 반성을 가로막는 장벽이 된다. 문제를 정확히 인식하기보다 불편한 진실을 피하고 무난하게 넘어가려는 분위기가 자리 잡는다. 피드백 역시 마찬가지다. "다 괜찮다", "그 정도면 잘하고 있는 거지"라는 말로 서로를 위로하는 동안 실질적 성장은 멈추고 만다.

이러한 관행 속에서는 진정한 변화를 기대하기 어렵다. 겉으로는 평화롭고 조용해 보이지만, 내부는 이미 성장이 멈춘 정체 상태에 놓여 있다. 문제를 직시하려는 용기보다 회피를, 개선보다 현상 유지를 선호하며, 내부의 조용함은 안정이 아니라 무기력에서 비롯된 것일 수 있다. 예를 들어, 이마트는 기존 성공 모델에 안주하며 내부 관행을 유지한 채 변화에 소극적으로 대응해 시장 경쟁력을 잃은 반면, 쿠팡은 기존 관행을 과감히 탈피하고 혁신적 서비스와 빠른 실행으로 시장 점유율을 확대했다. 이러한 차이는 조직문화와 내부 자기점검의 유무에서 비롯되며, 지속가능한 성장과 혁신에는 변화를 적극적으로 받아들이는 문화가 핵심임을 보여준다.

    히드는 이 장벽에 질문을 던진다. 과연 우리는 익숙함을 이유로 중요한 것을 외면하고 있지는 않은가? '대충'의 문화에 안주하는 한, 변화는 시작되지 않는다. 관행의 틈을 비집고 들어가, 진짜 자기점검과 피드백이 이뤄지는 문화를 히드로 그려 내야 한다.

변화를 여는 HEED

    HEED는 조직에 깊이 뿌리내린 관행을 끊는 데서 시작한다. 형식적 평가, 무의미한 피드백, 대충 넘어가는 점검의 태도는 정체된 조직문화로 이어진다. HEED는 이러한 틀을 깨기 위해 개인의 자기인식과 자기점검, 그리고 조직의 자기점검을 촉구한다. 개인의 자기인식은 자신을 진지하게 돌아보고, 편견 없이 조직을 바라보는 데서 비롯된다. 겉으로 드러난 문제뿐 아니라 눈에 보이지 않는 고질적 습관과 태도까지 그 대상을 삼는다.

    HEED는 구성원 각자의 업무와 역할을 새롭게 바라보고, 그 과정과 결과를 근거로 스스로 우선순위를 다시 세우도록 이끈다. 이 과정에서 HEED는 단지 '다르게 하자'고 말하지 않는다. 왜 그렇게 해 왔는지를 묻고, 그것이 정말 유효했는지를 되돌아보게 한다. 또한 HEED가 강조하는 변화는 위에서 주어진 지시나 외부의 감시로 이뤄지지 않는다. 구성원의 주도적 자기인식과 자기점검에서 비롯된다. 자신의 판단이 늘 옳을 수 없다는 전제를 받아들이고, 더 나은 가능성을 향해 마음을 여는 태도가 필요하다.

    결국 HEED는 '진심이 담긴 개인의 평가에서 출발해 조직의 평가로 확장되는 과정'과 '실천으로 이어지는 피드백'을 통해 조직문화를 바꾼다. 이는 단지 개인차원의 평가방식에 그치지 않고, 조직차원의 평가방식으로까지 확장되는 전환이며, 조직의 태도와 관점을 근본부터 바꾸는 일이다. 진정성 없는 자기평가는 전체 조직의 진단을 왜곡시킨다. 이제 HEED가 개인을 넘어 조직 전체로 확산되는 여정을 살펴볼 차례다.

2.4 ACT로 조직 전체를 움직이다

자기점검, 조직을 지키는 힘

HEED의 네 번째 가치는 ACT(관심, 협업, 관행)로 통해 조직 전체를 움직이도록 하는 것이다. 이를 위해 핵심이 되는 것은 개인과 조직 모두에게 요구되는 '자기점검'이다. 앞에서 살펴본 '자기인식'이 개인 차원의 출발점이라면, 여기서 말하는 자기점검은 그 인식을 행동으로 옮기고 개선하는 실천적 과정이다.

개인의 자기점검은 단순히 업무 효율을 높이는 수준을 넘어, 자신의 행동을 지속적으로 돌아보고 개선하는 실천적 점검의 과정이다. 새로운 일을 맡을 때 우리는 익숙한 방식이나 고정된 관념에 따라 움직이기 쉽다. 이럴 때 스스로 "나는 지금 새로운 방식을 시도하고 있는가?", "과거 경험에만 의존하고 있진 않은가?"라고 질문하는 것이 곧 HEED의 핵심이다.

특히 업무 현장에서는 변화보다는 기존 방식에 안주하려는 경향이 강하다. 그렇기에 자신이 추구하는 방향이 진정한 개선과 혁신에 부합하는지 꾸준히 점검할 필요가 있다. 이러한 과정은 팀 회의나 정기 리뷰를 통해 매뉴얼을 보완하고 현장 피드백을 반영하는 방식으로도 이어질 수 있다.

업무를 처음 배울 때는 매뉴얼을 철저히 따르지만, 시간이 지나면 자신이 편한 방식으로 변형하기 마련이다. 그러다 보면 어느새 "이렇게 하면 돼요"라는 말로 후임자나 신입에게 자신의 습관을 전수하게 되고, 이는 조직 내에서 통일된 기준 없이 개별화된 방식이 확산되는 원인이 된다. 특히 산업 현장처럼 위험이 큰 곳에서 이런 습관화된 행동은 심각한 사고로 이어질 수 있다. 매뉴얼과 실제 작업 방식이 어긋나면 무의식적으로 위험이 커진다. 이를 예방하려면 정기적인 업무 점검과 더불어 반드시 개인의 일처리 습관에 대한 진지한 자기점검이 필요하다. 이것은 자기관리능력을 높이고, 결국 조직 전체의 건강한 운영으로 이어진다.

이러한 개인적 자기점검과 재정비의 과정은 조직에서도 마찬가지로 중요하다. 조직 속 개인은 끊임없이 성과와 효율을 요구받으며 실패와 좌절을 경험한다. 이때 HEED는 단순히 문제 해결 도구를 넘어, 자신이 하는 일의 의미를 다시 바라보고 일의 방식과 목표를 조정하게 한다. 이를 통해 개인은 더 능동적이고 창의적인 태도로 임하며, 이는 곧 조직 전체의 긍정적 변화로 이어진다.

동료 간 이해와 평가

"동료를 어떻게 바라보는가?"

이 질문은 단순한 인간관계를 넘어 조직 전체의 분위기와 성과에 깊은 영향을 미친다. 히드는 동료를 단순히 함께 일하는 사람이 아니라, 함께 나아가야 할 '동반자'로 보게 한다. 역할 분담을 넘어 서로의 강점과 약점을 이해하고 존중하는 것, 이것이 진정한 협업의 출발점이다. 특히 팀워크가 중요한 환경에서는 이런 이해와 신뢰가 업무의 효율성과 창의성을 극대화하는 토대가 된다. 동료를 단순한 협력자가 아닌, 서로를 지지하고 의지할 수 있는 존재로 바라보는 관점이 바로 히드의 핵심이다.

현장에서는 종종 어려운 상황에 놓인 동료를 오해하거나 피상적으로 판단하는 일이 벌어진다. 때로는 겉으로 보이는 모습만 보고 성급하게 '꾀병'이라 치부해 버리기도 한다. 하지만 히드는 묻는다.

"그에게 무슨 일이 있는 걸까?"

이 한마디 질문이 비난 대신 함께 문제 해결에 나서는 진짜 협업으로 이어지게 한다. 동료를 있는 그대로 바라보고, 그 사람의 맥락을 함께 이해하려는 자세가 협업의 질을 완전히 바꾸는 힘이 된다. 서로에 대한 신뢰와 존중이 바탕이 되어야만, 조직은 진정한 의미의 팀워크를 이룰 수 있다.

내 경험을 예로 들어 보겠다. 기록적인 무더위가 기승을 부리던 2025년 여름 어느 날, 아침부터 32도, 오후 들어 35도에 이르는 불볕더위 속에서 작업을 하던 중 갑작스러운 복통이 일었다. 참는 데 익숙했던 나는 복통을 감춘 채, 끙끙거리며 작업을 이어갔다. 동료 중 한 명이 끙끙거리는 나에게 "꾀병 부리지 말고 빨리 마무리하라"며 다그쳤다. 그 말을 듣는 순간에도 내 복통은 더 깊어갔지만, 이런 분위기에서 말을 꺼내기도 어려웠다. 결국 응급 상황으로 이어져 119의 도움을 받아 병원으로 가야 했다.

그날 이후 나는 스스로 묻게 되었다. 내가 처음 복통을 느꼈을 때, 혹은 누군가 먼저 나의 상태를 물어봐 주었다면 상황이 달라졌을까? 꾀병처럼 보였던 나의 고통은 결국 응급조치 상황으로 이어졌다. 이 경험으로 나는 개인의 문제를 넘는, 동료 간 이해와 배려가 얼마나 중요한지 다시 한 번 생각하게 되었다. 이 이야기는 10장 2절에서 좀 더 자세히 다룬다.

동료 간 평가와 이해는 타인에 대한 판단에서 시작하는 것이 아니라, 나 자신을 스스로 돌아보는 데서 출발해야 한다. 사람들은 너무도 자주 타인의 말과 행동을 피상적으로 판단하고 결론 내리려 한다. 그러나 진정한 동료라면 '그럴 수도 있겠다'는 여지를 두는 데서 평가가 시작된다. 동료에 대한 존중은 말로만 이루어지는 것이 아니라, 현장에서 실제 행동과 태도로 표현되어야 하며, 서로의 입장을 배려하는 마음에서 비롯된다.

물론 조직 생활에서 갈등은 언제건 발생할 수 있다. 때로는 오해가 감정을 자극하고, 관계를 어려움에 빠뜨릴 수도 있다. 중요한 점은 이런 갈등을 어떻게 다루느냐 하는 데 있다. 감정적이며 즉흥적 대응보다는 문제의 본질을 마주하는 용기와 서로의 입장을 경청하는 진심 어린 태도가 필요하다. 갈등 상황에서 대화는 선택이 아니라 필수이다. 대화에는 서로의 관점을 완전히 일치시키지는 않더라도, 서로에 대한 이해를 더 깊이 해 주는 힘이 있다.

HEED, 시작도 끝도 겸손

겸손은 단순한 말과 행동의 겸허함을 뜻하지 않는다. 그것은 자신의 생각과 행동을 깊이 돌아보는 자기점검에서 비롯된다. 자기점검이 충실할수록 말과 행동에는 자연스럽게 겸손이 스며들고, 이는 곧 조직 내 공정한 성과평가로 이어진다. 반대로 공정하지 못한 성과평가가 이루어지면, 구성원의 자기점검은 형식에 그치고 진솔함을 잃게 된다.

만일 불공정하고 비효율적인 성과평가가 계속된다면, 개인의 자기점검은 점차 왜곡되고, 조직은 더 깊은 문제에 빠진다. 구성원은 스스로 개선 동기를 찾기 어려워지고, 공정하지 않다고 느끼는 순간 상사나 동료와 협의하지 않고 혼자 일하려는 경향이 커진다. 그 결과 팀워크는 약화되고 조직 내 신뢰가 붕괴되며, 낙심과 실망이 확산된다. 이러한 감정이 오래 지속되면 의욕이 떨어지고, 결국 사고와 실수로 이어진다. 불공정한 평가는 단순한 문제가 아니라, 조직 전체의 공정을 위협하는 심각한 경고 신호다. 이에 대한 구체적 사례와 분석은 3부 7장 '공정'에서 다룬다.

HEED는 겸손에서 공정, 공정에서 실책 관리, 실책 관리에서 낙심 관리로 이어지는 하나의 흐름을 이룬다. 이 흐름 중 어느 한 지점에서 문제가 생기면, 다시 겸손과 자기점검으로 돌아가야 한다. 조직이 구성원을 공정하게 평가하지 않는다면, 먼저 자기 자신(상사 및 평가자)을 솔직하게 평가하고, 평가 과정이 형식적이지 않은지 점검해야 한다. 실책이나 반복된 실수가 있다면, 그 원인을 되짚고 겸손의 가치 위에서 다시 평가가 이루어져야 한다. 따라서 HEED의 네 가지 가치는 각각 독립된 항목이 아니라, 흐름이 끊기지 않도록 다시 시작할 힘을 품고 있다

2.5 1부를 마치며

HEED, 사람의 마음을 움직이는 네 가지 태도

조직에서의 핵심은 결국 사람이다.

일은 사람을 통해 이루어지며, 행복한 조직은 사람에 먼저 관심을 둔다.

"오늘도 함께하고 있으니 걱정 마. 다른 어려움은 없니?"

이 작은 말 한마디가 사람의 마음을 움직인다.

출장 중인 최고경영자가 구성원의 생일을 기억하고

"미스터 홍, 생일 축하해요. 좋아하는 꽃 23송이를 보냈어요.

행운을 가져다주는 로도덴드론이에요."

라고 전화를 건다면, 그것 하나만으로도 구성원은 평생 잊지 못할 따뜻함을 느낀다.

HEED는 바로 그 따뜻한 관심에서 출발한다.

HEED의 첫걸음은 겸손이다.

상사는 갑이 아니다.

"역시 최고!", "덕분에 잘 됐어요!"라는 말에 인색하지 않은 상사,

엄지 척을 아끼지 않는 리더가 있는 조직에서

구성원은 자신의 일을 자랑스럽게 여긴다.

조직의 인사와 성과 평가는 **공정**하게 이뤄져야 한다.

누구도 차별받지 않아야 하며,

개인의 차이를 존중하며 누구든 공정하게 대우받아야 하고,

다양성을 품는 조직이 되어야 한다.
공정이 지켜질 때, 구성원은 자신의 존재가 존중받고 있다고 느낀다.

사람은 기계가 아니기에 일을 하다 보면 실수할 수 있다.
그럴 때 우리는 "믿었는데 왜 그래?"라는 말 대신,
"일을 하다 보면 그럴 수 있지! 마음씨의 열정을 나는 믿어!"
라며 토닥여야 한다.
실수는 징계의 사유가 아니라,
성장을 위한 밑거름이 되어야 한다.
그러므로 **실책 관리**가 중요하게 이루어져야 한다.

이러한 과정을 형식적으로 이해한다면, HEED는 힘을 잃는다.
"이건 다만 보여 주기 식이야!"라 느끼는 순간, 낙심이 찾아온다.
낙심은 구성원의 몸과 마음을 조용히 갉아먹는다.
입을 다물게 만들고, 행동을 멈추게 한다.
HEED의 마지막은 반드시 **낙심 관리**여야 한다.
지금 이 조직이 누군가에게 실망의 공간이 되고 있다면,
HEED는 다시 처음으로 돌아가야 한다.

HEED는 기술이 아니다.
HEED는 관계이고 문화, 그리고 사람을 위한 태도이다.
사람을 중심에 두고, 이 다섯 가지 태도를 실천하는 조직은 진정
으로 성장하고,
지속 가능한 미래를 만들어 간다.

이러한 조직에서 구성원은 진정한 의미의 보람과 즐거움을 느낀다.

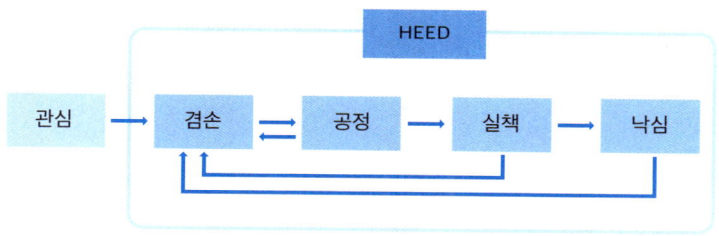

[그림 1-1] HEED의 흐름도

2

관행을
혁파하라

조직 관행, 왜 혁신해야 하는가

한국의 많은 기업은 여전히 수직적 조직문화 안에서 운영되고 있다. 상명하복의 조직 운영 방식이 오랫동안 이어져 왔다. 많은 사람들이 이런 방식을 당연시 여기지만, 사실 이런 구조는 특별한 시대적 배경에서 만들어졌고, 지금 시대에는 잘 맞지 않는 경우가 많다.

1960년대에서 1980년대까지 한국은 매우 빠른 경제 성장을 이루었다. 그 배경에는 강한 리더십과 빠른 결정이 있었다. 군사 정권은 국가 발전을 최우선 과제로 삼았고, 기업들에게 많은 자원을 몰아주며 성장을 독려했다. 정권의 비호와 협조아래 빠른 속도로 성장해야 했던 기업 입장에서는 구성원들의 의견을 충분히 듣기보다는, 위에서 결정하면 무조건 따르는 방식이 훨씬 효율적이었다. 이러한 방식은 당시로선 매우 효과적이었고, 기업들은 이게 가장 좋은 방식이라 믿게 됐다.

이 과정에서 한국은 일본의 경제 발전 모델을 많이 참고했는데, 특히 도요타 같은 일본 대기업의 경영 방식이 큰 영향을 줬다. 일본식 조직문화는 위계가 분명하고, 규율이 강하며, 효율을 중시했다. 이 모델을 빠르게 받아들인 한국 기업들에서는 자연스럽게 수직적 명령 체계와 강한 권위 중심의 문화가 자리 잡았다. 이러한 기업문화는 정해진 목표를 빠르게 달성하는 데 적합했고, 단기적으로는 분명 효과가 있었다.

하지만 시간이 지나며 상황이 바뀌었다. 1990년대 후반, 인터넷과 디지털 기술의 발전에 따라 부상한 IT 산업은 이전의 산업과는 완전히 다른 환경을 요구했다. 빠르게 변화하는 시장, 새로운 아이디어, 실패를 감수하는 실험과 도전 정신이 중요해졌다. 이런 환경에서 과거와 같이 위에서 모든 결정을 내려 하달하는 방식으로는 변화하는 경제 현실에 대한 대응이 어렵다. 변화가 빠를수록 일선 현장에서 직접 판단해 대처해야 할 일이 많아졌고, 조직은 더 이상 과거의 방식만으로는 움직이기 어려워졌다.

예를 들어 구성원 중 누군가 좋은 아이디어를 냈다 해도, 그 아이디어가 여러 단계를 거쳐 위로 올라가야 하고, 승인까지 오랜 시간이 걸린다면 변화의 기회는 이미 지나 버릴 수 있다. 실제로 많은 조직이 "정해진 프로세스를 거쳐야 하니까", "위에서 결정해야 하니까"라는 이유로 눈앞의 기회를 놓친다. 낡은 관행은 질문을 차단하고, 판단을 보류하게 만들며, 조치를 취할 타이밍을 놓치게 한다. 기회를 놓치는 조직에는 공통점이 있다. 구성원이 순간을 읽고 스스로 판단할 수 없도록 만드는 분위기이다. 관행은 그렇게 기회를 흘려보낸다.

조직 내에서 실수를 용납하지 않는 분위기가 지속되면, 구성원들은 새로운 시도를 꺼리게 된다. 그 결과 조직은 점점 조심스러워지고,

변화에 소극적인 모습으로 굳어진다. 혁신은 어려워지고, 빠르게 변하는 시장에 적절히 대응하지 못하게 된다.

대표적인 사례가 코닥이다. 1975년 코닥은 세계 최초의 디지털 카메라를 개발했지만, 필름 판매 수익에 의존하던 경영진은 디지털 혁신을 외면했다. 전문가들은 "코닥은 기술 변화를 몰라서 실패한 것이 아니라, 조직과 리더십 문제로 인해 기회를 살리지 못했다"고 지적했다. 결국 코닥은 디지털 기술과 시장 변화에 적절히 대응하지 못했고, 2012년 파산을 신청하게 되었다(동아비즈니스리뷰, 2012.2(99호); 한겨레, 2012.3.1).

반면, 변화에 유연하게 대응한 기업들은 더 크고 빠르게 성장했다. 국내 대기업 중에서도 제조업에 머무르지 않고 정보기술과 디지털 산업으로 중심을 옮긴 대표적인 기업 사례들이 있다. 삼성은 반도체, 스마트 폰, 디스플레이 같은 분야로 빠르게 확장하며, 전통적 제조업 중심의 기업들보다 훨씬 높은 기업 가치를 평가받게 되었다.

하지만 모든 기업이 이렇게 성공적인 전환을 이룬 것은 아니다. 일본의 많은 전통 제조업체들은 과거의 성공에 안주하며 변화에 적극적으로 대응하지 못했다. 한때 혁신의 상징이었던 소니 조차 애플이나 삼성 같은 글로벌 경쟁사에 주도권을 넘겨주었다. 도요타 역시 전기차, 자율주행 같은 미래 산업 대응에서 상대적으로 뒤처졌다는 평가를 받는다. 과거 방식에 안주하면 결국 변화하는 시장에서 밀릴 수밖에 없다는 것을 보여주는 명징한 사례들이다.

2000년대 초반 삼성전자는 메모리 반도체 분야에서 독보적인 기술력과 시장점유율로 글로벌 시장을 주도하며 부흥기를 맞았다. 그러나 최근 몇 년 사이 기술 혁신과 신산업 대응에서 뒤처지며 위기를 맞고 있다. 특히 AI 칩과 고대역폭 메모리(HBM) 분야에서 SK 하이닉스 등 경쟁사에 밀리며, 주요 공급망에서 입지를 잃고 있다. 2025년 2분기 반도체 부문 영업이익은 전년 대비 56% 감소한 4.6조 원을 기록하며, 기술 격차와 대응 속도 부족이 실적에 직접적인 영향을 미쳤음을 보여준다. 이 사례는 과거 성공에 안주하며 변화에 소극적이면 글로벌 경쟁에서 뒤처질 수밖에 없다는 점을 명징하게 보여준다.

그럼에도 아직도 많은 기업들은 과거의 방식을 고수하고 있다. 일부 연구자들 사이에서도, 카리스마 있는 리더 중심의 운영과 일정 수준의 통제를 가하는 조직구조가 효율적이라는 생각을 쉽게 버리지 못하고 있다. 최근의 많은 기업의 성공 사례들은 그 방식이 한 때는 효과가 있었지만, 지금 환경에서는 전혀 그렇지 않다는 걸 분명하게 보여 준다.

이제는 구성원 스스로 판단하고, 자유롭게 의견을 내며, 새로운 변화를 시도할 수 있는 조직문화가 필요하다. 누군가로부터 하나의 정답이 내려오는 것이 아니라, 함께 고민하고 만들어가는 조직문화가 일상화되어야 한다. 그럴 때 비로소 변화에 빠르게 대응하고, 새로운 기회를 놓치지 않을 수 있다. 이러한 조직문화, 즉 평소에 일하는 방식과 업무 분위기 자체가 바뀌어야 한다. 리더만 바뀐다고 해결되지 않는다. 조직 전체가 보다 유연하고 열린 방향으로 나아가야 한다.

조직 안에 깊이 자리한 관행은 해당 조직의 현재 모습을 가장 솔직하게 보여 주는 거울이다. 겉으로는 유연하고 혁신적 문화를 지향한다 말하면서도, 실제로는 오랜 시간 반복된 익숙한 방식에 의해 조직이 지배되고 있다. "그동안 해 오던 대로"라는 말 속에는 안정에 대한 욕구와 동시에 변화에 대한 두려움이 숨어 있다. 관행은 그렇게 조직의 무의식 속에 뿌리내리고, 시간이 지날수록 아무도 문제 삼지 않는 방식으로 자리 잡는다.

처음에는 단지 익숙했을 뿐인 관행이, 시간이 흐르면서 점점 질문조차 허락되지 않는 분위기로 변한다. '이렇게 해도 괜찮은가?'라는 물음이 사라지면, 조직은 어느새 굳어진 껍질 속에서 정체되기 시작한다. 새로운 시도는 낯설다는 이유로 배제되고, 개선의 필요성은 '시기상조'라는 말로 미뤄진다. 그 사이, 조직은 병들어 간다. 속도의 차이는 있을지언정 방향은 분명하다. 문제는 드러나지 않으므로 더 위협적이다.

이제는 묻지 않을 수 없다. 지금 우리가 당연하게 여기는 방식들, 그 익숙함은 정말 안전하고 건강한 것인가? 아니면 이미 수명이 다한 방식에 기대어 버티고 있는 것일까? 변화가 어렵다는 이유로 관행 개선을 외면한다면, 그 대가는 결국 조직 전체가 치르게 된다. 그러므로 우리는 지금, 관행을 들여다보고 질문해야 한다.

"지금 이대로 괜찮은가?"

이 질문이 바로 변화의 시작이다.

이제 우리는 조직을 병들게 하는 관행의 실체를 알게 되었다. 관행은 반복을 통해 시스템이 되고, 시스템은 사람의 감각을 무디게 만든다. 수많은 조직이 '늘 해 오던 대로'라는 말 속에서 무너졌다는 것을 우리는 경험으로 알고 있다.

우리는 이제 관행이 왜 문제인지, 그리고 그것이 조직을 어떻게 갉아먹는지 알게 되었다. 그러나 안다고 해서 변화가 저절로 시작되는 것은 아니다. 중요한 것은 바로 '언제 바꿀 것인가'라는 결정이다. 조직의 많은 실패는 바로 이 타이밍을 놓치는 데서 비롯된다. 지금 변화를 선택해야, 더 깊은 침묵과 무관심 속으로 조직이 빠져드는 것을 막을 수 있다.

지금 바꾸지 않으면

왜 우리는 '관행'의 문제를 지금 해결해야 할까? 기존의 방식에 안주한 채로 조직 성장을 기대할 수는 없다. 그럼에도 일부 조직들은 여전히 변화하는 환경을 무시한 채 익숙한 기존 방식을 고집한다. 흐르지 않는 물은 시간이 지나면서 썩어간다.

이와 달리, 환경 변화에 선제적으로 대응하며 과감한 혁신을 단행한 기업들의 사례를 보면 교훈을 얻을 수 있다. ㈜딥브레인AI는 영상 합성 기반 AI 휴먼 제작 서비스를 제공하며 초기에는 기업 대상 서비스에서 시작했다. 이후 다양한 산업으로 영역을 확장하며 비용 절감과 생산성을 높이는 성과를 달성했다. 한편, 모빌리티 분야의 쏘카는 카셰어링과 MaaS Mobility as a Service 모델을 도입해 모빌리티 서비스를 통합 플랫폼으로 혁신했다. 특히 쏘카는 국내 모빌리티 업계 최초로 유니콘 기업에 등극하며 사업 영역을 지속적으로 확대하고 있다.

또한 Uber는 모바일 앱 기반 온디맨드 호출 서비스를 도입해 교통산업의 패러다임을 완전히 바꾸었다. 급성장 과정에서 데이터와 알고리즘을 핵심 자원으로 관리하며 플랫폼을 최적화했다. 조직문화 측면에서는 초기 성과 중심 문화를 도입했으나, 이후 투명성과 책임성을 강화하는 방향으로 변화했다. 이러한 사례들은 기존 관행을 과감히 깨고 전략적 혁신을 단행할 때 조직이 장기적으로 성장할 수 있음을 보여준다.

잘못된 관행은 특히 빠르게 확산된다. 아무리 좋은 기법을 도입하더라도 그것을 실행하는 건 결국 구성원의 몫이다. 처음에는 매뉴얼을 따르지만, 시간이 지나며 각자 나름의 방식에 따라 처리하기 시작한다. 문제는 이런 방식이 무비판적으로 이어진다는 데 있다. 후임자는 '편한 방법'이라는 이름으로 선임의 습관을 그대로 배우게 된다.

제조업체와 서비스업체 등에서 일용직으로 근무하던 시절, 나 역시 비슷한 경험을 했다. 담당 책임자는 엄격한 말투로 "내가 해 보니 이 방식이 제일 좋아. 그러니 이대로 하면 돼"라고 경고하듯 말했다. 내가 근무한 거의 모든 기업이 그렇게 말했다. 결국 처음 도입한 기법의 효율성은 사라지고, 비효율적인 방식이 조직 전반에 자리 잡게 된다.

이런 관행은 단순한 전통적 조직에만 국한되지 않는다. 첨단 기술을 도입한 조직에서도 반복된다. 기술이 아무리 진보해도, 그것을 다루는 사람의 관행이 바뀌지 않으면 효과는 제한적일 수밖에 없다. 예를 들어 최근 산업 현장에서는 중대 재해를 줄이기 위해 AI 안전관리자를 도입하고 있다. 인간 안전관리자보다 사고를 획기적으로 줄일 수 있다는 기대에서다. 하지만 중요한 사실은 AI시스템을 운영하고 해석하는 주체는 결국 사람이라는 점이다. 과거 영국이 중대 재해를 획기적으로 줄일 수 있었던 이유도, 인간 행동에 대한 체계적 접근 덕분이었다. 산업안전보건공단 역시 기술 중심 대응을 넘어, 사람의 행동을 바꾸는 접근이 핵심임을 강조하고 있다.

기술 도입만으로는 조직의 안전 문제를 완전히 해결할 수 없다. AI 안전관리자는 CCTV, 센서, 통계 데이터를 활용해 위험 상황을 예측하고 경고하며, 위험하거나 반복적인 작업을 신속하고 정확하게 수행함으로써 산업안전보건관리의 기회를 넓힌다. 하지만, 이러한 기회는 새로운 위협요인으로도 작용할 수 있다. 국제안전보건동향(제488호)

에 따르면, AI 기술에 과도하게 의존하면 근로자의 작업기술이 저하될 수 있으며, 로봇과의 협업 증가로 동료와의 소통이 줄어들면서 고립감이 심화되고 소속감과 결속력이 약화되는 등 정신적 부담을 초래할 수 있다고 지적한다. 결국 기술은 관행을 보완할 수는 있지만, 근본적으로 변화를 이끄는 것은 사람의 태도와 습관이다.

이러한 사실은 의료 분야에서도 확인할 수 있다. 과거 미시건 대학병원에서는 의료진의 실수를 숨기는 일이 관행처럼 자리 잡고 있었다. 병원 측이 '투명한 보고 문화'를 도입하면서 변화가 일어났다. 의료진이 실수를 보고하면 처벌 대신 원인 분석과 개선 방안 마련에 집중하는 시스템을 구축했다. 결과적으로 의료 사고율이 감소하고 환자 안전이 크게 향상되었다.

영국 국립보건서비스NHS 역시 비슷한 사례를 보여준다. NHS는 의료진이 환자의 안전 문제를 자유롭게 이야기할 수 있도록 '스피킹 업Speaking Up 가디언' 제도를 도입했다. 이를 통해 의료진이 위험한 관행이나 실수를 적극적으로 보고할 수 있도록 지원한 결과, 의료 사고 예방 효과를 거두었다. 이러한 사례는 잘못된 관행을 방치하면 조직 전체가 리스크를 감당해야 하지만, 올바른 문화와 시스템을 도입하면 긍정적 변화를 만들어 낼 수 있다는 사실을 보여 준다.

조직이 문제를 인식하고 변화를 시도할 때, 기존 관행에 익숙한 구성원들의 저항이 발생할 수 있다. 변화의 필요성을 공감하지 못하면 개선 노력이 좌절될 가능성이 크다. 익숙한 방식이 습관화되어 있기 때문이다. 관행의 뿌리가 깊을수록 이를 바꾸는 데는 더 큰 노력이 필요하다.

다행히도 초기 단계의 조직이라면 충분히 개선할 여지가 있다. 일반적으로 조직이 작고 유연할수록 변화를 수용하기가 쉽다. 설립 초기에는 조직 내 소통이 활발하고, 구성원 간 협력이 긴밀해 관행 변화에 대한 공감 형성이 수월하기 때문이다. 여러 팀으로 세분화되지 않았고, 관료화가 진행되지 않은 조직이라면 변화는 더욱 원활하게 추진될 수 있다.

조직의 규모가 커질수록 관행 개선은 어려워진다. 하지만 이는 조직이 어떤 태도를 가지느냐에 따라 달라진다. 조직이 커지더라도 의사결정 구조를 유연하게 유지하고, 구성원의 참여를 장려하며, 변화에 대한 명확한 비전을 제시한다면 변화는 충분히 이끌어낼 수 있다. 관행 개선은 단순한 시스템 변경이 아니라 조직문화와 리더십 변화가 함께 진행될 때 가능하다. 최고경영자와 구성원들이 함께 변화를 위한 강한 의지를 가지고 실천할 때, 조직은 건강하고 지속가능한 성장으로 나아갈 수 있다. 더 이상 미룰 시간이 없다. 지금 바로 시작해야 한다.

하지만, 우리는 잘 안다. 알면서도 막상 실행에 옮기기는 쉽지 않다. 관행이 이미 조직의 '일하는 방식'으로 굳어져 있을수록, 어디서부터 무엇을 바꿔야 할지 막막함이 앞선다. 때로는 너무 익숙한 것이라 문제로 인식조차 못 할 수 있다. 변화는 언제나 '작은 질문'에서 시작된다.

"왜 이렇게 하고 있는 거지?"
"다른 방식은 정말 어려운 걸까?"
"지금 이 방식은 과연 최선일까?"

이런 질문이 모이면, 무언가 틈이 보이기 시작한다. 그 틈에서 우리는 기회를 발견할 수 있다. 어색함을 외면하지 않고 직면할 때, 조직은 비로소 변화의 문을 열 수 있다. 관행은 무관심과 둔감함을 키운다. 작지만 날카로운 실패의 씨앗이 되고, 때론 회복 불가능한 사고로 이어진다. 그러므로 더 이상 미룰 수 없다.

이제 관행 개선의 필요성을 분명히 인식하였다면, 그 변화의 출발은 단순히 기존 방식들을 멈추는 데 있지 않다. 무엇을 멈추고, 무엇을 멈추지 말아야 하는지에 대한 깊은 고민이 우선되어야 한다. 모든 관행이 부정적인 것만은 아니기 때문이다. 때로는 좋은 관행을 지속하고 발전시켜 나가는 판단이 필요하다. 반드시 기억해야 할 것은 '어떤 관행을 멈추고, 어떤 것을 지속시켜야 할지'에 대한 판단이다

3장
어색한 것에서 시작되는 관행

멈춰야 할 것, 멈추지 말아야 할 것

관행은 익숙해지는 순간 멈추기 어렵다. 그래서 관행이 굳어지기 전에, 조직의 면역력을 키워야 한다. 면역력이란 결국 조직 체계 속 문제를 발견하고 개선해 내는 힘이다. 개인 면역력 유지를 위해 적절한 운동을 하거나 체질에 맞는 음식을 찾듯, 조직도 스스로에게 맞는 진단과 개선 방식을 찾아야 한다. 어색함을 그냥 지나치지 않고, 지금 멈춰야 할 것과 멈추지 말아야 할 것을 구분할 수 있어야 조직은 살아 움직일 수 있다.

"지금 무엇을 멈춰야 할까? 결코 멈추지 말아야 할 것은 무엇인가?" 이 질문은 조직의 성장을 가르는 중대한 물음이다. 익숙한 관행 속에서 무심히 반복되는 잘못은 반드시 멈춰야 한다. 그러나 사람에 대한 존중과 관행을 개선하려는 노력은 결코 멈춰서는 안 된다. 익숙한 방식에 정이 들면 안주하려는 마음이 생기고, 그 편안함에 길들여질수록 변화는 두려움으로 다가온다. 그래서 우리는 오늘도, 어제보다 더 나은 관행을 만들려는 노력을 결코 멈추지 말아야 한다.

이처럼 작은 변화가 쌓이면, 어느 순간 관행은 사라지고, 일하는 방식에 창의성이 깃든다. 하반신이 마비된 마크 웰먼Mark Wellman이 1,000m의 암벽 등반에 성공한 이유는, "한 번에 15cm씩만 오르면 된다'는 원칙 덕분이었다. 이 원칙처럼, 조직구성원들도 목표를 향해 한 걸음씩 꾸준히 나아갈 수 있다.

절망을 이겨낸 의지, 15cm의 위력

관행 개선을 위한 노력과 의지가 부족하면 '고집'이라는 병이 생기고, 이 병이 지속되면 '고정관념'으로 굳어진다. 조직에서 매일 개선하려는 노력이 없다면, 관행 개선은 더 멀어질 수밖에 없다.

조직이 목표를 향해 나아갈 때 필요한 역량 중 하나가 바로 '멈추는 힘'이다. 목표를 향한 전진도 중요하지만, 안전하게 도달하기 위해서는 때때로 멈추고 돌아보는 과정이 필요하다. 관행 중단시키기, 불필요한 관행을 찾아내 새로운 변화를 모색하는 일은 조직의 책무이며, 특히 리더의 중요한 역량이다.

조직이 매일 조금씩 관행을 개선하면, 구성원들은 자신의 업무뿐 아니라 동료에게도 더 깊은 관심을 가지게 된다. 이러한 관심은 자연스럽게 조직 내 믿음을 쌓는 토대가 된다. 믿음은 단순한 신뢰를 넘어 감사와 상호 존중으로 확장되며, 이는 협업과 혁신을 촉진하는 강력한 원동력이 된다. 실제 연구에서도, 구성원 간 신뢰가 높은 조직은 협업이 활발하고, 구성원들이 더 적극적으로 의견을 제안하며 새로운 시도를 두려워하지 않는다는 사실이 반복적으로 확인되고 있다.

구글 같은 혁신 기업들은 바로 이 점에 집중했다. 신뢰와 심리적 안정감을 최우선으로 삼음으로써 조직의 유연성과 창의성을 극대화한 것이다. 구글은 '프로젝트 아리스토텔레스Project Aristotle'라는 대규모 연구를 통해 팀 성과를 좌우하는 핵심 요인이 '심리적 안정감'임을 밝혀냈고, 이를 바탕으로 구성원들이 자유롭게 의견을 내고 실수를 두려움 없이 공유할 수 있는 환경을 조성했다.

마찬가지로, 넷플릭스는 '자율과 책임'의 원칙을 내세워 불필요한 규정을 최소화하고 구성원에게 폭넓은 자유와 동시에 책임을 부여했다. 이러한 문화는 조직이 자신을 신뢰한다는 확신을 심어 주었고, 구성원들은 더욱 깊이 몰입하며 창의적 도전을 이어갈 수 있었다. 이를 통해 두 기업은 신뢰와 심리적 안정감을 토대로 지속적 혁신을 가능케 하는 조직문화를 확립했다.

그렇다면, 멈춰야 할 것과 멈추지 말아야 할 것의 구별은 어디서부터 시작해야 할까? 나의 해답은 바로 '어색함을 발견하는 것'에서 시작해야 한다는 것이다. 어색함이란, 늘 해 왔던 방식이지만 이제 더 이상 효율적이지 않거나, 심지어 위험할 수도 있음을 직감하는 순간에 마주하는 느낌이다. 그 어색함을 외면하지 않고 직시하는 것이야말로 변화의 첫걸음이다. 그러니 이제 그 어색함에 마주하는 순간을 그냥 넘기지 않아야 한다.

나는 현장 일용직으로 일하면서 익숙함에 감춰진 위험, 무감각이 만들어 낸 병든 관행들에 뼈저리게 마주한 적이 많다. 뒤에서 다룰 '열 받은 포크'처럼, 잘못된 관행은 예고 없이 폭발할 수 있고, '공장 짬밥'처럼 익숙함은 감각을 무디게 만들고 있었다. '사람을 잊은 관행' 처럼, 우리가 잊고 있는 것들은 결국 조직을 병들게 만들고 있었다. 그렇게 마주한 어색함을 그냥 지나쳐서는 안 된다. 어색한 것들은 곧 익숙한 관행으로 이어지는 경고이기 때문이다. 이제, 우리는 그 어색함을 발견하는 일에서 시작하여 변화로 나아가야 한다.

3.1 어색함을 마주하다

말 한마디의 힘

2024년 6월 30일 일요일 오후. 인력공급업체 대표로부터 전화 한 통이 걸려왔다. "돌아오는 화요일부터 일할 수 있겠느냐"는 물음이었다. 나는 감사를 표하며 어떤 일인지 물었다. 대표는 정확한 내용은 알 수 없지만 '노가다'인 건 확실하다고 했다. 그러면서 덧붙였다. "고급 인력인데, 괜찮으시겠어요?" 나는 웃으며 답했다. "2023년 2월부터 삼겹살집 설거지를 했고, 미용실 청소, 주유소 주유원, 떡집 아르바이트도

해 봤습니다. 그깟 노가다쯤이야 충분히 할 수 있죠." 그러자 대표는 7월 2일 화요일, 아침 6시 20분까지 사무실로 오라고 했다.

    7월 2일 화요일 새벽 6시쯤, 나는 어떤 일터에 가게 될지, 무슨 일을 하게 될지 모른 채 약간의 기대와 염려를 안고 집을 나섰다. 그날따라 유난히 장대비가 쏟아졌다. 기상청이 예보한 게릴라성 장맛비가 정확히 맞아떨어졌다. 운전석에 앉아 와이퍼를 작동했지만, 앞을 제대로 볼 수 없을 정도였다. 새벽 6시 30분 무렵, 장대비를 뚫고 인력공급업체 근처에 도착했다. 주차하고 내리는 순간, 신발은 물론 바지까지 흠뻑 젖었다.

    사무실 문 앞에 도착하자 긴장감이 몰려왔다. 조심스럽게 문을 두드리고 들어가자 직원이 내 이름을 확인했다. "양필석씨 맞죠?" 그러더니 한마디가 이어졌다. "6시 20분까지 오라고 했는데, 늦었네요?" 나는 당황스러운 목소리로 대답했다. "죄송합니다!" 직원은 말없이 손짓하며 의자에 앉으라고 했다. 조심스레 자리에 앉았지만, 불안함이 밀려왔다. 늦었다는 이유로 오늘 일에서 제외되는 건 아닐까 하는 걱정이었다. 예전에 들은 이야기처럼, 이곳은 순서대로 사람을 배정하고 늦게 오면 집으로 돌려보낸다는 말이 떠올랐다. 불안감은 점점 커졌다. 오늘 이 일을 놓치면, 다시 다른 일을 찾는 데 시간이 걸릴 수 있고, 설령 구한다 해도 당장 투입되긴 어려울 수도 있다. 그렇게 생각이 꼬리를 물고 이어졌다.

    약 20분쯤 지났을 무렵, 아까 그 직원이 다시 다가왔다. "이렇게 비 오는 날에도 와 주셔서 수고 많으셨습니다." 그러더니 잠시 내 바지 상태를 보더니 물었다. "갈아입을 옷 있으세요? 많이 젖으신 것 같은데요." 말투는 따뜻했고, 표정에는 배려가 묻어 있었다. 순간, 마음이 무너졌다. 조금 전 늦게 도착했다는 말에 위축되었던 내가, 위로의 말 한 줄에 눈물까지 날 지경이었다. 노가다 현장은 거칠고 험한 말이 오가는 곳일 거라 생각했는데, 예상과 전혀 다른 상황이었다. 따뜻한 정과 사람다운 대우가 너무 고마웠다.

두려움으로 시작한 출발은 그렇게 감사로 바뀌었다. 감사는 다시, 이 하루를 살아 낼 용기로 살아났다. 말 한마디가 얼마나 큰 힘이 되는지, 낯선 환경 속에서 얼마나 큰 위로가 되는지 절감한 순간이었다. 그리고 나는 이 경험을 통해, 우리가 익숙하게 품은 편견들이 얼마나 허술한지, 진짜 따뜻함은 가장 거칠어 보이는 곳에서 더 쉽게 피어난다는 것을 배웠다.

낯선 불편함

눈을 감으면 익숙한 것이 편하다고 느껴진다. 눈을 뜨고 나면 익숙한 것들이 위험하게 보일 때가 있다. 우리는 종종 "원래 그렇게 해 왔으니까"라는 말에 기대어 하루를 버틴다. 관행은 그렇게 시작된다. 무심한 반복이 당연해지고, 당연함이 무뎌지면, 어느새 질문도 사라진다.

나는 낯선 현장에서의 하루가 익숙함을 다시 보게 만든다는 걸 체감했다. 절기상 대서, 숨이 턱턱 막히는 무더위에서도 나는 감사의 마음으로 하루를 시작했지만, 현장은 말 그대로 불볕 같았다. 그 뜨거운 공기 속에서 쓰레기를 줍고, 오일 폐지를 정리하고, 청소를 하며 하루를 보냈다. 단순 반복적인 일이었지만, 당분간 나에게 이 일이 주어졌다는 현실에 감사했다. 땀이 쏟아졌지만 마음은 가벼웠다.

하지만 감사만으로는 안전을 보장할 수 없었다. 어느 날 오후, 기름통을 옮기고 있을 때였다. 쿵! 한순간 무엇인가에 머리를 부딪쳤다. 기둥 옆 튀어나온 배관에 안전모가 부딪히며 '쿵' 소리가 난 것이었다. 머리가 멍했고, 바로 옆 조원이 놀라 멈춰섰다. 다행히 안전모를 썼기에 별일은 없었지만, 그 찰나의 순간이 나를 멈춰 세웠다. '이렇게 계속 일해도 괜찮은 걸까?'라는 의문이 들었다. 익숙하지 않은 공간에선 모든 것이 낯설고, 그 낯섦은 결국 나를 더 주의 깊게 만들었다.

현장은 지뢰밭 같다. 과장처럼 들릴 수 있지만, 실제 현장은 눈앞에 보이는 것 너머에도 수많은 위험이 도사리고 있다. 예를 들면 협력업체 직원들이 동시에 작업하는 공간, 그들이 사용하는 도구, 크고 작은 움직임, 무심히 놓인 자재 하나까지 모두 고려해야 사고를 줄일 수 있다. 어색함을 그냥 지나치면 위험은 성큼 다가온다. 어색한 순간에 멈추고, 점검하고, 질문하는 것이 새로운 관행의 시작이다. 그날 이후, 나는 늘 주변을 살핀다. 어색해도 살핀다. 천천히 일하더라도 확인하고 또 확인한다. 그것이 나를 지키고, 옆 사람도 지키는 일이 된다는 걸 알게 되었기 때문이다.

어색함은 낯설고 불편하다. 그러나 그 감각은 결코 가볍지 않다. 처음 현장에 들어선 사람은 많은 것을 '이상하다'고 느낀다. 그 낯선 감각은 일종의 경고다. 하지만 시간이 흐르면서 분위기에 익숙해진다. 처음의 어색함은 곧 무시되고, 무시된 감각은 무감각으로 굳어진다. 그리고 진짜 문제는 바로 그 무감각에서 시작된다.

어색하고 불편한 것을 오래 두고 보면 익숙해진다. 그 익숙함 속에서 익숙하지 않은 사고가 발생한다. 늘 지나쳐 왔던 어색한 장면들, 그 속에는 조직이 외면해 온 관행의 흔적이 남아 있다.

낯익은 편안함

2025년 8월 초 어느 날, 용역업체 대표로부터 며칠 동안 대기업 협력업체 소속의 한 중소기업에서 신호수 역할을 맡아 달라는 요청을 받았다. 그다음 날 새벽 6시, 약속된 장소인 용역업체에 도착하니 10여 명의 사람들이 일자리를 기다리고 있었다. 나와 함께 배정된 또 다른 인력은 화재감시원 역할을 맡은 일흔이 넘은 어르신이었다. 표정과 말투에서 세월의 무게가 느껴졌다.

배정된 기업은 2024년 9월에도 일용직원으로 일했던 곳이었다. 당시 함께했던 직원들을 다시 만날 수 있다는 기대가 있었고, 두 번째 근무인 만큼 작업 환경이나 절차가 조금은 개선되어 있기를 바랐다. 그러나 현장에서 마주한 현실은 기대와 거리가 멀었다.

지난해처럼, 모두 일일근로자 관련 서류를 작성했다. 하지만 작업 전 건강 상태를 확인하는 절차는 없었고, 보호구를 지급받지 않은 상태에서 이름과 서명을 하도록 요구하는 방식도 변함없었다. 최근에는 대한산업보건협회를 통해 사전 신체검사를 받고 결과를 통보하는 절차가 마련되어 있지만, 현장에서는 이를 확인하는 과정이 여전히 미흡했다.

업무 시작 전 이뤄지는 안내와 교육도 형식적이었다. 어떤 작업을 어떻게 수행해야 하는지, 안전수칙과 위험 요소는 무엇인지에 대한 구체적인 설명이 없었다. 특히 처음 투입되는 일용직 근로자라면 작업 내용을 제대로 이해하거나 위험을 예측하기가 쉽지 않았다. 지난

해에도 느꼈던 문제였는데, 올해 역시 변함없이 반복되고 있었다.

작업 전 안전점검회의_TBM_ 역시 매일 아침 같은 구호를 외치고 단체 사진을 찍는 것으로 끝났다. 올해는 오후에도 같은 절차를 추가로 진행했지만, 교육보다는 기록을 남기기 위한 형식이라는 인상이 강했다. 현장의 실질적인 안전보다 문서상 증빙이 더 중요시되고 있다는 생각이 들었다. '안전제일'이라는 구호가 곳곳에 붙어 있었지만, 그 어디에서도 진짜 '주의'는 느껴지지 않았다.

신호수와 화재감시원은 상주 인력이 아니기에 작업이 있을 때마다 하루 단위로 호출된다. 그럼에도 불구하고, 작업의 성격이나 위험 요소, 차량 동선 같은 기본 정보조차 공유되지 않았다. 모든 것은 현장 작업자들의 경험과 감각에만 의존했고, 그들 사이에는 "좋은 게 좋은 거지"라는 안일한 공감대가 자리 잡고 있었다. 이 안일함이 곧 관행이고, HEED는 바로 그 지점을 겨냥한다.

HEED는 반복되는 형식과 무뎌진 관행 속에서 '멈춤'을 요구한다. 위험은 준비되지 않은 순간, 예고 없이 닥친다. 안전은 형식이 아니라 습관 속에 뿌리내려야 한다. 반복되는 구조적 문제를 끊고, '당연하다고 여겨진 어색함'을 바꾸는 것, 그것이 HEED의 시작이다.

이 기록은 현장에서 느낀 개인의 경험을 토대로 쓰였다. 사소해 보이는 부주의와 무심함이 어떻게 하나의 관행으로 굳어지는지, 그리고 그것이 얼마나 위험한지를 보여준다. HEED는 그 관행 앞에서 멈춰 서라고 말한다. 지금이 바로 다시 살펴야 할 때다. 다음의 글은, 그런 기록되지 않은 현장의 단면을 개인적 시선으로 담아낸 기록이다.

기록되지 않은 현장

나는 지난 3년간 다양한 현장 일용직과 아르바이트를 경험하며 현장에서 매일같이 일어나는 일들을 휴대폰에 틈틈이 기록해 왔다. 왜 늘 남 탓하는 분위기가 당연시되는 걸까, 왜 여전히 수십 년 전 장비를 사용하는 곳이 많은 걸까, 왜 소리부터 지르고 일을 시작하는 문화가 반복될까. 구성원 간에는 왜 서로를 돌보지 않는 걸까, 혼자 있는 동료는 왜 외면받는 걸까. 이러한 질문들이 하루하루 쌓여 갔다. 물론 그 틈 사이, "수고했다"는 짧은 말 한마디에 위로받은 날도 있었다. 나는 이처럼 짧은 기록들을 퇴근 후 노트북에 정리하는 습관을 들였고, 그 일은 지금도 계속하고 있다.

이 글에서 특정 업체의 이름은 언급하지 않는다. 많은 현장에서 여전히 과거의 방식이 답습되고 있으며, 그것은 예외적 현상이 아니라 일상적으로 반복되고 있었다. 어떤 곳에서는 마치 창립 당시의 방식 그대로 업무가 이뤄지고 있다는 인상을 받기도 했다. 수십 년의 세월이 흘렀음에도 변화보다는 여전히 조직의 관성에 기대는 모습은 결국 반복적 실수와 안전사고로 이어지기 십상이다. 비단 특정 기업의 문제가 아닌, 거의 모든 현장 전반에 걸쳐 나타나는 구조적 문제로 보였다.

더 큰 문제는, 그러한 현장의 일상과 경험을 누구도 기록하지 않고 있다는 점이었다. 기록은 단지 과거를 남기는 일이 아니라, 조직 개선과 성장에 필요한 자산이다. 그럼에도 현장에서는 기록이 문화로 자리잡지 못하고 있었다. 아무리 좋은 경험이나 실천도, 시간이 지나면 흐릿해지기 마련이다. 반대로 좋지 않은 일 또한 기록되어야 한다. 그래야 문제의 원인을 되짚고, 반복을 막을 수 있다. 기록을 남기는 일은 개인의 몫이 아니라 조직 전체가 관심을 가져야 할 부분이다.

좋은 기록은 조직문화를 따뜻하게 만들 수 있다. 예컨대, 어느 직원의 성실한 태도나 남을 배려한 행동이 기록되어 공개적으로 칭찬받는다면, 그것은 그 개인에게 큰 격려가 될 뿐 아니라 조직에도 긍정적 자산으로 축적된다. 문제 상황 역시 숨기기보다 투명하게 공유하고, 함께 해결 방안을 모색해야 한다. 불미스러운 일이라도, 이를 계기로 더 나은 시스템을 구축하는 계기가 될 수 있다. 결국 중요한 건 문제 자체가 아니라, 그것을 어떻게 대하고 받아들이느냐는 태도다.

나는 오늘도 현장에서 보고 듣고 느낀 것을 기록한다. 거창한 변화는 아니더라도, 누군가에게 공감의 출발점이 되기를 바란다. 변화를 요구하는 목소리는 작아도 그 울림은 결코 작지 않다. 이제, 내가 직접 마주한 네 가지 장면을 소개한다. 겉보기엔 사소하지만 그 속에는 조직의 현실과 문제의 단서가 숨어 있었다.

🎬 장면1 북 치고 장구 치는 지게차 운전원

조직변화는 거창한 캠페인이 아니라, 어색한 장면 하나에서 시작된다. 그러나 우리는 그 어색함을 너무 쉽게 지나쳐 버린다. 다음은 그렇게 어색함을 그냥 넘겨버린 현장의 이야기다.

일용직으로 근무하던 어느 날이었다. 정신없이 일에 몰두하던 중, 시야를 강하게 사로잡는 장면이 눈에 들어왔다. 다른 협력업체의 지게차 운전원이 허리에 안전 지시봉을 찬 채, 힘차게 지게차를 몰고 지나가고 있었다. 자세도 씩씩했고, 동작에는 힘이 넘쳤다. 마치 자신이 경찰관이라도 된 양, 누군가에게 보라는 듯 의기양양한 모습이었다. 이상하리만큼 강렬했고, 묘하게 불편한 장면이었다.

그는 분명 '지게차 운전원'이었다. 그런데 왜 지시봉을 찼을까? 왜 유도원 역할까지 혼자 맡고 있을까? 이유는 명확하지 않았다. 현장에는 유도원이 보이지 않았고, 그는 지게차를 혼자 운전하며 작업을 그대로 수행하고 있었다. 혹시 책임감이 남달라서일까? 아니면 담당 팀장이 그냥 눈감고 있는 걸까? 또는 안전기관의 점검이 있을 때를 대비한 '보여 주기용 장면'이었을까? 아무도 그 이유를 정확히 말하지 않았지만, 뭔가 이상하다는 직감은 분명했다. '소나기는 피하고 보자'는 식의 묵인된 관행이 느껴졌다.

현장에서 가장 자주 들려오는 사고 소식 중 하나가, 바로 지게차와 관련된 일이다. 안전관리자도 알고, 작업자도 알고, 관리자도 안다. 그런데도 '운전원이 유도원의 역할까지 하는 것'이 당연한 듯 반복되고 있다. 이건 단순한 실수가 아니다. 명백한 방치다. 더 심각한 건, 이런 장면이 하루 이틀 일이 아니라는 점이다. 심지어 특정 시간대가 되면 작업자들 사이에서 이런 말까지 나온다. "그 시간에 가면 북 치고 장구 치는 사람 볼 수 있어." 이 말은 곧, 위험한 풍경이 하나의 '볼거리'로 고착되었음을 의미한다.

이건 단순한 해프닝이 아니다. 조직의 무관심과 안전의 붕괴가 고스란히 드러난 상징적 장면이다. 누군가는 말한다. "일이 많아서 어쩔 수 없어." 또 누군가는 "다 그렇게 해"라고 한다. 하지만 바로 그 "다 그렇게 한다"는 말이 문제의 핵심이다. 모두가 무심히 지나치고, 모두가 참아 내기 때문에 이 비정상적 현실이 '관행'이라는 이름으로 살아남는 것이다.

진짜 바꿔야 할 것은 규정이 아니라 관행이다. 누가 봐도 위험한 행동이 왜 아무 문제없이 반복되는가? 그 장면을 본 수많은 사람

중 누구 하나 왜 멈추자고 말하지 않는가? 관심을 가장한 무관심, 책임을 가장한 방관, 안전을 위장한 보여주기. 이 세 가지가 결합하면 조직은 위험을 방치한 채 스스로를 속이기 시작한다. 변화는 거창한 계획에서 시작되지 않는다. 눈앞의 익숙한 장면에 "그건 잘못된 거야"라고 말하는 용기, 거기서부터 시작된다. 모두가 지나친 어색함이 결국 위험한 '관행'으로 굳어진다.

장면2 열 받은 포크

지게차 앞쪽에 달린 '포크'는 마치 손처럼, 대형 드럼통이나 팔레트 같은 무거운 물건을 쉽게 들어 올리고 옮긴다. 하지만 여름철 폭염이 이어질 땐, 포크가 고열을 머금게 되는 문제가 발생한다.

지게차 포크의 길이는 규격화되어 있다. 긴 포크로 작업이 필요할 때는 별도로 구매한 긴 포크를 기존 포크 위에 끼우고, ㄱ자 고리로 고정해야 한다. 이렇게 긴 포크를 사용하는 경우는 오일이 가득 찬 드럼통을 옮기거나, 대량의 팔레트를 폐기할 때, 빈 드럼통을 이동시키는 경우이다.

문제는 이렇게 요긴한 포크가 작업자의 신체를 위협한다는 데 있다. 특히 한여름, 뜨겁게 달궈진 포크는 맨손으로 만질 경우 심각한 화상을 입을 수 있다. 포크의 열기는 상상을 초월한다. 하지만 이런 위험을 아는 사람은 많지 않다. 누구도 말하지 않았고, 매일 반복되는 일이었기에 '원래 그런 것'으로 여겨졌다

그러나 이러한 익숙함은 한편으로 위험을 감추고 있다는 의미와 통한다. 어느 날, 화물을 옮기던 중 작업자가 화상을 입는 사고가 발생했고, 그때에서야 이 일이 반복되어 온 잘못된 관행이라는 사

95

실을 깨달았다. 무심코 이어진 관행이 사고를 부른 것이다.

🎬 장면3 짬밥, 익숙함이 만든 무감각

2024년 어느 여름 아침, 여느 때와 마찬가지로 회사 근처 그늘이 있는 좋은 자리에 주차한 후 차량 실내 공기를 환기시키기 위해 창문을 열었다. 평소 느끼지 못했던 이상한 냄새가 코를 자극했다. 재채기가 나오고 속이 매스꺼웠다. '너무 더워서 몸의 밸런스가 안 맞는 건가? 내가 너무 예민해서 그런가?' 생각하며 마스크를 착용했다. 그리고 용역업체의 대표에게 출근 완료 문자를 보냈다. 첫 출근 때부터 매일 보고해 왔던 일이었다. 차 안에서 30분 정도 인터넷에서 주요 기사를 살펴본 후 사무실로 향했다. 너무 일찍 출근하면 다른 구성원들에게 부담을 줄까 봐, 지금까지 그렇게 해왔다.

사무실로 향하는 도중에도 이상한 냄새는 계속 났지만, 다른 근로자들은 아무렇지 않은 듯 평소와 다름없이 일하고 있었다. '내가 너무 민감한 건가?'

사무실에 도착하자, 한 조장이 오늘은 공정 작업이 8시 30분에 시작된다며, 내게 "많이 피곤하시죠?" 하며 물었다. "관심을 가져주셔서 감사합니다!"라고 답하며, 작업복으로 갈아입는 나에게 조장이 말했다. "공장 짬밥을 더 먹으면 일이 숙달되니, 덥더라도 조금만 더 견뎌 보세요!"

그때, 나는 조금 전의 냄새가 공장 짬밥을 덜 먹어서 그런가 싶었다. '내가 피곤해서 그런가, 민감해서 그런가?' 생각하며, 자신을 다독였다. '공장 짬밥을 더 먹으면 이런 냄새 정도에는 둔감해지겠지!'

하지만, 이런 냄새는 단순히 무시하고 넘어가서는 안 되는 문제다. 어디서 발생하는지 확인하고 파악해야 한다. 과거부터 화학제품 생산 과정에서 배출된 단순한 냄새라고 단정 지어서는 안 된다. 특히, 한증막 같은 더위와 관련되어 다른 사고를 부를 수도 있으므로 반드시 확인하고 넘어가야 할 문제다.

생각해 보면, 나는 종종 이상한 냄새를 맡으면서도 무심코 지나친 일이 한두 번이 아니다. 사실, 점심식사를 위해 현장 사무실에서 식당까지 가는 길은 여러 경로가 있다. 나는 보통 공장 외벽을 둘러싼 철조망을 따라 걸어간다. 철조망 주변에는 하수구가 있는데, 이 하수구에서 종종 이상한 냄새가 났다.

폭염 탓에 마스크를 착용하지 않을 때가 있었는데, 냄새가 심할 때는 곧바로 마스크를 착용한 적이 한두 번이 아니었다. 이 공장에 들어온 지 한 달밖에 되지 않았는데, 벌써 이 공장의 냄새에 '감염'되어 둔감해진 것인가.

조장이 말한 공장 짬밥은 일의 숙련도를 의미한 것이다. 시간이 지나면 자신이 하는 일을 능숙하게 다룰 수 있다는 뜻이다. 나는 이 말이 기존의 방식을 넘어 새롭게 시도한다는 의미는 아니라고 본다. 공장 짬밥을 많이 먹은 근로자는 둔감해져서는 안 되고, 오히려 총명해져야 한다.

🎬 장면4 사람을 잊은 관행, 일용직으로 태어난 사람은 없다

2024년 여름의 끝자락, 나는 인력공급업체를 통해 신호수로 일하게 되었다. 무더위가 조금은 누그러진 8월 말, 현장에 도착해 가장 먼저 눈에 들어온 장면은 함께 일할 동료들의 모습이었다. 대부분 고령의 어르신들이었고, 그중에는 허리가 굽은 채 천천히 걸어 다니는 분도 계셨다. 묵묵히 자신의 일을 해 내는 모습에서 말로 다할 수 없는 삶의 무게와 시간이 느껴졌다. 나는 그 풍경을 낯설고 묵직한 마음으로 바라보았다.

현장의 분위기는 더 무거웠다. 특히 현장 소장의 말투는 공손하지 않았고, 일용직 근로자들에게는 존중보다는 지시와 통제가 먼저였다. "여긴 현장이니까, 원래 그래"라는 말은 그런 태도를 정당화하는 일종의 방패처럼 사용되고 있었다. 말 한마디, 태도 하나에서 그들의 노동이 그저 당연한 것으로 취급되는 듯했다. 그 장면 앞에서 나는 스스로에게 조용히 물었다. 정말 이게 당연한 걸까? 일용직 근로자들도 누군가의 아버지이고, 친구이며, 소중한 가족이다. 어떤 직업도, 어떤 자격도 그 사람의 품격을 깎을 수는 없다. 사람은 누구든지 존중받아야 한다.

조직에서 우리는 종종 같은 실수를 반복한다. 성과에 따라 등급을 매기고, 우수 직원에게는 인센티브와 승진의 기회가 주어진다. 반면 성과가 낮은 직원은 낙오자로 간주된다. 흔히 말하듯 "불도장을 찍는다." 단순히 숫자와 평가표로 사람을 판단하는 문화 속에서, 한 사람의 가능성과 진심은 쉽게 왜곡된다. 심지어 성과가 낮다는 이유로 평소 태도까지 문제 삼는 경우도 있다. 외모, 말투, 옷차림 같은 단편적 기준으로 누군가를 바라보는 태도는 결국 조직의 시야를 좁히고, 구성원의 숨 쉴 틈을 앗아간다.

편견은 관계를 삭막하게 만든다. 상급자는 하급자의 노력을 보면서도 "진정성이 없다"며 냉소를 보내고, 무시하며 비웃는다. 그럴수록 구성원은 움츠러들고, 창의성과 도전은 수면 아래로 가라앉는다. 조직은 점점 경쟁열위에 머무르게 되고, 변화는 더뎌진다. 그렇다고 마음이 '태평양 같아'야 한다는 말은 아니다. 모든 조직에는 상식과 원칙이 필요하고, 그 안에서 지켜야 할 기본이 있다. 그럼에도 중요한 것은 사람을 대하는 태도다. 태도는 시스템이 아니라 선택이다. 그 선택은 존중에서 시작된다.

"일용직으로 태어난 사람은 없다." 이 말이 그날 이후 마음에 깊이 남았다. 우리는 모두 존중받아야 할 존재다. 특히 가장 수고로운 자리에 있는 사람일수록 더 따뜻한 시선과 말이 필요하다. 하루의 무게를 온몸으로 떠안고 있는 사람들에게 우리가 건네는 말 한마디, 눈빛 하나가 그날의 피로를 덜어 줄 수 있다. "죄는 미워하되 사람은 미워하지 말라"는 말처럼, 낮은 성과에는 그 원인을 찾고 대안을 수립해야 한다. 성과가 떨어진다고 그 사람 자체를 부정하거나, 그 사람의 다른 면까지 확대해 판단해서는 안 된다.

그날 이후 나는 다시 생각했다. 좋은 조직 관행은 제도나 시스템 이전에, 사람을 대하는 '기본 태도'에서 출발한다는 사실을 깨달았다. 그리고 그 태도는 익숙한 관행에 잠시 멈춰 서 '지금 이 방식이 정말 괜찮은가?'를 자문하는 겸손의 자세에서 비롯된다. 누군가를 향한 배려는 위계가 아니라 서로에 대한 믿음에서 자란다. 단순한 말 한마디가 누군가의 하루를 지켜주는 힘이 될 수 있고, 실수나 부족함을 비난이 아닌 실책의 공유로 받아들이는 문화가 만들어질 수 있다.

어색함을 무시한 결과

조직에서 어색함은 대개 '불편함'으로 여겨진다. 그래서 대부분은 그 어색함을 빨리 넘기려 한다. 하지만 어색함은 그 자체로 조직에 보내는 일종의 '이상 신호'이기도 하다. 관행이 지닌 본래 의미는 익숙해질수록 자동화된다는 것이다. 반대로, 어떤 행동이 아직 익숙하지 않다는 것은 '한 번쯤 재고할 필요가 있다'는 뜻이기도 하다. 그런데 많은 조직들은 이 어색함을 귀찮거나 비효율적으로 판단하고 그저 빨리 덮어 버리려는 경향이 있다. 그 결과, 작은 이상 신호는 무시되고, 결국은 더 큰 위험이나 비효율로 번져 간다. 어색함을 무시한 조직은 방향 감각을 잃는다. 익숙함이라는 그림자가 어색함 뒤에 어른거리기 때문이다.

애초에는 불편하고 어색했던 행동이 시간이 지나면 익숙함이 되고, 그 익숙함은 다시 '조직문화'가 된다. 문제는 애초의 그 행동이 잘못된 선택이었거나 위험을 동반한 방식이었다면, 그 익숙함은 조직 전체의 위험이 된다. 위험은 소리 없이 반복 속에서 커진다. 예를 들어, 토론하지 않는 회의 문화, 체크리스트만 확인하는 점검 문화, "늘 그렇게 해 왔다"는 말로 정당화되는 낡은 절차 등은 모두 어색함을 무시한 채 시간이 지나면서 조직에 새겨진 흔적들이다. 이런 관행이 쌓이면, 이제는 그 누구도 문제를 제기하지 않는다. 익숙함은 무관심을 부르고, 무관심은 무너짐의 시작이다.

HEED 관점에서, 조직이 어색함을 무시하는 순간 '겸손'은 사라지고 '공정'은 흐려진다. 모두가 불편함을 느끼는데도 말하지 않는 분위기는 실책을 감추게 만들고, 시간이 지나면 낙심한 구성원들은 더 이상 개선을 기대하지 않는다. 그러므로 어색함은 그냥 무시하고 지나칠 문제가 아니라, '귀 기울여야 할 신호'로 다루어져야 한다. 한 사람, 한 관리자, 한 팀이 그 불편함을 귀하게 여길 때 변화는 시작된다.

조직은 늘 바쁘고, 당장의 업무도 많다. 어색함을 들여다보는 시간은 사치처럼 느껴질 수 있지만, 바로 그 '어색한 순간'에 조직의 본질이 담겨 있다. 어색함은 변화를 촉진하는 단초가 되기도 하고, 반복을 멈추게 하는 브레이크가 되기도 한다. 중요한 점은 어색함이 사라지는 데 시간이 걸리더라도, 조직이 그 시간을 받아들일 수 있느냐이다. 따라서 조직은 어색함을 '피할 문제'가 아니라 '견뎌야 할 변화'로 인식해야 하며, 그 속에서 중요한 질문을 던질 줄 알아야 한다.

"이건 왜 이렇게 하고 있지?"
"더 나은 방법은 없을까?"
"지금의 방식이 모두를 배려하고 있는가?"

이런 질문들이 바로 어색함을 기회로 바꾸는 시작이다. 그리고 그 시작은, 조직의 결단과 용기에서 비롯된다.

이처럼 어색함을 기회로 바꾸려는 태도가 마련되어야, 조직은 토론과 실패의 자산을 적극 발굴하고 활용할 수 있다. 많은 조직은 새로운 기법을 도입하여 환경 변화와 불확실성에 대비하며, 이 기법들이 조직의 성장에 크게 기여하기를 기대한다. 그러나 그 기법들이 성공적으로 적용되기 위해서는 구성원 간의 자유로운 토론이 필수적이다. 새로운 기법의 요령이나 적용 방안에 대한 진지한 토론을 통해 창의적 해결책이 도출될 수 있기 때문이다.

그럼에도 많은 경우, 실제 토론은 기대와 달리 형식적이고 피상적으로 진행된다. 시간적 제약으로 토론이 신속히 끝나거나, 상사나 특정인의 의견에 동조하는 분위기 속에서 마무리되는 경우가 많다. 심지어 정답을 미리 정해 놓은 상태에서 토론이 진행되기도 한다. 이런 식의 토론에선 창의적 방안이 나올 수 없으며, 변화에 대한 실질적 대응력을 키울 수 없다.

여기서 중요한 문제는 새로운 기법이 실무에 적용되는 과정에서 구성원들이 실수할 수도 있음을 인정하는 것이다. 실수는 창의적 해결책을 도출하는 중요한 과정이므로 조직은 실수를 허용할 수 있어야 한다. 구성원의 실수를 존중하고, 그 실수가 개인의 창의성을 높이는 계기가 되도록 해야 한다. 실패를 용인하지 않는 조직에서는 새로운 기법이 무용지물이 될 수밖에 없다. 결국, 실패를 용인하지 않는 조직은 근본적으로 변화할 필요가 있다. 실패를 두려워하는 환경에서는 혁신을 기대할 수 없다. 조직이 실수를 허용하고, 그로부터 배우며 성장할 수 있는 시스템을 만들어야만 진정한 발전이 가능하다.

HEED 실천 전략

✦ 관행이 선호하는 것 vs 관행이 불편해하는 것

우리는 매일 관행 속에서 일하고, 말하고, 결정한다. 관행은 어떤 말과 행동, 환경에서는 편안함을 느끼고, 어떤 것들에서는 불편함을 느낀다. 이 기준들을 정확히 이해한다면, 우리는 무엇을 지속하고, 무엇을 멈추며, 무엇을 버려야 하는지를 분명히 알 수 있다.

○ 관행이 좋아하는 말, 싫어하는 말

먼저, 관행이 선호하는 말과 불편해하는 말을 비교해 보자. 관행은 안정, 순응, 복종, 반복을 선호하고, 반대로 질문, 탐색, 도전, 개선에는 불편함을 느낀다. 예를 들어 회의 시간에 질문이 사라지고, 모두가 고개만 끄덕이는 순간, 관행은 조직 안에 더 단단히 자리를 잡는다. 하지만 바로 그 '관행이 싫어하는 말' 속에, 조직이 앞으로 나아갈 방향이 담겨 있다.

조직 안에서 어떤 말들이 자주 오가고 있는지를 살펴보면, 우리가 지금 어떤 관행을 따르고 있는지, 그리고 무엇을 바꿔야 하는지 분명해진다. 결국, 우리가 익숙하게 생각하고 느끼는 것들이 바로 관행이다. 다음은 관행이 좋아하는 말과 싫어하는 말을 정리한 예시이다.

관행이 좋아하는 말 vs 싫어하는 말

관행이 좋아하는 말	관행이 싫어하는 말
예전부터 이렇게 해 왔어	왜 꼭 이렇게 해야 하죠?
일단 그대로 해	더 나은 방법은 없을까?
괜찮아, 문제없어	이 방식이 정말 효율적일까?
위에서 그렇게 하래	우리 팀 상황에 맞는 방식을 찾자.
다들 그렇게 해	남들 따라하는 게 옳은가요?
바꾸지 말자, 복잡해져	복잡하더라도 바꿔야 하지 않을까요?
이건 그냥 관례야	그 관례가 지금도 유효한가요?
실험하다 실패하면 어쩌려고	실패해도 배우는 게 있잖아.

○ 관행이 좋아하는 행동, 싫어하는 행동

관행은 단지 말로만 형성되는 것이 아니다. 사람들이 어떻게 일하고, 어떻게 반응하며, 무엇을 하지 않는지에 따라 관행은 점점 더 굳어진다. 겉보기에 아무 문제없어 보이는 일상의 행동들이, 사실은 관행을 지탱하는 보이지 않는 기반일 수 있다. 반대로, 조직을 바꾸는 힘은 말보다 행동에서 먼저 시작된다.

관행은 질문하지 않고, 움직이지 않으며, 익숙한 것에 머무르기를 좋아한다. 이런 행동은 조직 내 관행을 더욱 단단하게 만들며, 심지어 잘못된 관행조차도 오랫동안 살아남게 한다.

관행이 불편해하는 행동은 대개 조직의 관성에 균열을 일으키는 작은 실천들이다. 익숙한 방식에 질문을 던지고, 새로운 방식을 시도하며, 문제를 드러내는 행동은 관행에게는 위협이지만, 조직에게는 변화와 개선의 기회이다.

관행이 좋아하는 행동

행동	설명
질문하지 않기	왜 그런지 묻지 않고 그냥 따름
지시만 기다리기	주도적으로 움직이지 않고, 지시에만 반응
변화를 회피하기	새로운 시도보다는 익숙한 방식 고수
문제 제기 회피	비효율이나 불합리함을 봐도 침묵
다수에 순응하기	'다들 그렇게 하니까'에 안주
책임 회피	'나는 시킨 대로 했을 뿐' 태도

※ 이런 행동은 관행을 굳어지게 만들며, 잘못된 관행조차 오랫동안 살아남게 합니다.

관행이 싫어하는 행동

행동	설명
'왜?'라고 묻기	관행의 이유와 가치를 의심하고 검토함
새로운 방법 제안하기	변화나 실험을 통해 기존 틀을 흔듦
문제 제기와 피드백	관행의 허점이나 비효율을 드러냄
실행 후 점검하기	무조건 반복하지 않고 결과를 분석함
개선 요구하기	더 나은 방식에 대한 욕구를 드러냄
기득권에 도전하기	관행을 유지하던 이해관계인들과의 충돌을 불러일으킴

※ 이런 행동은 관행에게는 위협이 되지만, 조직의 혁신과 개선의 출발점이기도 합니다.

○ 관행이 좋아하는 환경, 싫어하는 환경

관행이 좋아하는 환경은 변화보다는 안정을 중시하는 조직문화에서 쉽게 자리를 잡는다. 예를 들어, 의사결정이 수직적이고 경직된 구조, 비판이나 질문이 억제되는 분위기, 투명성과 책임이 낮은 문화는 관행이 오래도록 유지되기에 좋은 조건이다.

관행이 좋아하는 환경 vs 싫어하는 환경

관행이 좋아하는 환경	관행이 싫어하는 환경
위계 중심 조직 **상명하복 구조**	수평적 조직문화 **누구나 의견을 낼 수 있는 구조**
질문이 없는 분위기 **묻지 말고 따라라**	비판적 사고를 장려하는 문화 **'왜?'가 자연스러운 환경**
실패에 대한 두려움 **틀리면 안 돼**	실험과 실패가 허용되는 분위기 **시행해 보고 고치면 돼**
성과보다 절차 중시 **형식적 보고와 회의**	개선 중심의 문화 **피드백과 변화 우선**
정보 비공개/불투명 **몰라도 돼**	정보 공유와 개방성 **누구나 상황을 이해할 수 있음**
기득권이 고착된 환경 **변화를 꺼리는 권력 구조**	역할과 권한이 유연한 구조 **필요하면 구조도 바꿈**
의견 개진이 위험한 분위기 **찍힐까 봐 말 못 해**	심리적 안정감이 보장된 환경 **자유롭게 말해도 괜찮음**

반면, 관행이 싫어하는 환경은 다음과 같다. 질문과 토론이 자유롭게 오가는 문화, 실험과 실패가 허용되는 조직, 투명한 정보 공유

와 유연한 구조는 관행을 흔들고, 결국 무너뜨린다. 아래 표는 관행이 '좋아하는 환경'과 '싫어하는 환경'을 비교한 것이다. 각 항목을 기준으로 우리 조직의 현재 모습을 점검하고, 관행의 뿌리가 어디에 있는지를 함께 토론해 보자. 우리가 어떤 환경을 만들고 있는지 스스로 묻고, 그에 따라 행동할 때 변화는 시작된다.

관행이 좋아하는 말, 행동, 환경을 줄이고, 관행이 싫어하는 말, 행동, 환경을 조직에 뿌리내리게 하기 위한 실천 단계는 다음과 같이 제시할 수 있다.

○ 실천을 위한 5단계: 말, 행동, 환경에서 시작하는 관행 변화

1. 관행이 선호하는 말을 바꾸는 5단계

① 익숙한 말을 찾아본다.
② 그 말이 조직과 구성원에게 미치는 영향을 점검한다.
③ 새로운 질문과 대화를 시도한다.
④ 긍정적이고 용기 있는 언어를 실천한다.
⑤ 변화된 언어를 기록하고 공유한다.

2. 관행이 선호하는 행동을 바꾸는 5단계

① 기존 관행적 행동을 목록화한다.
② 그 행동들이 문제를 만드는지 진단한다.
③ 작은 행동 변화를 실험한다.
④ 주변 반응을 관찰하고 피드백을 받는다.
⑤ 성공 사례를 공유하고 변화를 확산시킨다.

3. 관행이 선호하는 환경을 바꾸는 5단계

① 조직 분위기와 문화를 진단한다.
② 침묵과 순응을 만드는 환경 요소를 파악한다.
③ 심리적 안정을 위한 말과 행동을 선택한다.
④ 질문과 의견 제시가 자연스러운 환경을 만든다.
⑤ 작은 문화 변화를 팀에서 시작해 확산시킨다.

3.2 관행을 만드는 사람들

관행은 사람이 만든다

대부분의 사람은 자신이 만들어 낸 방식을 신뢰하고, 그것이 최선이라고 여긴다. 시간이 지나면 이러한 신뢰가 쌓여 관행이 되고, 조직 내에서는 자연스러운 일처럼 받아들여진다. 문제는 대부분의 관행이 특정 개인이나 팀에 의해 만들어지고, 그들은 그 관행을 의도적으로 유지하려 한다는 점이다. 이런 방식이 반복되면서, 조직 내 관행은 점점 더 단단히 자리 잡고 변화를 억제한다.

어느 한 현장에서 실제로 일어난 일이다. 한 젊은 후배 근로자가 기존과 다른 방식으로 작업을 시도했지만, 선배 근로자는 "그렇게 하면 나중에 다시 해야 해. 그냥 이대로 해"라며 그를 제지했다. 안전사고를 예방할 수 있는 좋은 기회였지만, 익숙한 관행이 우선되면서 그의 시도는 무시되었다. 조직에서는 새롭고 어색한 방식보다 기존에 익숙한 관행이 항상 우위를 차지하며, 이러한 분위기는 변화를 더욱 어렵게 만든다.

우리는 과거의 경험과 익숙한 방식에 기대어 일한다면, 결국 예전의 실수와 실패를 되풀이할 뿐이다. 관행의 시작은 언제나 어색함과 불편함 속에서 비롯된다. 그 어색함을 인정하고, 제대로 된 질문을 던지지 않는 한, 조직은 과거의 늪에서 벗어날 수 없다. 하지만 작은 실천 하나가 새로운 기준이 되어 누군가의 위험을 막고, 조직 전체를 바꾸기도 한다.

내가 현장에서 근무할 때, 한 팀장은 팀원들로부터 "왜 우리 팀만 다른 방식으로 일해야 하느냐"는 항의를 여러 번 들었다. 다른 팀은 여전히 느슨한 관행을 따랐다. 하지만 그는 팀원들에게 이렇게 말했다. "우리가 먼저 해 보고, 나중에 그들에게 보여 주자." 그 선택은 쉽지 않았지만, 몇 달 뒤 그의 팀이 낸 성과가 조직 전체의 주목을 받았다. 어색했던 실천은 이제 다른 팀의 기준이 되었다.

관행을 만드는 사람들의 태도와 선택이 결국 조직의 미래를 결정한다. 그들이 변화를 받아들이고, 어색한 시도를 지지하며, 공정하게 평가하고 실책을 드러낼 수 있는 환경을 만든다면, 조직은 점진적으로라도 더 안전하고 존중받는 공간을 확보할 수 있다. 어색하고 불편한 것을 무시하지 않고, 질문하고 실천하는 용기, 그것이 조직을 움직이는 가장 중요한 열쇠다.

책임 회피, 그리고 경험이 선례가 될 때

조직에서 일부 사람들은 자신이 하는 일에 대한 책임을 회피하고, 단순히 상사의 지시나 선례를 따르는 데에만 집중하는 경향이 있다. 이러한 문화에서는 '왜 그렇게 해야 하는가?'에 대한 질문이 나올 수 없으며, 그저 '그러니까 그렇게 해야 한다'는 식의 태도가 만연해진다. 결국, 문제를 해결하려는 의지보다 단기적으로 일이 번거롭지 않게 처리되기를 바라는 마음이 우선시된다. 이런 태도는 장기적으로는 조직에 더 큰 리스크를 안겨 준다.

조직에서 특정 경험이나 방식이 반복되면서 그것이 선례가 되어 버리면, 그 자체로 문제가 될 수 있다. 경험이 선례로 굳어지면 본래의 맥락이나 상황과 무관하게 무비판적으로 따르게 되고, 변화한 환경 속에서도 '과거에 이렇게 했으니까'라는 이유로 같은 접근을 반복하게 된다. 결국 경험은 자산이 아니라 걸림돌이 된다.

핀란드의 노키아는 이러한 '경로 의존성path dependence'의 대표적 사례다. 경로 의존성은 한 번 굳어진 경로가 변화의 필요성에도 불구하고 오랜 기간 유지되는 현상을 의미한다. 세계 휴대전화 시장의 강자였지만, 기존 운영체제와 하드웨어 중심 전략에 안주해 스마트폰 시대로의 전환에 늦었다. Wang 등(2016)의 분석에 따르면 노키아는 기술·전략·리더십·조직구조 전반에서 자기강화self-reinforcing 메커니즘이 작동하면서 변화 가능성을 배제했고, 그 결과 급격히 쇠퇴했다. 자기강화 메커니즘이란 기존의 선택과 관행이 지속적으로 강화되면서, 새로운 변화나 도전을 배제하는 과정을 의미한다.

반대로 스웨덴의 스포티파이는 경험을 그대로 답습하지 않고 재해석하여 새로운 맥락에 적용했다. Verwijs와 coauthors(2023)의 연구에 따르면, 스포티파이는 분산된 의사결정 구조와 자율적 팀 운영을 통해 빠르게 실험하고 학습했으며, 음악 스트리밍에 머무르지 않고 추천 알고리즘과 팟캐스트로 영역을 확장했다. 이처럼 경험은 고정되면 족쇄가 되지만, 맥락에 맞게 재해석될 때 혁신의 자산이 된다.

관행은 혁신의 기회를 가두는 덫이 되기도 한다. 너무 익숙해진 나머지 그 안에 갇혀 버리고, 그로 인해 발전가능성을 놓치게 된다. 관행에 묶인 조직은 새로운 시도와 도전 대신, 과거의 경험을 따라가는 데 집중하게 된다. 결국, 혁신의 발목을 잡는 것은 외부의 장애물이 아니라, 스스로 만든 익숙한 패턴일 수 있다. 이제 그 익숙함을 벗어나, 다시 한 번 새로운 가능성에 대한 관심을 되찾아야 할 때다.

4장
익숙함의 덫

혁신을 가두는 관행의 덫: 관행에서 관심으로

관행은 조직의 질서를 유지하는 것처럼 보이지만, 실상은 변화를 가로막는 장애물로 작용할 수 있다. 예컨대, 한 직원이 기존 방식대로 보고서를 작성하고 상급자로부터 긍정적 평가를 받으면, 다른 구성원들 사이에서 동일한 행동이 모방되고 강화되는 경향이 나타난다. 회의에서는 특정 아이디어에 대한 사전 지지가 이루어지며, 다양한 의견이 억제될 수 있다. Sydow 등(2009)은 이러한 초기 선택이 반복적으로 강화되어 조직이 고착lock-in 상태에 빠지는 과정을 경로 의존성 관점에서 설명하고 있다.

실제 사례로, GE의 일부 부서에서는 과거 리더십과 보고 구조가 고착화되어 창의적 아이디어보다 기존 방식 준수가 우선시되었다. 반면, 스웨덴의 스포티파이는 자율적 팀 구조와 실험 중심 문화를 통해 이러한 관행의 부정적 영향을 최소화하고, 자유로운 의견 제안과 혁신을 장려하였다. 중요한 것은 관행을 무비판적으로 반복하지 않고,

변화에 맞게 재해석하고 적용하는 조직의 태도다.

관행은 일종의 습관이다. 그래서 관행 개선의 첫걸음은 관심이며, 이 관심이 지속적으로 이루어져야 좋은 관행으로 이어진다. 하지만 좋은 관행이라도 환경에 따라 수정해 나가야 한다는 점을 잊어서는 안 된다. 관행을 무조건 배척하는 것이 아니라, 그것을 어떻게 활용하고 변화시킬 것인지에 대한 관심이 필요하다. 기존의 관행을 조직의 성장과 혁신으로 연결하기 위해서는, 단순한 답습이 아니라 개선의 기회를 지속적으로 모색해야 한다.

대표적인 사례로 Apple이 있다. 월스트리트 저널은 2024년, 피터 드러커의 경영 원칙에 기반한 'Management Top 250' 순위에서 Apple이 1위를 차지했다고 전했다. Apple은 단순히 기존의 방식을 반복하지 않고, 관행을 전략적으로 활용하는 방식으로 조직문화를 발전시켜왔다. 특히 지속적인 혁신과 브랜드 강화를 핵심 전략으로 삼아, 제품과 서비스에서 새로운 가치를 창출하는 데 주력했다.

결국, 조직이 앞으로 나아가려면 관행을 답습하는 것이 아니라, 관행을 관심으로 전환하는 태도가 필요하다. 단순히 기존 방식을 따르는 것이 아니라, "왜 이렇게 해야 하는가?"를 고민하고 더 나은 방향으로 발전시키려는 노력이 중요하다. 관행이 관심으로 이어질 때, 구성원들은 스스로 개선의 필요성을 인식하고 변화에 대한 의지를 가지게 된다. 그리고 이러한 변화의 움직임이 모일 때, 혁신은 비로소 실현될 수 있다.

4.1 익숙함에 대한 착각(1/2): 조직특성과 조직변화 차원

미리 대비의 메시지가 없다

익숙한 관행을 따르는 조직에서는 환경 변화에 '미리 대비'해야 한다는 명확한 메시지를 찾기 어렵다. 이러한 조직은 변화에 적응하는 속도가 매우 느리며, 환경이 조직에 직접적 영향을 미칠 때 비로소 준비에 나서는 경향이 있다. 어쩌면 준비하는 게 아니라 준비하는 척한다는 표현이 더 정확할 것이다. 게을러서 해야 할 일을 늘 뒷전으로 미루는 사람의 행태와 비슷하다. 최고경영자는 늘 변화하는 환경에 적응하고 혁신을 통해 성과를 높여야 한다고 강조하지만, 실제로 그에 상응하는 실행은 뒤따르지 않는다. 이런 조직의 구성원들은 미래의 불확실성과 급변하는 환경 속에서 불안감을 느끼게 되고, 이는 곧 조직성장에 걸림돌로 작용한다.

조직차원에서 미리 대비하는 조치가 부재할 때, 구성원들의 불안은 커질 수밖에 없다. 이 불안은 단순히 업무 효율을 저하시키는 데 그치지 않고, 어렵게 유치한 고객마저 이탈하게 만드는 악순환을 낳는다. 급변하는 환경에서 미래 불안을 해결하지 않으면 조직 전체의 경쟁력 약화로 이어질 수 있으며, 이는 반드시 극복해야 할 과제이다.

실제 연구에서도 이러한 현상이 확인된다. 배호영(2015)은 '중소기업의 고용불안정성이 경영혁신에 미치는 영향: 전략적 인적자원관리의 조절효과'에서, 고용불안정성이 기업의 경영혁신을 저해한다고 보고하였다. 또한, 이윤수(2020)는 '고용불안정성이 정신건강에 미치는 영향: 종사상 지위와 인식된 고용불안정성의 구분을 중심으로'에서,

고용불안이 조직구성원의 자신감을 약화시키고 우울증을 심화시킨다는 점을 보여주었다.

최고경영자의 메시지는 조직의 방향을 결정짓는 중요한 요소이다. 단순히 변화에 적응해야 경쟁우위를 유지할 수 있다는 메시지보다, 환경 변화를 미리 예측하고 선제적으로 대응해야 한다는 메시지가 훨씬 더 효과적이다. 대표적인 사례로 Microsoft의 Satya Nadella CEO이다. Nadella CEO는 기업 문화를 'know-it-all(아는 척하는 문화)'에서 'learn-it-all(배움 중심 문화)'로 전환하며, 구성원들이 지속적인 학습과 성장의 중요성을 명확히 인식하도록 강조했다. 이러한 문화적 변화는 AI와 클라우드 중심의 전략적 전환을 촉진하는 데 큰 역할을 했으며, Microsoft는 OpenAI와의 협력을 통해 AI 기술을 제품에 통합하고, AI 분야에서 선도적인 위치를 확보하는 데 기여했다.

변화의 큰 물결, 어떻게 대응할 것인가?
(변화에 가장 잘 적응한 조직이 살아남는다)

여름이 다가오기 전에 미리 여름옷을 준비하고, 겨울 전에 보일러를 점검하여 낡은 부품을 교체하는 것처럼, 조직도 사전에 위험 요소를 점검하고 대비해야 한다. 겨울철에 보일러가 얼어 터지는 것을 방지하기 위해 미리 부속을 교체하고, 창틀의 틈새를 점검해 바람이 새어나가지 않도록 하는 것과 같은 원리이다.

이처럼 경쟁력을 갖춘 기업들은 이러한 '미리 대비'하는 문화가 부서 간에 자연스럽게 공유되고 자주 강조하는 편이다. 예를 들어, 환경 변화를 선제적으로 진단하고 이에 맞춰 적절한 조치를 취하는 시스템을 갖춘 기업들은 조직이 안정적으로 성장하고 지속가능한 경쟁 우위를 확보할 가능성이 높다.

조직변화의 목표가 뚜렷하지 않다

많은 조직이 오랜 시간 익숙한 방식과 관행을 고수한다. 이러한 조직은 통상적으로 목표 설정 과정에서부터 모호함을 드러낸다. 나는 기업 경영자들에게 조직 목표를 어떻게 설정하는지 자주 묻는다. 하지만 돌아오는 대답은 구체적이지 않다. "올해는 거래처를 더 확보해 지난해보다 50% 매출을 증가시키겠다"는 식이다. 목표는 있으나 그 배경이나 이유, 실행 방안에 대한 설명은 부족하다. 특히 매출이 감소한 원인이나 근본적 분석은 생략되고, 구성원들의 의견이 반영되었는지에 대한 고려는 찾아보기 어렵다.

익숙한 관행을 유지하던 조직에서 변화를 시도하면, 종종 기대와 다른 결과를 맞이하게 된다. 어떤 경영자는 큰 결심으로 조직변화를 추진했지만, 성과는 이전과 다르지 않았다고 토로한다. 이와 관련한 대표적인 사례가 HP와 컴팩의 합병 실패이다. 2002년 HP는 컴팩과의 합병을 통해 규모의 경제를 추구했지만, 두 기업의 문화와 시스템 차이를 충분히 통합하지 못해 조직 내부에 불신과 갈등이 발생했다.

결국 2007년에 합병을 해제하게 되었으며, 이는 변화 추진에만 집중하고 실행과 정착에는 소홀히 한 사례로 볼 수 있다. 마치 대학 입시에만 집중하고 입학 후에는 노력을 멈추는 것처럼, 변화는 추진 자체보다 이후의 실천이 더 중요하다. 관행에 젖은 조직은 이러한 연속적 노력을 지속하기 어렵다.

결국, 조직변화가 실패하거나 성과가 미진한 이유는 명확한 목표 설정의 부재에서 비롯된다. 특히 기존 관행이 깊게 뿌리내린 조직일수록 변화에 대한 목표가 더욱 애매모호해진다. 변화는 단순히 겉모습만 바꾸는 것이 아니라, 조직의 본질적 방향을 새롭게 정립하는 과정이다. 그러나 목표 없이 형식적으로 추진되는 변화는 '보여주기의 변화'에 그칠 위험이 크다. 애매한 목표 아래 어설프게 변화하려는 시도는 오히려 조직을 혼란스럽게 만들 수 있다. 이는 반드시 짚고 넘어가야 할 대목이다.

잘 알려진 것처럼, 애플은 목표를 올바로 설정해 변화를 성공적으로 이룬 기업이다. 애플은 거의 파산 직전까지 갔지만, 제품 라인을 단순화하고 디자인에 집중하며 회사 문화를 되살리는 등 전략적·구조적 변화를 통해 전 세계에서 가장 가치 있는 회사 중 하나로 도약했다. 반면, 목표설정과 전략적 방향이 부족하여 시장 변화에 적절히 대응하지 못한 대표적인 기업이 코닥이다. 코닥은 디지털 카메라 기술의 부상을 인식하고 디지털 제품을 출시했으나, 기존 필름 사업 모델에 대한 의존으로 인해 디지털 전환에 실패했다.

조직이 관행에서 벗어나 진정한 변화를 이루려면, 무엇보다 환경 변화에 선제적으로 대응할 수 있어야 한다. 외부 환경의 흐름을 무시한 채 기존 방식만 고집하면 결국 뒤처지게 된다. 경영자는 외부의 변화 수준과 불확실성을 정확히 진단하고, 그에 맞는 전략 방향을 설정해야 한다. 이는 좋은 비전과 미션, 목표와 전략의 출발점이며, 특히 조직구성원들에게 명확한 동기를 부여하는 기반이 된다. 관행을 넘어서려면 외부 환경에 대한 진단이 필수적이다. 동시에 조직 내부의 현실도 직시해야 한다. 조직문화가 권위적인지, 구성원들이 기존 관행을 당연하게 여기고 있는지, 자율적 업무 수행이 가능한지 등을 면밀히 점검해야 한다. 구성원 간 소통 방식, 차별의 유무, 상명하복의 문화 등도 빠짐없이 진단하고 개선해야 한다. 이러한 분석 없이는 관행이 쉽게 무너지지 않으며, 변화는 표면에만 머물게 된다.

찰스 다윈의 말처럼, 이 시대에는 가장 강하거나 똑똑한 조직이 살아남는 것이 아니라, 변화에 가장 잘 적응한 조직이 살아남는다. 익숙한 관행은 변화의 첫 걸음을 가로막는다. 그러므로 외부 환경 변화에 맞춘 목표 설정과 내부 현실에 대한 진단은 함께 이뤄져야 한다. 첫 단추를 제대로 꿰지 않으면, 이후의 모든 노력도 헛될 수 있다. 관행을 벗어나 조직이 생존하고 발전하기 위해서는, 목표의 명확성과 변화에 대한 철저한 준비가 전제되어야 한다.

조직특성을 간과한 변화 전략

변화하는 경영 환경은 기업의 생존과 직결된다. 환경은 성장의 기회를 주기도 하지만, 존립 자체를 위협할 수도 있다. 따라서 같은 상황에서도 기업의 대응 방식에 따라 결과는 크게 달라진다. 불리한 조건 속에서도 민첩하게 대처하는 조직은 위기를 극복하고 다시 성장하지만, 그렇지 못한 조직은 쇠퇴할 수밖에 없다. 그러므로 현재의 환경과 여건을 정확히 진단하는 일은 무엇보다 중요하다.

이 과정에서 간과해서는 안 될 것이 바로 조직 고유의 특성이다. 서비스업 경영자라면 자사의 강점, 집중해야 할 영역, 업계 내 차별화 요소를 명확히 파악해야 한다. 단순히 경쟁사를 모방하거나 형식적·전시적인 경영은 지양해야 한다.

같은 업종이라도 조직마다 특성은 다르다. 성과평가시스템, 조직문화, 자율성 등은 기업마다 다르게 작동한다. 그럼에도 동일 업종이라는 이유로 같은 방식을 적용하는 것은 큰 오해다. 예컨대 A 기업과 B 기업은 업무 프로세스는 유사할 수 있으나, 조직문화와 운영 방식은 크게 다를 수 있다. 결국 경쟁에서 살아남는 길은 고유한 특성에 기반한 차별화 전략뿐이다.

조직특성이란 목표 달성을 위해 형성된 고유한 성질을 의미하며, 규범, 의사결정체계, 조직문화 등을 포함한다. 이는 가정마다 의사결정 방식과 생활양식이 다르듯 조직도 다르다. 따라서 남의 방식을 무작정 따라 하는 것은 외형만 흉내 내는 것에 불과하며, 오히려 정체성을 잃게 만든다. 누구나 쉽게 모방할 수 있는 전략은 진정한 경쟁력이 될 수 없다.

이는 음식과 약에 비유할 수 있다. 몸에 좋은 음식도 체질에 맞지 않으면 탈이 나듯, 만병통치약이라 불리는 약도 모든 사람에게 효과가 있는 것은 아니다. 마찬가지로 아무리 뛰어난 전략이나 기법이라도 조직의 특성과 맞지 않으면 효과를 내기 어렵고, 오히려 혼란을 초래할 수 있다.

특히 구성원의 사고방식과 일하는 방식이 제각기 다르다는 점을 고려하지 않으면 문제는 더욱 커진다. 일률적인 접근은 오히려 동기와 창의성을 떨어뜨리며, 조직문화의 맥락을 무시한 전략은 지속 가능하지 않다. 겉보기에 그럴듯해 보여도 실질적 몰입과 개선으로 이어지지 못하며, 결국 장기적 성과를 담보하지 못한다.

조직특성에 부합하는 사명 부재

경영학의 거장 피터 드러커는 조직이 존재하는 근본적 이유에 대해 질문할 때면 항상 "우리의 사명은 무엇인가?"를 먼저 묻는다. 사명은 단순한 문장이 아니라, 조직의 본질적 존재 이유를 담은 신념이자 선언이어야 한다. 사명이 깊은 의미와 신념을 담고 있을 때에만, 구성원들과 사회로부터 진정성을 인정받을 수 있다. 예컨대 병원의 사명은 단순한 치료의 기능을 넘어, 인간의 존엄과 생명을 돌보는 책임감을 표현해야 한다. 그렇다면 여러분은 병원의 사명은 무엇이면 좋겠는가?

좋은 사명은 단순 명료해야 하며, 미사여구나 추상적인 표현보다는 명확한 초점과 실질적 의미를 담아야 한다. 사명은 "무엇을 어떻게 할 것인가"가 아니라, "왜 이 일을 하는가"를 드러내는 문장이어야 한다. 조직의 모든 구성원이 '나는 이 목적을 위해 일하고 있다', '이 사명은 내 정체성과 연결되어 있다'라고 느낄 수 있어야 한다. 이를 위해서는 조직의 순수성과 핵심 가치가 일관되게 지켜져야 하며, 단기적 유행이나 외부 압력에 의해 본질이 훼손되어서는 안 된다. 예를 들어, 교회가 젊은 세대를 끌어들이기 위해 본래의 예배 방식이나 장소를 무리하게 바꾸는 것은 사명에 대한 왜곡을 불러올 수 있다.

사명은 또한 외부 환경의 변화와 미래의 흐름을 인식하고, 어떻게 대비할 것인가를 내포해야 한다. 고객의 기대 수준이 달라지고, 사회적 요구가 전환되는 상황에서 조직은 어떤 도전에 직면해 있는지, 그리고 어떤 기회를 포착할 수 있는지를 파악해야 한다. 이러한 분석은 사명이 현실과 유리되지 않고, 방향성을 제공하는 나침반 역할로 작용한다. 사회 변화에 유연하게 반응하면서도 핵심 가치를 지키는 일이야말로 좋은 사명의 조건이다.

마지막으로, 사명은 조직이 가진 자원과 역량을 감안해 현실적으로 집중할 수 있는 분야를 명확히 제시해야 한다. 모든 영역에서 완벽할 수는 없기에, 제한된 자원 내에서 어디에 우선순위를 둘 것인지, 어떤 변화에 초점을 맞출 것인지를 명확히 해야 조직은 일관성을 유지하며 성장할 수 있다. 예를 들어, 현대자동차는 전통적인 자동차 제조업에서 미래 모빌리티 솔루션 제공자로 전환을 목표로 사명을 재정립하고, 2024년 '현대 웨이Hyundai Way' 전략을 통해 전기차, 자율주행, 커넥티드 카 등 미래 기술 중심의 혁신적 모빌리티 생태계를 구축하고 있다. 이를 통해 고객의 이동 경험을 향상시키고, 사회적 가치 창출에 초점을 둔다. 이와 마찬가지로 삼성전자는 "우리는 인류와 기술을 통해 더 나은 세상을 만든다"는 사명을 통해 기술 혁신과 사회적 기여를 강조하고 있다. HEED의 시스템을 추구하는 조직이라면, 단지 좋은 문장을 만드는 것이 아니라, 조직의 방향성과 정체성을 고스란히 담는 일이라는 점을 항상 기억해야 한다.

눈치 문화가 깊이 자리 잡은 공간

익숙한 조직 관행 속에는 은연중에 '눈치 문화'가 자리 잡고 있다. 하급 직원들은 상사의 기분이나 분위기를 살피며 주어진 지시에 따르는 데만 집중하고, 새로운 시도나 변화를 시도하는 데는 주저한다. 아무리 성실히 일해도 '센스가 부족하다'는 이유로 비판받거나 조롱받기 쉽다. 이러한 조직문화에서는 혁신적 아이디어가 자라기 어려우며, 창의적 도전이 위축된다.

조직구성원들은 수직적 관계 속에서 상사의 감정이나 순간순간 변하는 상황을 민감하게 파악한다. 어린 시절부터 '눈치껏 행동하라'는 사회적 압박을 받아온 이들은 타인의 시선에 지나치게 예민해지고, 그로 인해 심리적으로 위축되는 경우가 많다. 이처럼 타인의 반응을 지나치게 의식하는 문화는 스트레스와 감정적 억압을 낳고, 때로는 화병과 같은 건강 문제로 이어질 수도 있다.

이러한 '눈치 보기' 태도는 직장 내 의사소통에도 깊숙이 스며들어 있다. 특히 거절의 의사를 표현할 때 상대의 지위나 연령에 따라 과도하게 조심스러운 말투가 등장하고, 자신의 의견이나 취향을 확신 있게 표현하기보다 애매모호하게 말하는 경향이 강하다. 예를 들어, "좋아한다"라고 단정하기보다 "좋아하는 것 같다"라고 말하는 식이다. 이는 조직 내 겸손과 조화의 문화를 반영하지만, 때로는 소통의 명확성을 떨어뜨린다.

또한, 직장인들은 공식적이거나 비공식적 만남을 제안하는 경우에도 자주 애매한 표현을 사용한다. "언제 밥 한번 먹자"라는 말처럼, 구체적 약속 없이 분위기만 맞추려는 말들이 많아 실제 만남으로 이어지지 않는 경우가 많다. 이런 표현들은 대화의 어색함을 덜고자 하는 배려에서 비롯된 것이지만, 상대방에게 혼란이나 실망을 줄 수도 있다.

이처럼 조직 내 말과 행동에는 숨겨진 의미와 미묘한 배려가 존재한다. 이러한 문화에 적응하는 데는 시간이 필요하며, 여전히 정확한 의도를 파악하기 어려운 경우가 많다. '눈치 보기'와 돌려 말하는 태도는 마치 대화에 쓰이는 일종의 '언어적 마스크'처럼, 때로는 진정한 소통을 방해하는 요인이 된다.

기존의 연구에서도 조직 내 '눈치 문화'가 창의성과 도전 정신을 억제한다는 점을 확인할 수 있다. 이러한 '눈치 문화'에 대한 연구 결과는 결국 조직을 지배하는 '두려움의 문화(심리적 안정감이 결여된 조직문화)'와 연결된다. 웨스트West와 베르만Berman의 1997년 연구에 따르면, '두려움의 문화'는 창의적 업무 수행에 심각한 부정적 영향을 미친다고 밝히고 있다. 이 문화는 구성원들이 의견을 자유롭게 표현하지 못하고, 주변 분위기를 지나치게 경계하며, 실수에 대한 엄격한 처벌과 높은 회의감 속에서 일한다고 느끼게 만든다. 결과적으로 직무 스트레스가 증가하고, 자신이 일자리에서 불이익을 당할까 걱정하며, 기회와 보상이 줄어든다는 좌절감이 쌓인다. 따라서 조직 내에서 이러한 두려움 문화를 극복하고, 자유롭고 개방적인 의사소통 환경을 조성하는 것이 매우 중요하다.

토론과 실패의 자원을 걷어차는 조직

환경이 빠르게 변화하면 조직도 그에 맞춰 변할 수밖에 없다. 즉, 환경의 변화는 필연적으로 조직변화를 요구한다. 변화하는 환경에 살아남기 위해서는 조직 역시 변화해야 하며, 이때 조직은 고객의 요구에 민첩하게 대응할 수 있도록 재설계되어야 한다. 동시에 구성원들 각자의 역량이 충분히 발휘될 수 있도록 설계되어야 한다. 그렇지 않으면, 구성원은 일에 대한 의미를 낮게 지각하고, 동기부여 수준도 함께 떨어지게 된다.

안정적 환경에서는 내부 효율성을 높이는 일이 핵심 과제이지만,

급변하고 불확실한 환경에서는 조직변화의 필요성이 커진다. 이에 따라 많은 조직이 새로운 기법을 도입하며 환경 변화에 대응한다. 이는 단지 생존이 아닌 경쟁우위를 유지하기 위한 필수 선택이다. 특히 기술의 급격한 발전은 조직에는 내부 시스템, 업무 방식, 역할 구도 등에서의 전면적 변화를, 구성원들에게는 창의적 사고와 문제 해결을 요구한다.

그럼에도 현실에서는 새로운 기법이나 아이디어 도입 과정에서 토론이 형식적으로 흐르는 경우가 많다. 구성원 간 의견 충돌이 있을 때 이를 자연스러운 현상으로 보지 않고, 핀잔을 주거나 시간을 핑계로 토론을 축소시킨다. 심지어 정답이 미리 정해진 상태에서 토론이 진행되기도 한다. 이러한 방식은 창의적 아이디어의 도출을 어렵게 만든다. 창의성이 강조되지만, 정작 그것이 실제로 발휘될 수 있는 환경은 조성되지 않는 것이다.

더 큰 문제는 새로운 방식이나 기법을 적용하는 과정에서 구성원의 실수나 실패가 허용되지 않는 분위기다. 사람이라면 누구나 실수할 수 있으며, 실수는 학습과 창의성 향상의 계기가 되기도 한다. 실수를 용인하지 않는 조직은 구성원들의 자율성과 창의성이 억눌린다. 실패를 관용적으로 바라보는 조직은 구성원의 자발적 도전과 실험을 유도하여 결국 더 나은 성과로 이어진다. 이에 대한 연구와 사례는 이미 많이 이루어지고 있다.

Van Dyck 등(2005)의 연구에 따르면, 실패 관리 문화는 조직의 성과에 중요한 영향을 미치는 것으로 나타났다. 연구자들은 실패를 수용하는 문화 없이 단순히 학습만 강조하거나, 실패의 재발을 막으려는 시도, 혁신을 요구하는 등의 문화는 실질적으로 조직성과 창출로 이어지지 않는다고 보고했다. 관련 사례로, 세계 최대 자동차 부품 공급업체인 마그나Magna 인터내셔널은 "빠르게 실패하고, 저렴하게 실패한다fail fast, fail cheap"는 접근 방식을 채택하여, 실험에서 실패하더라도 이를 통해 배우고 성장하는 문화를 구축했다. 국내 사례로는 하이닉스 미래기술연구원에서 실패를 적극적으로 공유하는 문화를 장려함으로써 기술 혁신을 위한 도전을 촉진하고 있다(매일경제, 2019.4.26). 따라서 실패가 곧 학습이고, 성장의 기회라는 인식이 자리 잡아야 한다.

권위적인 조직문화에서 토론은 특정 계층의 주도하에 어느 정도 장려되지만, 실수는 관대하게 받아들여지지 않는다. 이는 의사결정 권한이 상위 계층에 집중된 조직에서 흔히 나타나며, Van Dyck 등(2005)의 연구에서도 권위적 조직구조는 실패를 통한 학습과 조직성과의 향상을 어렵게 한다고 보고하였다. 예를 들어, 전통적 대형 제조업체에서는 상위 계층의 의사결정이 대부분을 차지하고, 하위 구성원들은 실수를 피하려는 경향이 강하게 나타난다. 반대로 의사결정 권한이 넓게 분산되고 중하위 계층에 위임된 조직, 예컨대 구글은 실패를 통한 학습을 장려하며, 구성원들이 유연한 사고와 새로운 해결 방식을 실험할 수 있는 환경을 조성한다. 이러한 문화는 구성원의 창의성과 자발성을 끌어내고, 조직의 경쟁력을 높이는 중요한 원동력이다. 조직은 실수와 실패라는 자원을 단순한 오류가 아닌 성장의 자산으로 인식해야 한다.

컬러풀한 회의 보고서

보고서는 글자 크기나 줄 간격 같은 기본 원칙을 철저히 지켜 작성되어야 한다. 하지만 회의용 보고서는 그럴 필요가 없다. 현실적으로 구성원들이 회의용 보고서를 작성하는 데 너무 많은 시간을 쏟기 때문이다. 보기 좋고 컬러풀하게 편집하는 데 많은 시간이 들어가고, 여기에 상사의 취향까지 맞추다 보니 본래 논의하고 토론해야 할 핵심 내용에 집중하기 어려워진다.

회의의 본질적 목적에 집중해야 할 구성원들이 상사의 개인적 취향이 왜 중요한지 의문을 품게 된다. 자연스럽게 상사의 취향에 맞추는 데 신경 쓰게 되고, 이는 업무 효율성을 저해한다. 결국 이런 상황은 상사에 대한 신뢰와 존경을 약화시키고, 불신으로까지 이어질 가능성이 커진다.

과도한 형식과 개인 취향에 맞춘 편집 요구는 조직 내 소통과 협력에 부정적 영향을 미친다. 구성원들이 본질에 집중하지 못하고 상사의 취향에 맞추는 문화는 조직 전체의 생산성을 떨어뜨리고, 건설적 토론과 혁신적 아이디어 발현을 막는다. 보고서는 명확한 기준에 따라 작성되어야 하지만, 불필요하게 시간을 낭비해서는 안 된다.

예컨대, 행정안전부는 2025년 4월 24일 한국행정연구원과 공동으로 정부서울청사에서 개최한 2025년 제2회 정부혁신 미래전략 포럼에서 '관료제의 특성에 기인한 공직 내 비효율 현황 및 개선방안에 관한 인식 조사'를 발표했다. 조사에 따르면 한국 공무원들은 불필요하거나 형식적인 문서 작업에 하루 평균 1.27시간(76.2분)을 쓰는 것으로 나타났고, 하루 평균 2시간 이상을 투자한다는 응답자 비율은 무려 31.16%에 달했다. 또한 응답자 48.11%는 '불필요한 문서·보고서 생산'이 비효율적 의사결정 과정을 유발한다고 응답했다.

또 다른 기사(한국경제, 2013. 2. 18.)에서는 "글씨체·간격까지 보고 또 보고… 형식 집착 부장 탓에 노이로제"라는 제목으로, 상사의 문서 외형 세부 양식을 맞추느라 본래 내용 준비보다 에너지를 빼앗겼다는 사례가 언론에 소개되기도 했다. 이러한 경험들은 '상사의 취향'을 맞추기 위한 보고방식이 결국 구성원에게 부담이 되고, 본질적 업무나 창의적 제안에 쏠 시간과 정신적 여유를 줄인다는 점을 보여준다.

무엇보다 이런 식의 '늘 그래왔던 대로' 관행은 조직에 큰 위험을 초래한다. 많은 조직이 관행이라는 이름으로 변화 없이 반복되는 업무가 효율적이라고 믿지만, 익숙함에 기대는 행동은 오히려 문제를 키울 수 있다.

예를 들어, 초기에는 꼼꼼히 이루어졌던 정기 안전점검이 시간이 흐르면서 형식적인 절차만 남고, 직원들은 점검을 소홀히 하게 되는 경우가 있다. 이와 관련해, 한국산업안전보건공단KOSHA의 「2024 산업안전보건 실태조사 개선 방안 연구」에서도 현장의 안전점검이 형식화되면서 실질적인 점검이 소홀해질 수 있다고 지적하고 있다. 이는 단순히 반복적 절차를 따르는 것만으로는 안전을 확보할 수 없으며, 기존의 익숙한 방식이 조직에 심각한 위험을 초래할 수 있음을 다시 한 번 상기시킨다.

4.2 익숙함에 대한 착각(2/2): 팀 및 개인 특성 차원

애매한 의사소통

의사소통은 자신의 생각을 상대에게 메시지를 통해 전달하는 표현 방식이다. 의사소통의 핵심은 메시지의 명확성과 불명확성에 달려 있다. 메시지가 명확하다면 문제가 생기지 않지만, 불명확하거나 의도적으로 모호한 메시지는 조직 내 갈등과 스트레스를 유발할 수 있다. 특히 조직 내에서 의도적인 불명확성은 대개 관료적 태도와 연결되어 나타난다. 간결하고 단문 위주의 애매한 표현은 조직에서 자주 발생하며, 이러한 소통 방식은 반드시 짚고 넘어가야 할 중요한 문제이다.

이른바 미스커뮤니케이션은 대부분 조직 내 프로젝트 추진 과정에서 발생한다. 팀장이 팀원에게 지시를 내리면서 단문 위주의 커뮤니케이션을 사용하거나, 전달 후 확인하지 않는 경우, 의사소통의 오류가 발생할 수 있다. 특히 구두로 전달되는 명확하지 않은 지시는 문제를 복잡하게 만든다.

예를 들어, 상급자가 하급자에게 "매일 보고해"라고 말하면, 하급자는 이를 이메일로 보고하라는 뜻으로 이해할 수 있다. 그러나 상급자가 이메일을 잘 확인하지 않는다면, 보고가 누락된 것으로 인식되어 하급자에게 질책이 돌아간다. 하급자는 분명히 보고를 했다고 생각하고, 상급자는 보고를 받지 않았다고 생각하면서 상호 신뢰가 무너진다. 그 결과 하급자는 혼란과 억울함을 느끼고, 업무 동기도 저하된다.

편의를 이유로 한 짧고 단편적인 의사소통은 때로는 기업 신뢰를 손상시키고, 심각한 결과를 초래할 수 있다. 예를 들어, 병원에서 수술 환자에 대한 정보 전달, 거래처와의 계약 체결 시 결재 여부, 또는 프로젝트의 기한과 관련한 중요 커뮤니케이션 등에서는 명확성과 일관성이 필수적이다. 따라서 조직에서는 메시지 전달 방식과 내용의 명확성을 높이고, 전달 이후의 확인 절차를 체계화해야 한다. 의사소통의 사소한 실수가 업무 전체를 위태롭게 만들 수 있다는 점을 늘 염두에 두어야 한다.

특정 부서나 팀이 주도하는 직무 조정

기술의 발달은 조직의 전반적 구조와 운영 방식에 지대한 영향을 미친다. 특히 신기술의 등장은 구성원 개개인의 업무 역량에 차이를 발생시키며, 세대 간 기술 적응력의 격차 또한 점점 벌어진다. 젊은 구성원은 새로운 기술에 자연스럽게 적응하는 반면, 나이든 구성원은 그 변화에 뒤처지기 쉽다. 이로 인해 기존의 업무 방식이 사라지거나 통합되며, 새로운 기능을 담당하는 부서가 생기고, 전문성을 요구하는 스텝 부서도 새롭게 등장하게 된다.

이러한 변화는 직무의 조정을 불가피하게 만든다. 그러나 많은 경우 인적자원 부서나 기획부서 등 특정 부서가 주도적으로 직무 개편을 진행하면서, 기능 부서와 충분한 협의 없이 결정하는 실수를 범하기도 한다. 실제로 직무의 구체적 내용이나 요구 역량, 책임의 범위를 가장 잘 아는 이는 기능 부서의 장이다. 따라서 직무 명칭, 내용, 환경 등을 조정할 때는 반드시 해당 부서와의 긴밀한 협의가 선행되어야 한다.

직무 조정이 잘못될 경우 구성원은 과중한 업무에 시달리게 된다. "나는 요즘 일에 치여 사는 것 같다"는 한 구성원의 고백처럼, 구체적이지 않은 직무는 불분명한 책임과 과도한 업무로 이어지고, 이는 구성원의 신체적 피로와 심리적 소진을 초래할 수 있다. 업무 수행에 필요한 능력이나 경험이 명확히 정립되지 않으면, 구성원은 지속적으로 불안정한 상태에서 일하게 된다.

그렇기 때문에 특정 부서는 다른 기능 부서와 함께 직무를 설계하거나 재설계할 때, 해당 직무의 특성과 업무 환경을 정확히 진단해야 한다. 이는 조직이 구성원의 고유한 특성과 잠재력을 이끌어내는 데 중요한 역할을 하며, 궁극적으로 개인의 동기를 자극하여 직무 성과를 높이는 결과로 이어진다. 실제로 많은 연구는 개인의 특성과 직무 특성이 잘 맞을 때, 구성원이 내재적 동기를 발휘해 더 높은 성과를 낸다고 보고한다.

결국 신기술의 등장은 단순한 기술 도입의 문제가 아니라, 조직 전반의 직무 체계를 다시 들여다보게 만드는 계기가 된다. 기술은 도구일 뿐, 이를 실질적으로 성과로 연결 짓는 것은 사람이다. 아무리 좋은 기술이 있어도 그것을 다룰 수 있는 능력과 의지가 구성원에게 없다면 조직에 실질적인 도움이 되지 않는다. 따라서 변화하는 환경 속에서 구성원의 역량을 지속적으로 개발하고, 그들이 몰입할 수 있는 직무를 설계하는 것이 무엇보다 중요하다.

척하면서, 인색한 엄지 척

척('~하는 척')의 사전적 정의는 "실제로는 그렇지 않으면서 그런 흉내를 내거나 그럴듯하게 꾸미는 거짓 태도"를 뜻한다. 일상에서는 '잘난 척', '착한 척', '바쁜 척' 등 여러 형태로 자주 쓰인다. 기업 현장에서도 보고받고도 못 들은 척, 알면서도 모르는 척, 구성원의 재해에 대해 보고를 받고 생색내기로 위로하는 척, 정답을 미리 정해 놓고 변화하는 척, 또는 이해관계인의 요구에 의해 변화하는 척하는 모습이나 상황이 흔히 목격된다. 이런 모습들은 구성원들 사이에서 심심치 않게 회자되지만, 정작 진심 어린 '엄지 척'에 대한 이야기는 아직도 어색하게 들린다.

'엄지 척'은 엄지손가락을 치켜들며 칭찬과 격려를 표현하는 손동작이다. 조직 내에서 이 '엄지 척'에 인색하지 않은 구성원들은 서로의 차이를 인정하고 존중하는 문화를 자연스럽게 만들어 간다. 반면, 이러한 표현이 어색하거나 서툰 조직구성원들은 동료를 도와주거나 칭찬하는 일에 주저함을 보이며, 이는 개인의 문제가 아닌 조직의 구조적 관성에서 비롯된다. 조직의 구조적 관성은 기존에 익숙했던 방식과 관행을 계속 따르면서 새로운 표현이나 변화를 막는 힘을 의미한다.

따라서 자연스러운 칭찬과 격려 표현에 어려움을 겪는 조직은 '엄지 척'에 익숙하지 않은 셈이다. 이런 조직에서는 구성원들이 서로를 인정하고 격려하는 문화가 잘 자리 잡지 못하며, 결과적으로 조직의 활력과 협력에도 부정적 영향을 미친다. 구성원 간 소통과 긍정적 피드백이 활성화되어야 조직 전체의 성장과 발전이 가능하다.

익숙한 관행에 머무르는 조직은 변화와 긍정적 문화 도입을 주저하며, 이를 넘어서기 위해서는 진심 어린 칭찬과 격려가 일상에서 자연스러운 문화로 자리 잡도록 조직 구조와 분위기를 개선하는 노력이 필요하다. 엄지 척이 익숙한 조직만이 진정한 협력과 성과를 이루어 낼 수 있음을 명심해야 한다.

체하는, 억지 주장

'체'라는 말도 '척'과 유사한 의미를 가진다. 사전적 정의에 따르면 '체'는 "실제로는 그렇지 않으면서 그렇게 행동하거나 꾸미는 태도"를 의미한다. '알고도 모르는 체', '들어도 모른 체', '보고도 못 본 체'와 같은 표현이 대표적이다. 이러한 표현들은 대체로 부정적 의미를 내포

하며, 실제 상황을 외면하거나 무시하는 태도를 드러낸다.

특히 '체'는 '아는 체'라는 표현에서 잘 드러나듯, 누군가 여러 사람 앞에서 마치 모든 것을 다 아는 것처럼 행동하는 것을 뜻한다. 여기에는 '억지 주장'의 의미가 내포되어 있다. 억지 주장이란 사실을 왜곡하거나 무리한 고집을 부리면서 자신의 입장을 강하게 내세우는 행동을 의미한다. 조직 내에서 이런 억지 주장은 협력과 소통을 저해하며, 조직문화를 경직시키는 원인이 된다.

억지 주장을 펼치는 사람들은 대체로 자신의 체면을 중시하거나 자기 편향적 성향을 지니고 있다. 이러한 경향은 의사결정 권한을 가진 중상위 관리자급에서 주로 나타나는 경우가 많다. 이들은 자신의 권위를 유지하고 조직 내 입지를 강화하기 위해 사실과 다르거나 과장된 주장을 펼치며, 조직구성원들의 의견을 무시하는 경향이 있다.

이와 관련하여 '확증 편향'이라는 심리학적 개념이 있다. 확증 편향은 사람들이 자신이 이미 가지고 있는 신념이나 의견을 지지하는 정보만을 선택적으로 수용하고, 반대되는 정보는 무시하는 경향을 말한다. 잘 알려진 사례로, 2005년 이라크 전쟁을 앞두고 미국 대통령에게 전달된 보고서에는 분석가들이 이라크가 대량 살상 무기를 보유하지 않았다는 증거를 접했다는 사실이 포함되어 있었다. 하지만 이를 접한 사람들은 해당 정보를 무시하고, 당시 널리 퍼졌던 "이라크가 대량 살상 무기를 보유하고 있다"는 이론을 뒷받침하는 정보만 받아들였다.

결과적으로 '척'과 '체'는 모두 조직 내에 부정적 영향을 미치는 행동 형태로 볼 수 있다. 이러한 태도들은 조직문화와 분위기를 해치고, 구성원 간 신뢰와 협력을 저해한다. 하지만, 최근 연구에 따르면, 편향 줄이기 교육을 받은 사람은 교육을 받지 않은 사람보다 인지적 편향을 기반으로 결정을 내릴 확률이 29% 줄었다고 보고되고 있다(매일경제, 2020.1.9). 따라서 조직이 건강하게 성장하고 변화하기 위해서는 이러한 '척'과 '체'의 관행을 인지하고 개선하려는 노력이 반드시 필요하다.

협조에 조건을 달 필요는

관행이 굳어진 조직은 신뢰와 협력에서도 경직된 모습을 보인다. 구성원들은 점점 자발적 협조보다는 계산된 도움에 익숙해진다. 예를 들어, 퇴근길에 동료의 야근을 보며 "이번엔 내가 도와줄 테니, 다음엔 네가 내 일을 도와줘야 해"라는 식의 생각이 자리 잡는다.

이러한 조건부 협조는 언뜻 공정한 교환처럼 보이지만 반복되다 보면 실적 가로채기나 책임 전가, 무관심 같은 조직정치로 번질 수 있다. 서로를 신뢰하기보다 눈치를 보고 손익을 따지는 분위기 속에서 조직은 서서히 병들어 간다. 건강한 조직은 서로 돕는 일이 자연스러운 문화로 자리 잡는다. 자발적 협력은 더 나은 성과로 이어지며, 이러한 흐름을 뒷받침하는 실증 연구들도 풍부하다.

예를 들어, 한봉주(2010)의 연구에서는 조직문화가 구성원의 조직시민행동(보상과는 상관없이 자발적으로 동료를 돕는 행동)에 미치는 영향을 분석하였으며, 이동명(2024)의 연구에서는 상사의 지원이 구성원의 조직시민행동에 긍정적 영향을 준다고 보고하고 있다. 이러한 연구들은 조건부 협조가 조직 내 신뢰와 협력의 약화로 이어질 수 있음을 시사한다.

조건적 협조가 뿌리 깊게 자리 잡은 조직에서 변화는 쉽지 않다.

새로운 시도가 이루어지더라도 구성원들은 이를 '일시적 이벤트'쯤으로 여기고, 변화의 진심을 의심하게 된다. 조직의 변화 시도가 형식적으로 끝나는 경우도 많다. 외형만 바꾸고 본질은 그대로 두는, 소위 '이미지 세탁'식 변화다. 구성원들의 마음은 움직이지 않은 채, 표면적인 리뉴얼만 반복된다. 결국 조직은 변화된 듯한 겉모습 속에 오래된 관행을 품은 채 제자리걸음을 반복하게 된다.

이런 조직은 구성원 개개인의 참여보다 제도나 절차를 앞세우며, 변화의 책임을 시스템에 돌리는 경향이 있다. 하지만 관행의 고리를 끊는 것은 제도보다 사람의 태도에 달려 있다. 관행은 스스로 바뀌지 않는다. 관행을 넘어서기 위한 행동, 그리고 그런 행동을 가능하게 만드는 신뢰와 자발성의 문화야말로 변화의 출발점이다.

대접하고 대접받는 행복

행복한 조직은 '대접하는 사람'이 넘치는 곳이다. 여기서 '대접'은 단순히 받는 것이 아니라 섬김의 나눔을 의미한다. 좋은 리더는 대접받는 사람이 아니라, 스스로 대접하는 사람이다. 즉, 조직 내에서 갑의 위치가 아니라 을의 자리에서 구성원들을 섬기고 배려하는 태도를 갖는다. 행복한 조직은 구성원들이 지닌 무한 잠재력을 믿으며, 개인 차이를 인정하고 모두를 공정하게 대우한다. 특히 조직의 장은 구성원들에게 대접받기보다 먼저 구성원들을 대접한다.

나는 한때 주택은행에서 근무하던 시절이 있었다. 그 시절에도 경영성과를 매우 중시했다. 지점장의 주요 역할은 고객을 만나 실적을 올리는 일이었다. 실적이 낮으면 승진은커녕 명예퇴직이나 한직으로 밀려나는 경우도 있었다. 평소에 고객을 만나러 자주 은행을 나가는 지점장은, 마감 무렵 돌아올 때면 빈손으로 돌아오지 않았다. 지점 근처 시장에서 싱싱한 과일이나 붕어빵 같은 간식을 사와 직원들과 나누어 먹는 것이었다. 지점장의 이러한 작은 배려는 직원들 간의 친밀감을 더욱 키웠고, 그런 시간이면 자연스럽게 '사다리 게임' 같은 놀이가 펼쳐지기도 했다. 덕분에 지점장과 직원 간 허심탄회한 대화가 늘고, 업무상 문제들도 원활히 해결되는 분위기가 형성되었다. 지점장의 사소한 관심은 중간 관리자들에게도 영향을 주었다. 중간 관리자들은 혼자 식사하는 직원을 보고 '혼자 먹고 있네' 생각하지 않았다. 업무 특성상 교대로 식사하는 경우가 아니면 혼자 식사하는 일이 없도록 배려했다. 지점장과 관리자의 이런 세심한 노력이 쌓여, 해당 지점은 실적도 좋고 우수 지점으로 평가받았다.

구성원들을 진심으로 대접하는 행복한 조직은 결국 아주 작은 실천에서 시작된다. 거창한 제도나 큰 변화보다도, 일상에서 서로를 배려하고 존중하는 태도가 모여 건강한 조직문화를 만든다. 이렇게 쌓인 배려가 조직을 성장시키는 밑거름이 된다.

구성원 참여 없는 혁신

어떤 조직은 혁신에 성공하고, 또 어떤 조직은 같은 기회를 마주하고도 실패한다. 그 이유는 무엇일까? 다양한 분석이 있을 수 있지만, 결국 혁신의 성패를 결정짓는 핵심 요인은 그 혁신을 추진하는 사람, 즉 구성원과 조직의 태도에 있다. 수많은 기업들이 전략과 계획을 세우고 기술을 도입하며 변화를 시도하지만, 실제로 혁신을 현실화하는 데에는 사람의 참여와 의지가 결정적 역할을 한다. 단순히 '무엇을 할 것인가'보다 '누가, 어떻게 참여하는가'가 훨씬 중요하다.

실제로 여러 연구들은 구성원이 주도적으로 참여할 때 혁신이 성과로 이어질 가능성이 높다고 보고하고 있다. 현장 직원들이 변화에 순응하는 수준을 넘어, 자율적으로 문제를 인식하고 개선을 제안하며, 스스로 실행까지 책임지는 환경에서 혁신성과가 이루어진다는 결과이다. 혁신은 조직 외부에서 내려오는 명령이 아니라, 내부에서 자연스럽게 발생하는 흐름이 될 때 지속 가능해진다. 따라서 구성원들이 자기 일처럼 혁신 과정을 받아들이도록 만드는 조직문화, 즉 신뢰와 책임, 도전과 수용의 분위기가 매우 중요하다. 조직은 구성원의 가능성을 끌어내고 연결할 수 있을 때 비로소 진정한 변화를 이끌 수 있다.

하지만 현실에서는 이런 이상적인 혁신이 쉽게 일어나지 않는다. 혁신의 필요성을 외치면서도, 구성원들이 초기 단계부터 의견을 내고 주요 의사결정에 참여하는 사례는 많지 않기 때문이다. 특히 현재 업무를 실제로 수행하고 있는 사람들의 경험과 통찰은 혁신의 타당성과 실행력을 높이는 핵심 자산이다. 그럼에도 많은 경우, 변화는 상위계층에서 만들어지고 아래로 전달되는 형식으로 진행된다. 그 결과 구성원은 수동적 수용자에 머무르게 되고, 변화는 표면적 절차로 그친다. 변화가 생활 속에 스며들기 위해서는 그 변화의 주체가 구성원이어야 한다.

간과해서는 안 될 중요한 사실은, 외부환경 변화에 밀려 비자발적으로 혁신을 도입할 경우 조직 전체의 실행 의지가 현저히 떨어질 수 있다는 점이다. 경영자가 스스로 필요를 느끼지 못한 채 외부 압력으로 혁신을 추진하는 경우, 그 과정은 필연적으로 소극적으로 흐를 수밖에 없다. 주인의식 없이 추진된 혁신은 책임도 모호해질뿐더러, 구성원들에게 설득력을 갖기도 어렵다. 이처럼 환경에 끌려 다니듯 도입된 변화는 조직 전체에 피로감을 안기고, 오히려 저항을 불러일으킬 수 있다. 혁신은 타의에 의한 반응이 아니라, 자발적 선택이 되어야 한다.

위에서 살펴본 것처럼 조직과 개인의 특성에 대한 실제적 고찰은 우리에게 하나의 분명한 교훈을 준다. 변화는 시스템만 바꾼다고 완성되지 않는다. 조직구조를 재편하고, 업무 프로세스를 개편하는 일도 물론 중요하다. 하지만 그보다 더 중요한 것은 구성원의 태도와 행동, 그리고 그들을 둘러싼 조직문화다. 구성원이 자신의 생각을 말할 수 있고, 문제를 드러낼 수 있으며, 해결에 기여할 수 있는 환경이 갖춰지지 않는 한 어떤 변화도 지속되기 어렵다. 결국 성공적 혁신은, 조직이 구성원과 함께 문제를 직시하고, 해답을 함께 찾아 가려는 진심 어린 시도에서 시작된다. 변화의 핵심은 제도가 아니라 사람이다.

4.3 스마트폰에 저당 잡힌 관계들

"여기선 말 많이 하지 마세요."

2024년 여름, 나는 한 제조 공장에서 일용직으로 일하게 되었다. 하루 일과를 마치고 들어선 탈의실, 너무도 조용했다. 단순히 말이 없는 조용함이 아니었다. 기이한 침묵, 일부러 만든 것 같은 고요함이었다. 동료들은 말없이 자신의 자리로 가더니 거의 동시에 스마트폰을 꺼냈다. 손가락이 바쁘게 움직이는 소리만 들렸다. 고개는 모두 숙여 있었고, 눈빛은 작은 화면에 고정돼 있었다. 대화는 없었다. 눈인사조차도. 함께 있으면서도 철저히 혼자인 사람들이 모인 공간이었다.

이상하다는 생각이 들었다. 한 공간에 있는 사람들 누구도 서로에게 관심을 두지 않았다. 누군가는 혼자 피식 웃기도 했다. 그 웃음은 함께한 공간에서 비롯된 웃음이 아니었다. 화면 속 영상, 짧은 클립, 재치 있는 댓글 등에서 유도된 웃음이었다. 모두가 각자의 화면 속 세계와 연결돼 있었고, 현실 공간의 사람들과는 단절돼 있었다. 분명히 웃고 있는 얼굴임에도, 그 웃음에서 전해지는 공감은 전혀 없었다. 씁쓸했다. 아무도 나와 눈을 마주치지 않았고, 아무도 말을 걸지 않았다. 나도 입을 다물었다.

무슨 말인가 하려던 순간, 후배가 해 주었던 말이 문득 떠올랐다.

"여기선 말 많이 하지 마세요. 시킨 일만 하면 돼요."

그 생각이 나의 말을 멈춰 세웠다. 괜히 나섰다 어색한 상황이 되는 걸 피하고 싶었다. 그러고 보니 하루 종일 누군가에게 먼저 말을 건 기억이 없었다. 누군가 말을 걸어 온 일도 없었다. 출근, 작업, 점심, 퇴근 등 이 조직은 필요한 말 외에는 아무 말도 하지 않았다. 말은 점점 줄어들고, 마음도 따라 움츠러들었다. 말 없는 분위기가 너무도 자연스러웠다.

이제는 말해도 돼요!

코로나는 지나갔지만, 여운은 여전히 남아 있다. 거리 두기, 마스크, 비대면 등 눈에 보이던 현상들은 하나둘 사라졌지만, 사람들의 말과 표정은 쉽게 돌아오지 않았다. 어디선가 멈춘 듯한 공기의 결은 아직도 곳곳에 남아 있다. 사람들은 익숙해진 침묵 속에 자리를 잡기 시작했다. 아무도 "이제 말해도 된다"고 말하지 않기 때문이다.

이 침묵과 무심함은 일상 속 작은 흔적에서도 확인할 수 있었다. 내가 근무한 한 탈의실 벽면에는 코로나 팬데믹 시절 붙인 안내문이 아직 그대로 붙어 있었다. '탈의실 내 준수 사항'이라는 제목의 안내문에는 마스크 착용, 대화 자제, 거리 유지 같은 내용이 빼곡히 적혀 있었다. 이미 마스크는 쓰지 않아도 되었고, 거리 두기도 해제된 지 오래였다. 그런데도 그 안내문은 떼어지지 않고 방치되어 있었다. 아무도 그것을 이상하게 여기지 않았다. 벽에 붙어 있다는 이유만으로, 여전히 유효한 규칙처럼 느껴졌다. 안내문이 더는 현실에 맞지 않다는 사실조차 잊혀진 것처럼 보였다.

그날 나는 '말하지 않음'은 의도된 결과가 아니라, 그저 아무도 말을 걸지 않았기 때문에 생긴 풍경이라는 걸 알게 되었다. 누군가 말하길 멈추고, 또 다른 누군가도 따라서 침묵할 때, 그것은 하나의 분위기로 굳어진다. 시간이 지나면 그 분위기는 곧 규범이 된다. 그렇게 침묵은 관행이 된다. 누구도 명확히 "이제 말하지 마라"고 지시한 적 없는데, 모두가 침묵한다. 그런 침묵은 더 무섭다. 주체가 없기 때문에, 누구도 책임지지 않기 때문이다. 그러니 아무도 바꾸려 하지 않는다.

다만 어색한 순간을 감내할 뿐이다. "말 걸어 볼까?"라는 고민이 수차례 스쳐 갔고, '뭣하러?'로 끝나버린 선택들이 쌓인 것이다. 그러다 보니 아무도 먼저 말을 하지 않게 됐다. 어색함도 시간이 흐르면 익숙함으로 변한다. 그 익숙함이 묘하게 불편하지도 않다. 그래서 그대로 두게 된다. 관행은 그렇게 시작된다. 대단한 규정이 있어서가 아니다. 어떤 이의 잘못된 결정 때문도 아니다. 단지 모두가 '이상하다는 감각'을 무시하고 지나쳤기 때문이다.

HEED는 그런 어색함을 그냥 넘기지 않는 힘이다. 어색한 침묵, 묘하게 불편한 안내문, 말하고 싶지만 주저하게 되는 순간…. 그런 장면에 '왜?'라는 질문을 던지는 것. 바로 거기서부터 관행 개선은 시작된다. "이제 말해도 됩니다." 이 말은 단지 허락이 아니다. 조직이 다시 숨 쉬기 시작하는 신호다. 말 한마디가 허용될 때, 사람 사이의 거리도 다시 가까워진다. HEED는 그 말을 먼저 꺼내는 용기에서 시작된다. 그 작고 어색한 감각 하나를 놓치지 않는 힘이다.

4.4 방치된 관행의 모습들

관행의 증거, "쉽게 할 일을 왜 어렵게 해요?"

절기상 입춘이었지만, 아침 기온은 영하권으로 떨어졌고, 몸을 파고드는 칼바람이 전신을 얼어붙게 했다. 내가 일하는 화학업체의 작업장 앞 넓은 공간은 거센 바람과 함께 이미 빙판이 된 듯 긴장감이 돌았다. 나는 현장 담당자와 함께 공정 건물 옆으로 걸어갔다. 그곳에는 공정 라인에서 생산된 재료를 담은 수많은 특수 포대들이 줄지어 놓여 있었다. 이 포대들은 1톤 중량의 물질이 담겨있었다. 자칫 잘못 옮기면 큰 사고로 이어질 수 있는 위험 요소였다. 하지만 이 위험은 너무도 평범하게 다뤄지고 있었다.

포크가 땅에 떨어졌다. 지게차 포크가 고정되지 않은 채 사용되었기 때문이다. 긴 포대를 옮기기 위해선 지게차에 긴 포크를 제대로 끼우고, 핀으로 고정하는 것이 기본 절차다. 하지만 운전원은 내려서 고정하는 과정 없이 그냥 지게차의 운전석에 앉아 포크를 밀어 끼운 채 운행을 시작했다. 고정되지 않은 포크는 당연히 흔들릴 수밖에 없고, 결국 떨어졌다. 하마터면 옆에 있던 누군가가 큰 부상을 입을 뻔했다. 현장을 지켜본 나는 말없이 놀란 마음을 다잡았다. 그리고 곧 운전하는 직원에게 조심해야 한다고 말했다.

"위험하니 포크는 꼭 고정해야 해요."

내 말에 돌아온 대답은 간단했다.

"쉽게 할 일을 왜 어렵게 해요?"

순간, 할 말을 잃었다. 그 말 한마디에는 너무 많은 의미가 담겨 있었다. 작업자가 느끼는 귀찮음, 조직이 방치한 절차, 익숙함으로 굳어진 잘못된 관행이 한꺼번에 보였다. 그가 위험을 인식하지 못한 게 아니라, 이미 그 위험이 무감각해진 일상이 되어 버린 것이다. 나는 그날, 위험을 보는 방식이 다르다는 걸 절감했다.

원래 그렇게 해 왔어요!

즉흥적이고 비정형적인 행위가 오랜 기간 반복되면 그것은 관행이 된다. 불편한 것을 피하려는 습관, 낯선 절차를 무시하는 태도, 어색한 행동을 생략하려는 기질이 하나둘 모여 조직문화로 굳어지는 것이다. 처음에는 단지 '이게 편하니까'라는 이유로 시작되지만, 어느 순간 그것은 규칙처럼 자리 잡는다. 관리자나 상급자가 이를 발견해 수정하지 않으면, 그 관행은 고착된다. 위험을 줄이기 위한 조치가 오히려 위험을 초래하는 기묘한 역설이 되는 경우도 있다. 심리학 연구에서는 인간이 불편함과 추가 노력에 대해 본능적으로 회피하는 경향이 있으며, 관리자의 개입 없이는 비효율적 습관이 지속될 수 있다고 보고한다(Argyris, 1990).

물론 모든 관행이 단순히 '귀찮음' 때문만은 아니다. 현장의 촉박함, 자원 부족, 업무 효율성 등의 현실적 이유로 비표준적 행동이 반복되는 경우도 많다. 즉, "쉽게 할 일을 왜 어렵게 하느냐"는 말이 때로는 '귀찮은 개혁은 하지 않겠다'는 내적 태도를 반영하기도 하지만, 동시에 실제로는 업무 속도를 맞추고 목표를 달성하기 위한 불가피한 선택일 수도 있다. 이런 양면성을 이해할 때, 조직 내 관행의 문제를 보다 정확히 인식하고 개선 방향을 모색할 수 있다.

HEED 관점에서 보면, 위 사례는 겸손, 실책에 대한 학습, 구성원의 공정한 참여, 낙심을 다루는 태도 등 모든 요소가 결여된 모습이라고 할 수 있다. '귀찮음'이라는 감정 뒤에는 '나만 아니면 된다'는 사고가 자리 잡고 있으며, 개인의 편의가 위험의 공유보다 우선시되었다. 또한 실수를 인정하기보다 정당화하는 태도는 학습의 기회를 차단한다. 물론 한 개인의 발언을 조직 전체의 모습으로 확대 해석하는 것은 주관적일 수 있다.

하지만 심리학자 웨이스Weiss와 크로판자노Cropanzano의 정서적 사건 이론Affective Events Theory에 따르면, 조직 내 다양한 상황에서 경험되는 구성원들의 감정은 업무와 관련된 태도 형성 및 행동에 영향을 미친다고 주장한다. 특히 부정적인 감정은 전염성이 강하며, 조직 내에서 확산될 경우 성과 저하 등 조직 전반에 악영향을 줄 수 있다고 밝히고 있다. 실제로 LG경제연구소(2012.8)가 펴낸 '구성원들의 부정적 감정, 전염성 높다'는 보고서에 따르면, 리더의 감정은 조직 내 끼치는 영향이 크다. 성과 압박 등 위로부터 받는 스트레스를 조직구성원에게 전달하는 경우, 리더에서 시작된 부정적 감정 전염은 조직원들에게 직접적이고 눈에 띄게 나타난다.

물론 조직구성원들의 감정도 조직에 영향을 미친다. 리더에 비해 감정 표현의 수위가 낮고 눈에 잘 드러나지 않지만, 모르는 사이에 잔잔한 물결처럼 퍼지며 조직 전체의 분위기에 영향을 준다. 예를 들어 '하기 싫어', '대충하지 뭐', '안 될 것 같아' 등의 부정적 표현은 조직 내 서서히 무기력증을 유발한다. 따라서 조직 내 부정적 감정의 근원을 찾아내고 확산을 막기 위한 적극적인 노력이 필요하다.

4.5 침묵하게 만드는 관행의 덫

익숙해진다는 것

어색함은 시간이 지나면 습관이 되고, 습관은 관행으로 굳어진다. 그리고 관행은 어느새 조직 전체에 스며들어 익숙한 규범처럼 자리 잡는다. 문제는 바로 이 익숙함이다. 실제로 Lally와 동료들(2010)의 연구에 따르면, 개인은 어떤 행동을 평균 66일간 반복하면 습관으로 굳어진다고 한다. 개인조차 이 정도의 반복으로 쉽게 고착된다면, 조직 차원에서는 그 관성이 훨씬 더 강하게 작동한다. 그래서 한번 자리 잡은 관행은 웬만한 노력으로는 쉽게 바뀌지 않는다. 그렇기에 관행이 확산되기 전에 수정하거나 조정하려는 노력이 반드시 필요하다. 이를 방지하거나 바로잡기 위해서는 구성원 간의 조건 없는 신뢰와 협업이 바탕이 되어야 한다. 어색함을 소홀히 하는 순간, 조직은 또 하나의 병든 관행에 빠져들게 되고, 때로는 누구도 말하지 못하는 침묵 속으로 가라앉게 된다.

우리가 조직에서 경험하는 많은 관행들도 처음에는 어색했다. 예를 들어, 네이버가 도입한 자율 출퇴근제, 화상회의를 통한 협업, 수평적 호칭 사용, 또는 성과를 공개적으로 공유하는 문화 모두 그렇다. 처음에는 낯설고 불편했지만, 시간이 지나면서 자연스럽게 받아들여졌다. 어색함은 사라지고 머릿속에 관행으로 자리 잡은 것이다. 산업 현장에서의 문제도 바로 여기에서 시작된다. 머릿속에 박힌 익숙함은 쉽게 깨지지 않는다.

한 번 익숙해진 것들은 대부분 무비판적으로 받아들여진다. 불편함과 어색함을 감지하는 능력이 사라지면, 변화의 동인은 생기지 않는다. 결국 그 무엇도 변화하지 않는다. 익숙함은 단순한 습관을 넘어 고질적인 문제로 자리 잡는다. 관행의 병은 불편함과 어색함을 감지하지 못하는 순간부터 시작되며, 한 번 뿌리내린 관행은 그 변화를 이끌어 내기 매우 어렵다. 예를 들어 제조업이나 건설 현장에서 안전 점검을 충실히 이행하지 않은 사례들은 이러한 익숙함이 조직에 미치는 부정적인 영향을 잘 보여 준다.

실제로 고용노동부와 안전보건공단의 점검 결과(MBN 뉴스, 2021. 7. 28.), 다수의 제조·건설 현장에서 정비·보수 과정의 방호장치 미비나 비계 설치 작업 중 안전 조치 미흡이 반복적으로 발견되었다. 이는 '늘 해오던 방식대로 해도 괜찮다'는 익숙함이 안전 관리의 기본을 무디게 만든 결과다. SPC 시화공장에서 발생한 끼임 사망 사고 역시 같은 맥락에서 볼 수 있다. MBC뉴스(2025.7.15.)에 따르면, 사고 직후 진행된 자체 점검에서 26건의 안전 미비 사항이 추가로 발견되었는데, 이는 사고 이전부터 존재하던 문제들이 익숙함 속에 방치되어 있었다는 사실을 보여 준다. 이러한 사례들은 익숙함이 무비판적으로 받아들여질 때, 조직 전체가 얼마나 큰 위험에 노출될 수 있는지를 단적으로 보여 준다.

묻지 않는 사람들, 변화 없는 조직

마틴 린드스트롬은 저서 『고장 난 회사들』에서 한국 기업문화의 근본 문제로 사내 정치의 만연과 공감능력의 결여, 불합리한 인사성과 평가시스템을 지적한다. 실제로 국내 언론보도는 이러한 진단을 뒷받침한다. 다수의 직장인이 자사 인사평가를 '불합리·불투명·불공정'이라 응답했고(뉴시스, 2017.7.6.), 사내정치가 조직문화의 큰 문제로 지적되는 경우가 많다(국민일보, 2023.4.29.). 또한 일부 대기업에서 제기된 직장 내 괴롭힘·조직문화 문제 보도는 경영진의 공감 결여와 현실 인식 부재가 조직에 미치는 영향을 보여준다(시사저널, 2021.8.10.).

그는 두려움과 불안이 자리한 환경에서는 구성원들이 온전히 역량을 발휘하기 어렵다고 강조한다. 구성원이 자유롭게 질문하고, 도전하는 과정에서 실수가 발생해도 비난이나 불이익 없이 받아들여질 수 있다는 믿음이 있을 때, 비로소 창의성과 몰입이 가능하다는 것이다. 반대로, 심리적 안정감이 뒷받침되지 않는 조직에서는 직언조차 어렵고, 결국 조직은 내부에서부터 경직되기 쉽다.

린드스트롬이 제안하는 해법은 복잡하거나 거창하지 않다. 조직 내에 남아 있는 비상식적 규칙과 관행을 재검토하고, 조직특성에 맞게 새롭게 변형하는 일부터 시작해야 한다. 오래된 방식과 익숙한 틀을 점검하고, 실제로 도움이 되지 않는 관행은 과감하게 버리는 유연함이 필요하다. 그래야 조직이 환경 변화에 반응하고 앞으로 나아갈 수 있다.

결국 변화는 단순히 시스템의 문제만이 아니다. 구성원이 현실에 대해 솔직하게 말할 수 있는 분위기, 그리고 그 이야기를 들으려는 조직의 모든 구성원들이 함께할 때, 조직은 건강한 방향으로 움직일 수 있다. 린드스트롬의 메시지는 조직문화의 표면이 아니라 그 기반을 다시 들여다보자는 제안에 가깝다. 이제는 이렇게 굳어져버린 관행들이 어디에, 어떻게 남아 있는지를 살펴야 할 때다.

5장
변화되지 않은 관행의 발자취

관행의 요물

조직 내 작은 관행들은 처음에는 미미하고 눈에 띄지 않지만, 그것이 묵인되는 환경 속에서 반복될 경우, 점차 확대되어 큰 문제로 발전할 수 있다. 예를 들어, 한 대기업의 회계 처리 부정 사건은 작은 부정이 조직 내에서 반복되면서 점차 확산되고, 결국 대규모 문제로 이어진 사례가 있다. 또한 대기업의 비정규직 차별 문제도 작은 관행이 조직 내에서 점차 확산된 사례로 볼 수 있다. 비정규직에 대한 차별적 대우가 처음에는 일부 부서에서만 발생했지만, 시간이 지나면서 조직 전체로 퍼져 큰 사회적 이슈로 부각된 것이다. 이러한 사례들은 작은 관행이 조직 전체로 퍼지고, 조직문화와 시스템에 깊이 뿌리내리는 과정을 보여 준다. 따라서 조직의 변화와 개선을 위해서는 익숙함에 안주하지 않고, 지속적으로 관행을 점검하고 과감하게 개선하는 노력이 필수적이다.

그러나 많은 조직은 관행이 자라는 과정을 간과한다. 관행이 어떻게 형성되고 어디에 뿌리내리는지에 관심을 두지 않은 채, 기술과 제품 혁신에 집중한다는 명분으로 오히려 관행이 성장하기 좋은 환경을 제공하기도 한다. 그렇게 성장한 관행은 어느새 조직 일상에 깊숙이 스며들고, 이전 방식이 현재에도 적절하다는 잘못된 인식을 심어준다. 깊이 뿌리 내린 관행을 방치하면 구성원들은 익숙함에 안주하며 의견 개진을 자제하게 되고, 대화는 줄며 편견과 타협이 조직문화를 지배하게 된다.

이러한 문제는 『기업들은 나쁜 습관에서 벗어나라』의 프레이크 페르묄런 교수(런던경영대학원)가 지적한 핵심 관점과 맞닿아 있다. 그는 조직이 오랫동안 따라온 관행이 반드시 최선의 결과를 보장하는 것은 아니며, 오히려 시대 변화에 뒤처진 채 경직된 운영을 초래할 수 있다고 경고한다. 페르묄런 교수에 따르면, 조직 내 '좋은 관행'이 자리 잡는 경로는 크게 두 가지로 나타난다.

첫 번째 경로는 내부 경험과 반복 실행을 통해 형성되는 경우다. 예를 들어, 신규고객 유치 과정에서 특정 환경과 시점에 효과적이라 판단해 실행되었던 방식이 점차 조직 내 표준으로 자리 잡고 '최선의 방식'으로 인식되는 경우가 있다. 실제 스타벅스는 초기 매장 운영 과정에서 효과적이었던 고객 응대와 음료 제조 방식을 반복·표준화해 전 세계 매장에 동일한 서비스 관행으로 자리 잡았다. 삼성전자 또한 초기 반도체 생산 공정에서 성공적인 품질 관리 방식을 반복 적용하며 조직 전체 표준으로 계승한 사례가 있다. 이러한 사례들은 반복된 내부 경험이 조직 표준으로 자리 잡는 과정을 보여준다. 다만 문제는 이러한 방식이 특정 조건이나 시기에만 유효했을 수 있다는 점이다. 시간이 흘러 조직구성원이 바뀌어도, 과거 방식은 아무런 의심 없이 계승되며, 환경 변화에도 아랑곳없이 지속되어 조직운영에 영향을 미치는 보이지 않는 제약이 될 수 있다.

두 번째 경로는 외부에서 차용되는 경우다. 신사업이나 신제품 개발 과정에서 경쟁업체의 전략이나 산업 내 유행을 그대로 따라 하는 경우가 흔하다. 예를 들어, 애플은 스마트폰 디자인과 앱스토어 운영 방식을 경쟁사 전략을 참고해 도입했으며, 국내 IT기업들도 초기 클라우드 서비스와 모바일 결제 플랫폼에서 글로벌 경쟁사의 전략을 벤치마킹하며 내부 관행으로 발전시킨 사례가 있다. 이러한 사례들은 외부 관행이 언제나 정답이 아님을 보여준다. 다수 기업이 따라 한다는 이유만으로 선택된 관행은 '양떼이론 herding theory'처럼 무의식적 심리적 안정감에 기반한 선택일 수 있다. 중요한 것은, 외부에서 들어온 방식도 스스로 유효성과 적합성을 점검하고 선택해야 한다는 점이다.

HEED가 강조하는 건강한 조직 습관은 겸손과 공정, 실책 인정과 낙심 회복을 통해 구성원 간 상호작용을 새롭게 만드는 것이다. 변화되지 않은 관행은 이 네 가지 힘을 모두 무력화한다.

이제, 변화의 타이밍을 놓친 조직에 관행이 어떻게 고착되는지, 세 가지 경로를 중심으로 현장에서 흔히 목격되는 사례를 통해 살펴보자.

⚙ 경로1 이유 없는 회의의 고착화

불필요한 회의가 고착화된 조직에는 묘한 공통점이 있다. 처음엔 분명 유익한 의도로 시작되었겠지만, 어느 순간부터 그 목적은 흐려지고 형식만 남는다. 예컨대 어떤 조직이 매주 정해진 시간에 부서 간 정례 회의를 열고, 또 어떤 조직은 매일 아침 일찍 전체

회의를 진행한다. 처음에는 정보공유와 협업을 위한 취지에서 시작되었지만, 시간이 흐르면서 점차 그 목적이 불분명해진다. 참석자들 역시 회의의 실효성보다는 '정해진 시간에 모여야 하니까'라는 이유로 자리에 앉으며, 이렇게 진행되는 회의는 실질적 의사결정을 내리기보다 정해진 각자의 진행 상황을 발표하는 데 그친다. 이제 회의는 수단이 아닌 목적으로 변질되었고, 무의미한 반복 속에 조직적 긴장감은 애초와 달리 흐려진다.

문제는 이러한 회의 문화가 조직에 깊숙이 뿌리내리면서, 새롭게 합류한 구성원들에게까지 그 타성이 전파된다는 점이다. 문제를 인식하는 이들이 때때로 회의의 필요성에 의문을 품지만, 선배들이 해 왔던 대로 따르는 것 말고는 선택지가 없다. 회의를 없애거나, 더 효과적 방식으로 바꾸자는 의견은 쉽사리 나오기 어렵고, 설령 제안되더라도 기존 관행에 눌려 흐지부지되기 일쑤다. 그렇게 황금 같은 시간을 허비하고, 정작 중요한 업무는 후순위로 밀린다. 회의라는 명목 아래 많은 시간을 허비하지만, 실제적 변화나 중요한 결정은 거의 이루어지지 않는 이러한 구조는 구성원들의 에너지를 분산시키고 동기를 약화시킨다. 따르는 것 말고는 선택지가 없다.

이렇게 고착화된 불필요한 회의 문화는 조직 전체의 유연성과 반응성을 떨어뜨린다. 오히려 업무의 맥을 끊고, 구성원들에게 불필요한 형식적 절차로 인식되기 시작하면, 이는 곧 조직의 성장 가능성마저 저해하는 요소로 작용한다. 조직은 변화를 위한 기회를 잃게 되는 동시에 점점 더 경직되고, 구성원들은 수동적으로 변한다. 회의는 본래 의사결정과 창의적 협업을 위한 수단이다. 그러나 그것이 '무엇을 위해'가 아니라 '왜 하는지도 모르면서 하는' 고착화된 관행이 될 때, 조직은 방향을 잃고 효율은 급격히 저하된다. 이쯤에서 우리는 회의의 본질을 다시 물어야 할 때다.

경로2   말도 안 되는 승진 기준

승진의 기준은 일반적으로 성과 평가에 기반을 둔다. 이는 영리 조직이건 비영리 조직이건 모두 중요한 이슈이며, 조직구성원들의 경력개발과 동기부여에 직접적 영향을 미치는 요소이기도 하다. 대부분의 조직에서는 승진이 공정하게 이뤄져야 한다는 전제가 있으며, 관련 연구들 역시 공정성을 핵심 주제로 다룬다. 성과 중심, 연공 중심 등 조직의 특성과 문화에 따라 승진 기준은 다양하게 나타나지만, 공통적으로 성과평가 제도에 대한 불신과 문제 제기는 언제나 있어 왔다. 조직 내부에서 평가 기준이 불명확하거나 일관성이 없을 경우, 구성원들은 평가 과정 자체에 의구심을 가질 수 있으며, 이러한 의구심은 조직 전반에 악영향을 미친다.

특히 승진 절차의 공정성이 미흡한 조직에서 특정 관행이 반복되곤 한다. 대표적인 예가 '근속 연수' 중심의 승진 기준이다. 장기근속을 미덕으로 삼는 문화에서는 오랜 시간 회사에 몸담은 직원이 자연스레 승진 대상자로 간주되고, 그 관행은 별다른 저항 없이 유지된다. 이러한 기준은 조직 입장에서는 일정한 안정감을 줄 수 있지만, 반대로 유능하고 성과를 내는 젊은 직원들이 자신의 노력과 실적을 제대로 평가받지 못한다는 느낌을 갖게 할 수 있다. 실력보다는 단순히 '얼마나 오래 근무했는가'가 주요 기준이 되는 승진 체계는 결국 인재의 잠재력을 억누르고, 성장 가능성을 제한하는 결과로 이어진다.

더 심각한 문제는, 시간이 지남에 따라 이러한 승진 방식에 익숙해지면서 조직 자체가 변화를 감지할 만한 능력을 상실하게 된다는 점이다. 내부 구성원들조차 "원래 이렇다"는 식의 인식에 젖어 들어 어떤 형태이건 개선의 시도조차 무의미하게 여길 수 있다. 특히 경영진이 이러한 문제를 인지하면서도 이를 조직 전체의 문제로 다루지 않거나, 현장의 목소리를 반영하지 않는다면, 제도 개선은 시도조차 어렵다. 그 결과, 부푼 꿈을 안고 입사한 인재들은 점점 조직의 미래에 대한 확신을 잃고 이탈하며, 남은 구성원들마저 동기부여가 약화되어 조직에 대한 기대감마저 사라지게 만든다. 물론 장기 근속자의 경우 반복적 방식으로 승진을 이어 가지만, 실력과 직책과의 괴리는 점점 더 커질 수밖에 없다.

평가와 승진 제도는 조직의 미래를 좌우하는 핵심 시스템이다. 그 기준이 불합리하거나 시대적 흐름과 맞지 않을 경우, 조직은 우수 인재를 잃고 활력을 잃게 된다. 예를 들어, 연차 중심 승진 체계에서는 성과가 뛰어난 신입사원이 경쟁사로 이직하거나, 역량이 부족한 직원이 승진하는 사례가 발생하기도 한다. 실제 사례에서도 이러한 문제가 확인된다. 삼성SDI의 경우, 저연차 직원 관리에 대한 관심이 갑작스럽게 높아진 것은 신입사원을 중심으로 경쟁사로의 이직이 확산되고 있기 때문이다. 특히 배터리 사업부 소속 직원들은 SK이노베이션, LG에너지솔루션 등으로 이직이 잦은 것으로 알려져 있다(더퍼블릭, 2021. 3. 8.). 반면, 이랜드 그룹은 나이·직급·연차와 관계없이 오로지 실력으로만 인력을 채용하는 방식을 도입하고 있다(주간한국, 2025. 3. 31.).

채용 플랫폼 업체 '사람인'이 국내 기업 538개사를 대상으로 실시한 설문 조사에 따르면, 핵심 인재로 평가되는 직원의 25%는 언제든 이직할 의사가 있는 것으로 나타났다(IGM 인사이트, 2023.11.20.). 이는 우수 인재가 조직 내에서 인정받고 있음에도, 기회가 주어지면 언제든 회사를 떠날 수 있다는 의미다. 이러한 사례들은 평가와 승진 제도가 단순한 제도적 문제를 넘어, 조직구성원의 신뢰와 동기, 그리고 장기적 성과와 직결되는 핵심 요소임을 보여 준다. 평가의 공정성과 객관성을 확보하려는 노력은 단순히 제도적 문제를 넘어, 조직이 얼마나 구성원을 신뢰하고 있는지를 보여 주는 척도이기도 하다.

✪ 경로3 위계에 갇힌 조직문화

위계적 혹은 권위적 조직문화가 굳어진 조직에서 상사의 지시는 곧 절대적 기준으로 작용한다. 이러한 문화 속에서 직원들은 각자의 판단이나 의견보다 상급자의 눈치를 살피며 움직이고, 당연히 자율성과 책임감이 설 자리는 없어진다. 상사의 말 한마디가 곧 정책처럼 받아들여지는 환경에서 다양성과 창의성이 어떻게 발을 붙일 수 있을 것인가. 구성원들 각자가 가진 아이디어나 문제의식을 드러내 말하기보다 침묵하거나 체제 순응적 태도를 택할 수밖에 없는 것이다. 그 결과, 실제로 조직 안에서는 의미 있는 변화나 제안이 나타나기 어려워지고, 점점 더 폐쇄적 분위기가 강화된다. 권위 중심의 위계 문화는 단지 일방적 지시 체계에 한정되어 나타나지 않는다. 조직 내 전반적인 소통을 가로막고, 신뢰를 약화시키며, 구성원 간 협업의 질을 떨어뜨리는 구조적 문제로 이어진다.

특히 '위에 있는 사람이 항상 옳다'는 전제가 암묵적으로 깔릴 경우, 아래에서 위로의 문제 제기나 피드백은 쉽게 묵살될 뿐 아니라 애초에 그럴 엄두조차 내지 못하게 만든다. 결국 구성원들의 동기 부여를 약화시키고, 주체적이고 능동적인 참여를 막는 원인이 된다. 조직은 외형적으로는 잘 굴러가는 듯 보이지만, 내부는 점차 경직된다. 많은 연구에서도 이러한 위계 중심의 조직일수록 변화에 둔감하고, 새로운 환경에 적응하는 데 시간이 오래 걸린다고 지적한다.

물론 모든 조직이 다 그렇지는 않다. 비교적 수평적 문화를 지향하거나 실질적 권한 위임이 이뤄지는 조직도 존재한다. 그러나 대다수 조직은 정도의 차이는 있을지언정 위계 구조에서 비롯된 경직성을 경험하고 있으며, 그로 인해 빠르게 변하는 외부 환경에 능동적으로 대응하지 못하고 있다. 문제는 이러한 문화가 시간이 흐를수록 당연시되어 구성원들조차 그 안에서 익숙하게 적응하는 데 있다. 새로운 방식의 시도, 질문, 도전이 조직 내에서 '조심스러운 행동'으로 인식되는 순간, 변화의 첫걸음조차 두려워하게 된다. 이처럼 위계적 문화는 겉으로 드러나는 위력보다, 내부에서 조용히 조직의 역동성을 약화시키는 더 깊은 영향을 미친다.

5.1 아직 남아 있는 관행의 변화 가능성

관행의 변화에 대한 믿음

전통적 대기업의 조직문화에는 여전히 뿌리 깊은 '상명하복'의 사고방식이 자리하고 있다. 상사의 지시는 곧 절대적 명령으로 여겨지고, 하급자는 자신의 생각을 말하기조차 조심스러워한다. 이런 구조에서 수직적 관계는 지나치게 강조되고, 구성원 간 수평적 소통은 사치처럼 여겨진다. 종종 변화에 대한 필요성이 언급되기도 하지만, 실제 권위적 문화를 넘어서지 못하고 표면적 시도에 그치는 경우가 많다. 변화는 '이벤트'처럼 지나가고, 조직은 다시 익숙한 방식으로 회귀한다. 결국, 변화는 단절되고, 문화는 다시 과거의 방식으로 굳어간다.

대한상공회의소와 맥킨지가 발표한 「한국기업의 조직건강도와 기업문화 종합보고서」(2016. 3. 17.)에 따르면, 한국 기업들은 여전히 비효율적 회의, 상명하복식의 지시 등 후진적 기업문화가 심각한 상태이며, 조직건강도 진단 결과에서도 국내 기업의 77%가 글로벌 하위권 수준에 머물러 있는 것으로 나타났다. 이후 「한국 기업문화 2차 진단 보고서」(대한상공회의소·맥킨지, 2018. 5. 15.)에서도 "청바지 입은 꼰대, 무늬만 혁신"이라는 표현을 통해, 보여주기의 변화 시도가 권위주의적 관행을 극복하지 못하고 있음을 지적했다.

또한 최근 이코노미 뉴스(2021. 7. 5.)는 「한국 조직문화, 이대로는 안 된다」라는 주제를 다루며, 한국 대기업들이 새로운 환경 변화에 적응하지 못하는 가장 큰 이유를 권위주의적 관료 문화에서 찾았다. 이는 결국 상명하복 중심의 조직 운영 방식이 혁신과 창의성을 억누르는 구조적 걸림돌이 되고 있음을 보여준다.

이러한 문화가 고착되는 과정은 매우 은밀하고도 자연스럽다. 시간이 지나면서 조직에 새롭게 유입되는 젊은 세대조차 기존 관행에 스며들게 되고, 자신이 생각하던 자유롭고 공정한 일터의 모습과는 거리가 먼 현실에 적응하게 된다. 그들은 초반에는 문제의식을 갖고 변화를 희망하지만, 시간이 지날수록 기존 질서에 순응하거나, 침묵하거나, 혹은 조직을 떠난다.

실제로 인크루트가 2025년 4월 14일부터 16일까지 국내 기업의 신입사원을 대상으로 실시한 조사에 따르면, 신입사원의 평균 조기 퇴사 기간은 입사 후 1~3년 내(60.9%)가 가장 많았으며, 4개월~1년 미만(32.9%)이 뒤를 이었다. 조기 퇴사의 주요 원인으로는 직무 적합성 불일치(58.9%)가 가장 큰 비중을 차지했고, 이어 낮은 연봉(42.5%), 사내 문화 적응의 어려움(26.6%) 순으로 나타났다.

전통이라는 이름으로 포장된 관행은 새로운 생각을 가로막고, 결국 조직은 스스로 변화의 문을 닫아 버리게 된다. 이러한 흐름은 단지 문화의 문제가 아니라, 조직이 앞으로 나아가는 데 반드시 필요한 창의성과 주도성을 억누르는 본질적 걸림돌로 작용한다.

환경 변화를 자양분 삼아

관행은 저절로 생기지 않는다. 사람이 만들고, 사람에 의해 반복되며 결국 모두에게 익숙해진다. 때로는 관리자 한 사람의 습관, 구성원의 무심한 반복이 조직 전체 분위기의 방향을 결정짓는다.

그런데 이렇게 만들어진 관행을 바꿀 수 있을까? 익숙하다는 이유로 굳어진 관행을 과연 다시 처음처럼 낯섦과 어색함의 문화로 돌이킬 수 있을까? 이제, 그 질문에 답할 시간이다.

환경은 조직을 가만히 있도록 내버려두지 않는다. 외부 환경 변화의 파고가 몰려올 때, 기업 구조조정은 피할 수 없다. 구조조정은 언제나 고통스럽다. 조직의 존속을 위해 반드시 필요하지만, 맞닥뜨려야 하는 구성원들은 반발하고 두려워한다. 그러므로 구조조정은 늘 어렵고, 성공한다 하더라도 시간이 지나면서 이전 방식으로 회귀하는 경우가 많다. 모든 기업에게 구조조정은 언제나 중요하지만 어려운 숙제이다.

관점을 바꿔 생각하면, 외부 변화는 위기인 동시에 오래된 관행을 바꿀 수 있는 기회이기도 하다. 특히 구조조정은 굳어진 관행을 손볼 수 있는 절호의 기회를 제공한다. 변화는 필연적으로 새로운 시스템, 새로운 도구, 새로운 기술을 요구한다. 낯선 시스템, 도구, 기술의 도입은 기존의 방식과 충돌한다. 그 과정에서 조직은 '바꿔야 한다'는 부득이한 명분을 획득할 수 있다. 예를 들어, 급격한 외부 환경 변화는 조직 전체에 '변화는 피할 수 없는 현실'이라는 공감대를 형성함으로써 명분을 확보할 수 있다. 이처럼 관행은 강력한 명분을 자양분 삼아 추진될 수 있다.

관행, 그 단순한 출발

굳어진 관행은 어디에서 유래될까? 연구에 따르면 관행의 2/3는 즉흥적 상황에서 비롯되고, 나머지 1/3은 실수, 착오, 부주의 같은 업무 미숙에서 비롯된다고 보고된다. 작은 실수의 잦은 반복이 "원래 그렇게 해 왔어"라는 말로 정당화된다. 이러한 정당화가 시간이 지나며 '습관'으로, 습관이 곧 '관행'으로 굳어진다. 그러므로 조직은 관행을 의도적으로 관리하고 정비해야 한다. 한 번 시도하고 그만두는 일회성 이벤트가 아니라 지속적 개선을 통한 변화로 이끌어야 한다.

즉흥적 상황이 관행으로 굳어지는 과정은 의외로 단순하다. 예컨대, 회사가 조직문화 개선을 위해 1억 원의 비용을 들여 새로운 경영

도구를 도입한다고 하자. 새로운 도구에 어색해 하는 구성원들이 익숙해지기까지는 시간이 걸린다. 이때 한 부서의 팀장이 적응에 힘들어하는 직원들을 배려해 새로운 기법의 실행을 미루기로 한다. 반면 다른 부서 팀장은, 야근을 하면서라도 도입한 새로운 기법을 반드시 익힐 수 있게 독려한다. 이렇게 각각의 방식으로 변화에 대응하는 과정에서 전자의 팀장과 같은 '미루는 문화'나 후자의 팀장과 같은 '압박의 문화'적 기운이 만들어진다.

한쪽은 조직구성원에 대한 배려에서, 다른 한쪽은 조직성과를 위한 압박에서 출발하지만, 두 경우 모두에서 새로운 형태의 문화가 싹튼다. 관행은 종종 이렇게 태동한 '즉흥적' 관점 또는 방식에서 시작되어 굳어진다. 팀장의 즉흥적 판단 하나가 조직의 일상으로 서서히 자리 잡아 간다. 이러한 일상이 별다른 이의 없이 반복되면서 조직 전반의 분위기와 성과에까지 영향을 미친다. 그러니 대개는 관리자 스스로 조직의 관행을 만들어 키우는 셈이다.

그럼에도 혁신을 기대한다면 놓치지 말아야 할 것은, 스스로 만든 관행이라면 관리자(리더, 경영진)가 주도하고 전체 구성원이 참여함으로써 바꿀 수 있다는 사실이다. 눈치 보며 미루는 문화는 상대를 배려하는 문화로 전환될 수 있고, 빠른 성과를 강요하는 문화도 열린 학습 문화로 전환할 수 있다. 중요한 것은 변화에 대한 믿음과 적절한 타이밍이다. 관행이 굳어지기 전에 관리자와 구성원이 함께 조치를 취해야 한다.

사소한 즉흥적 판단과 조치가 관행으로 굳어져 큰 폐해로 조직을 갉아먹기 전에, 그 낯선 어색함을 동기 삼아 일상을 서서히 개조해야 한다. 무엇보다 조직의 분위기를 늘 새롭고 낯설게 유지한다는 관점을 중심에 두어야 한다.

5.2 관행의 변화를 이끄는 신뢰

신뢰와 조건적 행위

조직 관행을 바꾸는 가장 결정적 요소는 '조건 없는 신뢰'이다. 상사와 부하, 동료 간 신뢰가 없다면 자그마한 변화의 시도조차 저항에 부딪힐 수 있다. 제대로 된 변화는 강요나 지시에 의해 일어나기 힘들다. 구성원 스스로 '왜 바뀌어야 하는가?'를 납득하고, 그것이 스스로에게 의미 있다고 느낄 때 비로소 기지개를 편다. 이때 중요한 건, 구성원이 주도적으로 그 변화에 참여하고 논의할 수 있는 장이 펼쳐져야 한다.

조직 내에는 다양한 관행들이 층층이 쌓여 있다. 겉으로는 배려하는 문화로 비춰져도, 한 꺼풀만 벗겨 보면 그 속에 뿌리 깊이 박힌 사고방식이 모습을 드러낸다. "이번엔 내가 도와줄게, 대신 다음번엔 나를 도와줘야 해"라는 식이다. 이러한 조건적 제안은 변화의 걸림돌이 된다. 진정한 관행 개선은 관리자 스스로 관행의 흐름을 분석하고, 그 안의 의도와 문화를 읽어 낼 수 있어야 가능하다. 겉보기에 '좋은' 관행이라도, 그것이 진짜 신뢰에서 비롯된 것인지, 아니면 어떤 기대가 숨겨진 조건적 행동인지 분별할 수 있어야 한다.

관행은 조직을 하나로 엮고, 구성원들에게 조직생활의 의미와 목적을 부여하며, 때로는 조직의 생존 자체를 좌우하는 파워이다. 그러나 겸손과 무조건적 신뢰는 이러한 관행을 비판적으로 검토하고 적절한 시점에 적극 개선할 수 있는 핵심 장치다. Harvard Business Review(2023.2.15.)에 따르면, 심리적 안정감은 팀의 학습, 창의성, 성과와 밀접하게 연결되어 있으며, 이를 통해 조직은 지속적인 개선과 혁신을 추구할 수 있다고 주장한다. McKinsey & Company(2020.11)의 연구에서도, 상위 리더들이 포용적 리더십을 실천할 때, 팀원들이 심리적 안정감을 느끼고 더 높은 성과를 보인다는 결과가 도출되었다.

구성원이 스스로 부족함을 인정하고 질문하며, 동료와 리더를 신뢰하는 환경에서는 관행이 고착되지 않고, 긍정적인 방향으로 진화할 수 있다. 그러므로 조직은 언제나 관행을 점검하고, 즉흥적 행위가 습관으로 굳어진 일상을 늘 점검해야 한다. 급변하는 환경에서 조직은 이미 문화로 자리 잡은 관행이 긍정적 방향으로 진화할 수 있는 유연성을 갖추어야 한다.

관행병의 진단과 치료

의사가 환자의 체질을 정확히 진단해야 맞춤 처방을 내릴 수 있듯, 조직 또한 조직의 특성과 환경을 충분히 파악하여 적절한 해결책을 마련해야 한다. 이는 조직의 생존과 직결된 핵심 과제이다. 지금과 같이 급변하는 환경 속에서 조직의 자기점검을 소홀히 하거나 잘못된 방향으로 문제를 해석하면, 사소하게 보이는 초기의 문제가 곧 조직 전체에 치명적 영향을 미칠 수 있다.

이러한 필수 절차를 무시하는 기업의 지속 성장에 대한 기대는 연목구어, 즉 이루어질 수 없는 일을 기대하는 허망함에 다름 아니며, '관행병'이라는 자칫 완치 불가능한 고질병을 오히려 키우는 어리석음과 같다. 애초에 단순한 편리성 추구로부터 시작된 방식이, 시간이 지나며 고착화되고, 하나의 '관행'으로 굳어지면서 변화와 혁신의 여지를 아예 차단해 버릴 수 있기 때문이다.

비유컨대 관행은 조직의 정상적이고 지속가능한 성장을 저해하는 암과 같다. 코닥과 노키아처럼 전통적 관행에 안주한 기업들은 기술 변화와 시장 요구에 대응하지 못해 쇠퇴했다. 국내 대기업의 경우에도 권위주의적 관행과 상명하복의 문화가 여전히 뿌리 깊게 남아 있어 변화하는 환경을 민감하게 인식하지 못하게 하고, 구성원의 자율적 참여와 혁신적 시도를 위축시키는 원인으로 작용한다. 이처럼 조직 곳곳에 뿌리내린 관행이란 암은 기업 내 특정 부서에서는 일시적으로 해결한다 해도 쉽게 재발하며, 다른 부서로 전이되어 혁신에 대한 반감을 고조시켜 기존 방식을 더욱 고집하게 만든다.

초기의 진단이 조직을 살린다. 더 큰 문제는 기존의 관행이 시간이 흐르면서 새로운 형태로 변형된다는 데 있다. 이쯤 되면 무슨 문제가 있는지도 알지도 못한 채 일상은 흘러가고, 문제가 드러날 즈음에는 어떤 치료법도 찾지 못해 좌충우돌할 수밖에 없는 상황으로 몰린다. 전문가의 진단을 받아 해결에 나서 보지만, 이미 깊이 뿌리내린 치명적 병에 대한 근본적 처방은 쉽지 않다. "소 잃고 외양간 고치는" 상황의 반복이다. 이는 인체의 질병과 마찬가지로, 초기에는 간단한 치료로 회복이 가능하지만 악화되면 근본적 치료가 어려울 뿐 아니라 조직 전체로 퍼진다. 구성원들은 기존의 방식을 더욱 고집하고, 부서 간 소통은 단절되어 부서 이기주의가 자리 잡는다. 조직 전반에 관행병이 만연하게 된다.

이처럼, 관행병은 잘못된 습관 속에서 서서히 싹트지만, 눈에 띠지 않아 대부분의 구성원들은 잘 알아차리지 못한다. 방치될수록 해결은 더 어려워지고, 재발은 불가피하다. 그러므로 조직은 구성원 개개인과 그들이 수행하는 직무에도 세심한 관심을 기울여야 한다. 이러한 관심이 조직 곳곳에 스며들어 자연스럽게 흐를 때, 조직 전체에 긍정적인 변화를 만들 수 있다. 말하자면, 조직 내 '관심병'은 많을수록 좋다.

그러나 반론을 제기할 수도 있다. "조직 내 관심이 많아지면, 구성원 간 감시·간섭으로 느껴져 대인 관계 스트레스가 증가할 수 있다"는 우려가 존재한다. 하지만 관심의 질과 방식이 적절하다면 오히려 긍정적 효과를 발휘한다. 구성원을 격려하고 지원하며, 심리적 안정감을 기반으로 한 관심은 정보 공유와 협력 행동을 촉진하는 행동 통합을 강화한다. 이는 신뢰와 협업을 높이고, 구성원들이 새로운 시도를 주저하지 않게 만들며, 조직 전체의 문제 해결과 성장 속도를 가속화하는 치료제이자 예방약으로 작용한다. 따라서 관행병을 치료하는 가장 강력한 약은 조직구성원에 대한 진정한 관심이며, 관심이 쌓이면 조직은 서서히 변한다.

인크루트와 알바콜이 지난 2019년 12월 6일부터 11일까지 직장인 1,831명을 대상으로 한 설문조사 결과에 따르면, 어렵게 구한 첫 직장을 3년 내에 떠나는 가장 큰 이유는 '대인 관계 스트레스'(15.8%)였다. '업무 불만'(15.6%)이나 '연봉 불만'(14.6%)보다 근소하지만 높은 수치로, 구성원 간 관계가 직장 생활에서 매우 중요한 요인임을 드러내 준다. 기업 규모 면에서는, 대기업의 경우 '업무 불만족'(20.3%), 중견기업의 경우 '대인 관계 스트레스'(18.3%), 중소기업의 경우 '연봉 불만족'(16.8%)이 퇴사 요인 1위로 집계되었다. 규모와 환경에 따라 이직 및 퇴직 원인이 달라진다는 것은 충분히 예상할 수 있는 문제이지만, 특히 연봉과 복리 후생이 중견기업에 비해 훨씬 잘 갖춰져 있는 대기업에서의 업무 불만족이 높다는 지표는 의미심장하다. 이는 대기업 특유의 자율성 제한과 오래된 관행이 직원들로 하여금 업무에서 재미나 보람, 가치를 느끼기 어렵게 만든다는 점을 시사한다.

결국, 신뢰가 쌓일 때 관행을 바꾸는 힘이 생긴다. 애초에 신뢰가 없거나, 잘못된 관행을 문제 삼지 않고 지나치는 조직의 미래는 어떻게 될까? 늘 그렇듯, 문제는 애초의 사소한 싹에서 자라난다.

5.3 관행의 싹

현장은 관행을 알고 있다

조직 내 즉흥적 행위가 관행으로 변하기 전에, 조직은 그 징후를 발견하고 과감히 다룰 수 있어야 한다. 애초에 사소해 보이는 행동 하나가, 시간이 흘러 조직 전체에 고착화된 습관으로 자리 잡을 수 있다. 기침을 대수롭지 않게 여기다 병을 키우듯, 즉흥적 행위도 방치하면 조직 전반에 병처럼 퍼져 관행이 된다. 그러므로 애초의 작은 싹을 과감히 잘라낼 수 있는 용기와 진단의 정밀함이 중요하다. 충분히 혁신 가능한 관행도 방치하면 그 변화의 타이밍을 놓친다.

조직 관행의 개선은 내부 상황을 진솔하게 마주하는 데서 출발해야 한다. 데스크포스를 꾸리거나 외부 전문가의 컨설팅을 받아 조직 내 은밀한 문제들을 수면 위로 끌어올려야 한다. 이 과정에 특히 현장 직원들의 참여는 필수적이다. 그들이야말로 즉흥적 조치들이 어디서,

어떻게 발생하여 관행으로 굳어졌는지 가장 잘 알고 있기 때문이다. 현장 없이 이루어지는 관행 개선은 허공에 휘두르는 손짓에 다름 아니다.

조직이 범하기 쉬운 실수 중 하나는, 관행 개선의 목표를 미리 정해 놓고 그 목표에 상황을 꿰맞추는 것이다. 이런 접근 방식은 현실을 왜곡할 뿐 아니라, 구성원의 불안을 키우는 등, 혁신을 실패로 이끌 수 있다. 관행 혁신의 목표는 구성원의 기대와 안정감을 기반으로 세워져야 한다. '이 변화로 내가 무엇을 얻을 수 있을까?', '이후에도 내 자리는 안전할까?'라는 물음에 조직은 긍정적 답을 줄 수 있어야 한다. 예컨대, 상사가 "이번 변화가 성공하면 우리 팀의 성과는 10% 향상될 것이고, 자네는 3년 내에 차장으로 승진해 연봉과 복지도 오를 걸세"라고 말할 수 있어야 한다. 이런 믿음이 구성원에게 심어질 때 변화는 설득력을 가진다. 단지 업무 프로세스를 바꾸는 데만 초점을 맞춘다면 구성원들은 '혹시 내 설 자리가 없어지는 거 아니야?'라는 위기감에 휩싸일 수 있다.

관행은 구성원들의 자발적 참여와 진지한 대화를 통해 얼마든지 긍정적인 방향으로 변화시켜 낼 수 있다. 물론 이 과정에는 반발과 고통이 따른다. 조직 구석구석 깊숙이 스며들어 있는 오래된 관행일수록 그 변화에는 시간과 에너지가 더 필요하다. 때로는, 변화 시도 이후에도 예전 습관으로 되돌아갈 가능성까지 염두에 두어야 한다. 그럼에도 멈추지 말아야 한다. 관행의 싹을 키우거나 방치하는 일은 곧, 조직의 병세를 키우는 일과 다르지 않기 때문이다.

조직의 관행은 갑자기 생기지 않는다. 문제는 언제나 작고 사소한 예외에서 시작된다. 그 싹을 초기에 발견하고 뽑아내지 않으면, 어느

새 깊고 단단히 뿌리 내려 조직 전체의 명운을 흔드는 괴목이 되어 있는 현실을 보게 될 것이다. 그러니 '관행의 싹'부터 찾아내 제거해야 한다.

'처음', 관행이 좋아하는 말
"이번엔 그냥 넘어가자."
"이 정도는 다들 해."
"그냥 편한 대로 하자."
"좋은 게 좋은 거 아냐?"

이런 말들이 일상에 반복될 때, 관행은 조용히 조직에 터를 잡는다. 처음엔 별일 아닌 것처럼 스며들어 겉으로 드러나지도 않는다. 그러나 조직에서의 '처음'은 가장 민감하고 중요한 순간이다. 그 첫 순간을 가볍게 넘기는 말과 행위들이 쌓여 '익숙함'이라는 명분하에 자연스럽게 받아들이게 된다. 관행은 그렇게 시작된다.

모든 일에는 처음 선택되어 정해지는 순간이 있다. 조직의 방향 또한 그 순간에 결정된다. 선택이 반복되면 습관이 되고, 습관은 결국 문화가 된다. 처음의 선택이 명확하지 않으면, 나중에는 되돌리기 어려운 흐름이 되어 버린다. 애초의 손쉬운 타협이 나중에는 "늘 그래 왔던 것"으로 둔갑하고, 누구도 그 시작을 기억하지 못한 채, 익숙함에 기대어 관행을 답습한다. 중요한 건, 애초에 무엇을 허용했고 무엇을 넘겼느냐이다. 작은 선택 하나하나가 결국 커다란 조직문화의 뿌리가 되어 뻗친다.

좋은 문화는 처음부터 긴장감과 주의가 있다. 반대로 나쁜 문화는 처음부터 느슨하게 흘러간다. 예를 들어, 규칙이 완전히 정립되지 않은 초기 상태에서 어떤 상황을 예외로 특별하게 다뤘는지, 혹은 처음의 실수를 학습 기회로 삼았는지가 중요하다. 이 질문 없이 흘러가는 조직은 향하는 방향이 이미 잘못될 가능성이 크다. 관행은 하늘에서 떨어지지 않는다. 조직이 '처음'이라는 순간에 얼마나 깨어 있었는가에 따라, 그 기준과 태도, 그리고 미래가 달라진다. 관행은 바로 이런 순간순간을 먹고 자란다. 그리고 시간이 지나 '처음'이란 말이 사라진 뒤에도 그대로 남아 조직과 사람을 움직인다.

88%의 책임?

사람들로부터 존경을 넘어 사랑받는 기업은 대개 사회를 위해 자발적 책임을 다하는 기업이다. 사회가 요구하기 전에 자발적으로 그 책임을 다하는 기업은 변화하는 환경 속에서도 지속 성장을 이루지만, 그렇지 않은 기업은 점차 경쟁력에서 밀리며 뒤처지기 마련이다. 특히 안전사고는 기업의 혁신과 성장을 가로막는 심각한 장애물이다. 최근 기업들이 안전사고 예방을 위해 다양한 제도와 교육을 시행하고 있지만, 여전히 형식적 수준에 머물러 있다는 인상을 지우기 어렵다. 혁신이 꽃피워야 할 조직 내 공간에 안전 관행이라는 병폐가 뿌리내리고 있는 것이다.

2025년 6월, 내가 단기 일용직 근무를 시작한 첫 날이었다. 오전 중에 약 40분간 안전 담당자로 보이는 직원의 교육을 받았다. 처음에는 체계적 안전 교육을 받는다는 생각에 긍정적 인상을 받았다. 그러나 이어지는 설명에 귀를 의심하지 않을 수 없었다. 그는 안전사고의 88%가 근로자의 불안전한 행동에서 비롯되며, 기업의 책임은

10%에 불과하다고 말했다. 이어 "결국 사고는 근로자가 안전 수칙을 제대로 지키지 않아 발생하는 경우가 대부분"이라는 말로 마무리했다. 마치 기업은 책임을 다하고 있는데, 열에 아홉은 근로자 탓이라는 식이었다.

물론 개인의 부주의가 사고로 이어지는 경우도 많지만, 이는 사고 원인의 일부일 뿐이다. 여러 연구에서는 안전사고의 원인이 근로자 개인의 특성 외에도 조직문화, 경제적 요인, 교육적 요인, 기술적 원인, 작업 관리적 원인 등 복합적 구조로 얽혀 있다고 보고하고 있다. 예컨대 적당주의나 무사안일주의가 팽배한 조직문화, 안전 예산을 줄이려는 경제적 선택, 충분하지 않은 안전 교육, 정비 소홀 등 모두가 사고의 배경이 될 수 있다는 것이다.

근로자의 행동은 독립적으로 존재하지 않는다. 그것은 기업의 안전 문화와 제도, 관리자와의 상호작용 속에서 형성된다. 영국의 심리학자 제임스 리즌은 '스위스 치즈 이론'을 통해 사고는 하나의 원인이 아닌 여러 방어막들이 동시에 실패할 때 발생한다고 보았다. 그는 근로자의 불안전한 행동조차 조직의 제도, 감독, 조건 등 구조적 문제에서 비롯된 결과라고 했다. 결국 사고는 개인의 잘못만으로 설명할 수 없는 조직 전체의 시스템 문제인 것이다.

그럼에도 기업이 스스로를 책임에서 자유롭다고 여기며 사고를 근로자의 문제로 환원하는 태도는 매우 위험하다. 그런 시각은 사고의 진짜 원인을 놓치게 만들어 유사 사고의 반복 가능성을 높인다. 사고 원인 중 88%와 10%라는 수치는 안전에 대한 인식에 따라 바뀔 수 있음을 고려해 볼 필요가 있다. 이 말을 꺼내면 사업주는 불편할 수 있지만, 책임의 전가보다는 시스템을 점검하고 개선하려는 태도가 필요하다. 경험을 교훈 삼아 구조적 취약점을 바로잡는 동시에 각자의 행동을 점검하는 구성원들의 노력이 함께 이루어져야 한다.

이것이 바로 HEED가 지향하는 핵심 가치다. 기업과 구성원 모두가 각자의 책임을 회피하지 않고, 공동의 안전과 성장이라는 목표 아래 머리를 맞대야 한다. 안전은 누구의 일방적 책임이 아니다. 자율적 책임을 다하는 조직만이 사랑받는 기업으로 성장할 수 있다. 그리고 그 출발점은 "우리가 얼마나 서로를 믿고 책임지는 문화를 만들고 있는가?"라는 질문에서 시작된다.

5.4 관행, 성장의 싹이 되는 기회

익숙함, 그 정체의 늪

평소의 업무 방식을 관행적으로 반복하는 기업은 결국 자신이 만든 틀에 갇히게 된다. 초기 안정성을 제공했던 루틴이 시간이 지나면서 점차 정체의 늪이 되어 버리는 것이다. 처음에는 누군가의 지혜로운 결정이었을 수 있는 방식이 시간이 흐르며 "이렇게 해 왔으니까"라는 말로 정당화된다. 그 결과, 기업은 시장 변화 속도를 따라잡을 수 없고, 구성원들에겐 '이렇게 하면 혼나지 않는다'는 사고의 기준으로 작용한다.

이러한 조직은 대부분 경쟁등위 또는 경쟁열위 수준에 머무를 수밖에 없다. 더 이상 앞서 나가지 못하고, 비슷한 수준의 기업과 싸우기에 급급하다. 시스템은 점차 경직되고 비효율적으로 운영된다. 변화의 필요성에 개혁을 시도해 보지만, 그동안 드러내지 못했던 반발과 저항이 봇물처럼 터진다. 한 명의 불만이 조직 전체의 동요로 이어지고, 결과적으로 변화의 시도는 실패로 돌아간다.

후폭풍은 생각보다 크다. 내부 혼란과 저항은 조직 전체의 창의성을 억제하고, 협업의 연결 고리도 끊어버린다. 조직문화는 경계와 방어로 가득 차고, 이러한 분위기는 구성원들의 자유로운 의사결정을 제한한다. 결과적으로 어렵게 쌓아온 거래처와 고객과의 신뢰도 흔들리며, 한 번의 고객 이탈을 회복하는 데는 오랜 시간이 필요하다.

중요한 것은 고객은 조직 내부의 사정을 고려하지 않는다는 점이다. 고객에게 중요한 것은 오직 하나, "지금 내가 더 나은 서비스를 받고 있는가?"라는 물음이다. 조직의 변화는 고객에게 핑계로 들릴 뿐, 고객은 더 나은 서비스를 제공하는 경쟁자를 선택할 뿐이다.

결핍, 성장의 기회

위기는 끝이 아니라 새로운 시작의 계기가 될 수 있다. 변화가 실패했기 때문에 조직이 무너질 수도 있지만, 실패를 어떻게 다루느냐에 따라 다시 일어설 수도 있다. 익숙한 방식을 고수하는 조직일수록 시스템 전반에 잠재된 문제가 심각할 수 있다. 성과평가와 운영 방식은 형식적으로 흘러가고, 구성원들은 관성에 따라 일한다. 조직은 그 자체로 하나의 기계처럼 작동하지만, 각 부품은 스스로의 역할을 잊는다.

이러한 조직은 경쟁우위를 점하기는커녕, '요소 열위' 상태에 머무르게 된다. 요소 열위란 곧 강점이 없는 상태, 쉽게 말해 '평균 이하'의 경쟁력을 의미한다. 그런데 역설적으로 결핍은 성장을 촉진하는 출발점이 될 수 있다. 진화론적 관점에 따르면, 생존한 종은 강한 종이 아니라, 변화에 적응한 종이다. 부족함은 조직을 불편하게 만들고, 그 불편은 새로운 시도를 낳는다.

　마이클 포터는 선택적 요소 열위가 변화와 혁신의 원천이 될 수 있다고 말했다. 외부 자원이 부족하거나 내부 시스템에 결함이 있을 때, 사람들은 기존 방식이 아닌 새로운 방식을 탐색하게 된다. 어떤 약점은 오히려 새로운 자질을 만들어내는 촉매가 된다.

　세 가지 사례를 보면, 넷플릭스는 초기 DVD 대여 서비스의 한계를 계기로 구독 기반 스트리밍 모델로 전환하며 고객 편의성, 유통 방식, 콘텐츠 소비 방식을 혁신했고, 그 결과 글로벌 디지털 미디어 산업의 선두 주자가 되었다(세계 경제 매거진, 2025). 도요타는 불균형한 작업 흐름과 생산시스템의 결함을 극복하기 위해 카이젠 문화를 조직 전반에 정착시켜 비용 절감과 품질혁신을 동시에 이루었으며, TPS와 Lean 방식은 전 세계 제조업의 혁신적 기준이 되었다(Iwao Shumpei, 2018). 한편 Nestlé는 방대한 조직과 전통적 R&D 방식으로 인해 혁신 속도가 느렸지만, 오픈 이노베이션 전략을 통해 소비자 요구에 신속히 대응하며 전통 대기업이 스타트업 방식으로 혁신을 가속화한 대표 사례로 평가된다(Manuel Gonzalez-Toruno 등, 2025). 이처럼 조직은 기존의 약점이나 제약을 혁신의 촉매로 삼아 관행의 문제를 새로운 기회로 바꿀 수 있다.

　당장 문제를 완벽히 해결하지 못하더라도 괜찮다. 중요한 것은 그것을 조직시스템을 점검하고 혁신하는 계기로 삼을 수 있는지 여부에 있다. 위기를 혁신의 불씨로 삼을 수 있는 태도와 전략이 필요하다. 문제를 외면하는 대신, 정면으로 마주보고 그것을 학습의 자원으로 전환할 수 있어야 한다. 바로 그 지점에서 관행은 새로운 성장의 씨앗이 된다.

3

HEED의
가치 살리기

6장

겸손

같은 형편이라는 공감

공감하는 마음

어느 날, 펫샵에 한 아이가 들어와 강아지를 보고, "저 강아지는 얼마예요?"라고 묻고 돌아갔다. 며칠 후, 손에 용돈을 꼭 쥐고 다시 가게를 찾은 그 아이가 고른 강아지는 다리가 불편한 강아지였다. 주인은 걱정하며 말렸다. "얘는 몸이 안 좋아요. 잘 놀지도 못한답니다." 그러나 그 아이는 강아지를 꼭 안으며 말했다. "그래도 이 아이가 좋아요." 그 아이가 의족을 하고 있다는 사실을 알게 된 주인은 그때야 비로소 그 아이의 마음을 이해했다. 아이가 강아지의 아픔을 공감할 수 있었던 것이다. 겸손이란, 다른 사람의 부족함을 이해하고, 상대의 처지에 연결되는 열린 마음에서 시작된다. 그 마음이 바로 '우리'를 만들어 가는 힘이다.

한 초등학교에서 '가장 배려심 많은 아이'로 뽑힌 학생이 있었다. 선생님이 이유를 묻자, 다른 학생이 말했다. "그 친구는 다리가 불편한 나를 놀리지 않고 기다려 줬어요." 아이가 불편한 친구를 위해 한 행동은 특별한 것이 아니었다. 다만 친구의 걸음 속도를 이해하여 함께 보조를 맞췄을 뿐이었다.

겸손은 단순히 자신을 낮추는 겸양이 아니다. 진정한 겸손은 타인의 입장을 진심으로 이해하려는 마음에서 시작된다. 리더의 겸손은 우월감이나 동정심이 아닌, '나도 그럴 수 있다'는 마음으로 팀원들을 바라보는 태도에서 나온다. 이러한 태도는 타인의 아픔과 어려움을 내 일처럼 느끼게 만들고, 관계의 온도를 바꾼다. 이는 팀 내 신뢰와 협력을 구축하는 중요한 기반이 된다.

조직에서 겸손은 중요한 역할을 한다. 작은 배려와 이해가 큰 변화를 일으킬 수 있다. 겸손은 바로 그런 작은 기억과 경험에서 비롯된다. 리더로서 겸손은 자신이 받은 배려와 이해를 다른 이에게 돌려주는 과정이다. 과거의 경험이 타인을 대하는 태도를 만든다.

내가 일용직 근무 중 겪은 경험이다. 팀장 A씨는 신입 사원 교육 중 한 직원이 자주 실수를 저지르고 업무 처리가 느린 점을 발견했다. 서류 정리도 늦고, 기계작동방법을 배우는 데도 어려움을 겪었다. 동료들 사이에 "적응이 어렵겠다"는 말이 돌았지만, A 팀장은 그 신입 사원에게 따로 주의를 주거나 꾸짖지 않았다. 대신, 그 직원에게 조용히 맞춤형 가이드를 제공했다. 그리고 동료들에게 이렇게 말했다. "우리 모두 첫 직장은 처음이었잖아요."

며칠 후, 신입 직원이 팀장에게 조심스레 말을 꺼냈다. "사실, 부모님 병간호와 생활비 때문에 야간 아르바이트를 병행하고 있었습니다." 팀장은 아무 말 없이 그 직원의 손을 잡아 주며 말했다. "그랬구나. 네가 지금 여기 있다는 것만으로도 충분히 잘하고 있어." 그날 이후, 신입은 업무에 집중하기 시작했고, 팀 분위기는 서로의 어려움을 더 이해하고 배려하는 기운이 감돌았다.

이 사례는 리더가 '모른다는 것'을 전제로 구성원을 대할 때 나오는 겸손의 힘을 잘 드러낸다. 겸손한 리더는 섣불리 판단하지 않고, 이해하려는 태도를 유지한다. 이러한 태도가 조직 내 신뢰를 쌓고, 직원들이 성장할 수 있는 환경을 만들어 준다. 겸손은 혼자 앞서가는 대신 동반 성장의 길을 만들어 준다.

겸손한 조직은 단기적 이익보다 구성원들과 함께하는 장기적 성장을 우선시한다. '우리가 함께 성장해 나간다'는 믿음이, 결국 조직의 지속적 발전을 가능케 하기 때문이다. 리더는 자신을 낮추고, 구성원들에게 관심을 가지며, 그들이 처한 상황을 이해하고자 노력한다. 이를 통해 팀은 단합되고, 그 안에서 혁신적 아이디어가 싹튼다. 겸손한 조직은 구성원들의 신뢰가 쌓이고, 그 신뢰는 곧 조직의 성공으로 이어지는 선순환 구조를 만들어 준다.

6.1 겸손의 개인적 가치

사람을 사람으로

2002년 노벨물리학상을 수상한 고시바 마사토시는 일본 천체물리학계의 거장이지만, 삶의 출발선은 매우 험난했다. 가난한 가정에서 태어나 중학교 시절 소아마비를 앓았고, 장교나 클래식 연주자의 꿈은 접어야 했다. 고등학교 3학년 무렵, 그는 친구와 선생님이 자신을 두고 나누던 대화를 듣게 된다. "저 성적으로 고시바가 물리학과를 갈 수 있을까?" 그 말은 모욕이 아니라 오히려 동기를 안겨 주었다. "두고 보자"는 오기가 생긴 그는 이를 악물고 공부했다.

이후 도쿄대에 입학한 그는 가족 생계를 위해 아르바이트와 과외에 매달렸다. 부모 대신 누나와 두 남동생의 학비와 생활비를 책임져야 했기 때문에, 학문보다 생존이 더 절박했다. 결국 졸업할 땐 29명 중 거의 꼴찌 성적이었지만, 이는 그의 능력을 온전히 보여주지 못하는 수치였다. 사람의 가능성은 숫자로만 측정되지 않는다. 결국 그는 일본 최초의 노벨물리학상 수상이라는 위대한 성취로 자신의 가능성을 증명했다.

고시바의 사례는 조직 관점에서도 시사점이 크다. 단정적 말 한마디는 누군가의 가능성을 닫을 수도, 열 수도 있다. 리더가 함부로 말하면 팀원은 스스로 '안 되는 사람'이라 믿어 위축될 수 있다. 말에는 힘이 있다. 누군가의 가능성을 키워 주기도 하지만, 망가뜨릴 수도 있다. 그 힘을 겸손하게 사용할 때 가능성을 키울 수 있다.

겸손한 사람은 누군가의 실패 앞에서 조용히 생각한다. "그에게 어떤 사정이 있었을까?" 겸손함이 있는 조직은 실수 앞에 냉정함보다 따뜻함을 선택한다. 실수 앞에 사람을 먼저 판단하지 않는다. 먼저 묻고, 함께 되짚고, 다시 걷는다. 그러므로 겸손은 곧 회복의 기술이기도 하다.

여기서 중요한 것은 자기인식이다. 자기인식은 자신의 강점과 약점, 행동과 마음가짐을 있는 그대로 바라보는 힘이다. 이를 바탕으로 자기점검이 이루어지고, 점검 결과를 토대로 자기평가가 가능하다. 자기점검과 자기평가는 단순히 자신을 낮추는 행위가 아니라, 스스로를 이해하고 성장하며, 타인과 조화롭게 일하기 위한 필수 과정이다.

겸손의 시작은

길을 걷다 발을 헛디뎌 넘어질 뻔한 순간, 우리는 본능적으로 "이놈의 돌부리 때문에 큰일 날 뻔했네" 혹은 "여기에 이런 게 왜 있지"라며 외부를 탓한다. 순간의 놀람과 불쾌감을 외부 요인으로 돌리거나 책임을 떠넘기기 쉽다. 이러한 반응은 단순한 순간적 감정을 넘어, 우리가 살아가는 태도의 축소판이 될 수 있다. 자신의 부주의를 타인이나 제도를 탓하며 "도대체 뭘 하고 있는 거냐!"고 목소리를 높이기도 한다.

최근 조사 결과를 보면, 이러한 외부 탓과 자기점검 부족이 조직 문화 전반으로 이어지고 있음을 알 수 있다. 2023년 4월, 채용 플랫폼 '사람인'이 직장인 979명을 대상으로 조사한 결과, 71%가 "회사 내에 젊은 꼰대가 있다"고 응답했다. '매경이코노미' 조사에서도 응답자의 97.2%가 '젊은 꼰대'라는 말을 알고 있으며, 71.4%가 실제 존재한다고 답했다. 흥미로운 점은, 다수 응답자가 과거 권위주의적 상사를 비판하면서도, 자신은 후배나 동료에게 훈수·충고·지시를 일삼고 있다는 사실이다.

게다가, 인크루트가 2022년 10월 4일부터 이틀간 직장인 814명을 대상으로 실시한 설문조사에 따르면, 응답자의 79.5%가 사내에 '오피스 빌런'이 있다고 답했으며, 이 가운데 최악의 유형으로는 '갑질·막말형'(21.1%)과 '내로남불형'(13.5%)이 꼽혔다. 이는 곧 '내로남불' 조직문화를 단적으로 보여준다. 자신을 돌아보지 않으면서 타인 위에 군림하려는 태도는 겸손과 정반대 지점의 문화이다.

이러한 문제의 근본 원인은 자기점검과 자기평가 부족에 있다. 겸손은 단순히 외부를 향한 태도가 아니라, 자신을 얼마나 정확히 알고 있는가에서 비롯된다. 자기인식을 바탕으로 행동과 마음을 돌아보는 자기점검이 먼저 필요하며, 이를 통해 자신의 강점과 약점을 냉철히 판단하는 자기평가가 이어진다.

겸손은 자신을 낮추는 태도가 아니라, 스스로를 돌아보고 책임을 회피하지 않는 용기이다. 돌부리를 탓하기 전에 "내 발은 어디를 향하고 있었나?"를 묻는 습관이 바로 겸손의 출발점이다. 자기인식을 바탕으로 한 자기점검과 자기평가가 개인과 조직 모두가 성장하는 가장 강력한 밑거름이 된다.

프랑스 대통령, 마음으로 낮춘 겸손의 제자

프랑스 제9대 대통령 레몽 푸앵카레가 자신의 은사인 리비스 박사의 퇴임식에 참석하였다. 리비스 박사는 수십 년간 수많은 제자들을 가르치며 교육계에 큰 공헌을 했고, 이 날은 그의 헌신과 노고를 기리는 뜻 깊은 자리였다. 많은 동료 교수와 제자들, 그리고 다양한 분야의 인사들이 참석해 리비스 박사의 업적을 축하했다. 푸앵카레 대통령 역시 한때 그의 가르침을 받은 제자로서 감사의 마음을 전하기 위해 이 날 자리를 찾았다. 그런데 리비스 박사가 연설을 위해 단상에 올랐을 때 뜻밖의 일이 벌어졌다.

단상에 올라 객석을 천천히 둘러보던 리비스 박사가 당황하며 말을 잇지 못했다. 대통령이 내빈석도 아닌 일반석 맨 뒷자리에 앉아 있었던 것을 그제서야 리비스 박사가 본 것이었다. 깜짝 놀란 리비스 박사가 급히 단상으로 모시려 했으나, 푸앵카레 대통령은 조용히 이를 사양했다. 그러면서 차분하고 진솔한 목소리로 리비스 박사에게 말했다. "선생님, 저는 지금 대통령이 아니라 선생님의 제자입니다. 오늘은 선생님의 퇴임을 축하하는 날이며, 저는 그저 한 사람의 제자로서 이 자리에 참석했습니다. 오늘은 선생님의 영광에 누가 되는 일이 없도록 겸손히 자리를 지키고자 합니다." 그의 말 한마디 한마디는 참석자들의 마음에 깊은 울림과 함께 진정한 겸손의 의미를 보여 주었다.

퇴임식을 마치고 단상에 다시 선 리비스 박사는 깊은 감동을 숨기지 않고 말했다. "이토록 훌륭하고 겸손한 제자를 두었다는 사실만으로도 저는 큰 행운아입니다." 그는 자랑스러운 표정으로 참석자들을 향해 말을 이었다. "우리 프랑스는 이렇게 겸손한 리더를 모셨기에 앞으로 더욱 부강하고 번영할 것입니다." 관중들은 그의 말에 뜨거운 박수와 환호로 화답했다. 이 일화는 푸앵카레 대통령의 인품을 널리 알리며, 그의 명성을 한층 더 높였다. 겸손이 리더의 핵심 덕목임을 다시 한 번 깨닫게 하는 일화이다.

프랑스 제9대 대통령, 레몽 푸앵카레
(Raymond Poincaré, 1860-1934)

6.2 겸손한 상사는 무엇이 다른가

세심한 마음

'리더는 사람을 버리지 않는다'의 저자 김성근 전 프로 야구 감독은 '견(見), 관(觀), 진(診)'이라는 철학을 강조한다. 그는 말한다.

"많은 선수들이 실력이 없어 야구를 그만두는 게 아닙니다. 아무도 그 실력을 발견해 주지 않아 그만두는 겁니다."

그는 감독 생활을 통해 한 가지 확실하게 깨달았다고 한다.

"사람은 누구나 나름의 능력을 가지고 있다. 열 가지 능력을 가진 사람도 있고, 단 하나의 능력을 가진 사람도 있다. 중요한 건 그 능력을 누가, 어떻게 발견해 주느냐이다."

김 감독이 말하는 견(見), 관(觀), 진(診)의 의미는 단순한 관찰 이상의 메시지를 담고 있다. 우선 견(見)은 말 그대로 그저 보는 것이다. 대부분의 사람들이 이 단계에 머무른다. 그 다음이 관(觀)이다. 어느 정도의 관심을 갖고 상대를 바라보기 시작하면 이 단계에 도달한다. 하지만 진짜 중요한 것은 마지막 단계인 진(診)이다. 이는 깊은 애정과 지속적인 관찰을 바탕으로 말 한마디, 작은 움직임 하나를 놓치지 않고 감춰진 능력을 찾아내는 과정이다.

진(診)은 하루아침에 도달할 수 없다. 애정이 있어야 오래 관심을 기울일 수 있고, 오래 관심을 기울여야 감추어진 재능이 보인다. 관심이 없으면 아무리 가까이 있어도 보이지 않는다. 결국, '관심'은 재능을 발굴하는 유일한 창구이자, 구성원 한 사람을 조직의 힘으로 이끌어 내는 출발점이다.

건강한 조직의 리더는

여러 유형의 리더가 있다. 뛰어난 성과를 이끄는 리더, 조직을 전략적으로 운영하는 리더, 사람들을 조율하며 이끄는 리더 등 다양하다. 여러 리더십 유형 중에서도 '겸손의 리더'는 조금 차별된다. 겸손의 리더십이 스스로를 낮춘다고 존재감마저 낮아지지 않는다. 오히려 더 깊은 신뢰를 만들어 낸다. 겸손의 리더십은 구성원 한 사람 한 사람을 존중하고, 그들의 가치를 진심으로 인정하는 마음에서 비롯된다.

어느 기업의 대표가 거래처를 방문한 일이 있었다. 업무를 마친 뒤, 함께 차를 마시던 중 대표가 먼저 말을 건넸다. "회사 분위기가 참 좋습니다." 이러한 칭찬에 보통의 리더라면 대개 이렇게 답할 것이다. "네, 저희가 얼마 전 많은 비용을 투자해 새롭게 인테리어를 했거든요." 이러한 반응은 기업 외형을 강조하여 존재감을 과시하려는 경우에 나오는 반응이다. 겉으로 드러나는 성과나 자원에 초점을 두는 태도는 리더 자신의 존재감을 부각시키려는 무의식적 표현이기도 하다.

하지만 그 거래처의 대표는 달랐다. 짧은 미소와 함께 조용히 "네, 분위기도 좋지만, 저희 회사는 열심히 일하는 직원들이 더 좋아요." 그 한마디에 리더의 깊은 철학이 담겨 있었다. 함께 일하는 구성원들의 노력을 먼저 언급하고, 구성원들의 사기를 먼저 높이며, 리더 자신은 한 걸음 물러서는 겸손의 태도이다. 겸손은 말로만 하는 자기 낮춤이 아니라, 실제 행동과 태도에서 드러나는, 자기평가에 기반한 진심이다.

인크루트가 2020년 10월 19일부터 이틀간 직장인 665명을 대상으로 퇴사 결심 사유를 조사한 결과, 가장 큰 이유 중 하나는 '상사의 잔소리'라는 결과가 나왔다. 이러한 결과는 권위적이고 일방적인 관리자가 조직에 얼마나 부정적 영향을 미치는지 보여주는 단적인 예이다. 겸손한 리더는 지위가 가진 권위를 앞세우지 않고 신뢰와 존중을 기반으로 조직을 이끌기 때문에 구성원들로 하여금 안정감을 가지고 오랫동안 함께 일할 수 있게 해 준다.

100% 순도의 믿음이 만든 무사고

지게차 작업은 단순히 물건을 옮기는 기술이 아니다. 보이지 않는 위험 속에서 사람 사이의 믿음과 호흡으로 이뤄지는 정밀한 협업이다. 나는 한 제조업 현장에서 지게차 유도직원으로 일한 적이 있다. 그날 내게 주어진 역할은, 정규직 팀장급 운전원과 한 조를 이루어 지게차 작업을 유도하는 일이었다.

처음 만나는 운전원, 게다가 팀장이라는 위치라 책임감이 무거웠다. 나는 솔직히 긴장했고, 내 지시에 얼마나 귀 기울여줄까 하는 의구심에 위축감마저 들었다. 현장에서는 때때로 경험 많은 정규직들이 일용직의 신호나 판단을 무시하거나, 스스로 판단하려 드는 경우도 많았기 때문이다. 그러나 그날의 운전원은 전혀 달랐다.

작업이 시작되자 그는 내 손짓 하나하나를 단 한 번의 주저함 없이 따라 주었다. 내가 멈추라고 손을 들면 즉시 멈췄고, 고개를 끄덕이면 서서히 전진했다. 오직 내 신호만을 보고 작업을 이어가는 모습에 처음엔 내가 당황할 정도였다. 나의 유도를 의심함 없이 다시 묻거나 확인하지 않고, 오로지 나를 믿고 따른다는 사실이 내겐 일종의 신선한 감동이었다.

그러한 감정을 제대로 체감한 장면이 있었다. 우리가 자재를 옮기던 공간은 좁은 통로였다. 지게차 유도 중 주변에 얼핏 스친 사람의 그림자를 보고 직감적으로 정지 신호를 보냈다. 운전원 팀장은 1초의 주저함 없이 지게차를 멈춰 세웠다. 확인해 보니, 그림자는 갑자기 옆 작업장에서 튀어나온 인원이었다. 순간적으로 멈추지 않았다면 큰 사고가 발생할 수도 있는 상황이었다.

그는 내가 일용직인지, 경험이 얼마나 되는지 따지지 않았다. 나의 역할과 시야, 그 판단을 전적으로 신뢰했다. 겸손은 '내가 더 많이 아는 사람'이라는 태도를 내려놓고, 상대를 진심으로 믿는 데서 시작된다는 걸 그때 처음 깨달았다.

작업이 끝난 후 팀장이 내게 말했다.

"오늘 판단을 참 잘해 줬습니다. 덕분에 무사히 마칠 수 있었습니다."

팀장의 그 한마디에 내 마음속에는 단순히 일을 잘했다는 만족을 넘어, '인정받았다'는 뿌듯함이 차올랐다. 사실 팀장이 내게 한 감사의 말은, 현장에서 일용직에게는 좀처럼 들을 수 없는 말이기도 했다.

지게차 작업은 99.9%의 신뢰로도 부족하다. 0.1%의 의심이 사고로 이어질 수 있기 때문이다. 그날의 무사고는, 정규직 팀장이 일용직 유도원의 판단을 100% 순수하게 신뢰한 겸손 덕분이었다. 조직 내 지위가 높을수록, 많은 정보를 알고 있을수록, 타인의 판단을 신뢰하는 겸손은 드러나기 힘들다. 하지만 그러한 겸손이야말로 사람을 살리고 조직의 성과를 끌어올리는 가장 중요한 시작점이다.

이와 비슷한 마음을 담은 메시지가 있다. 어느 한 하급 직원이 팀장에게 보낸 메시지이다.

"팀장님, 요즘 문득 그런 생각이 들어요. 일이 힘들긴 해도, 저한테는 지금 하는 일이 매우 의미 있고 흥미로워요. 물론 매 순간이 즐

겁진 않죠. 스트레스도 있고, 어려운 것도 많지만, 이상하게도 그 일에서 재미를 느끼고, 스스로 성장하고 있다는 생각마저 들어요. 다 좋은 건 아니지만, '의미 있고 흥미롭다'는 게 이렇게 큰 힘이 될 줄은 예전엔 몰랐어요. 그런데 사실, 그보다 더 크게 제 마음에 다가오는 건 다름 아닌 팀장님이에요. 사실 요즘 진짜 지치고 버거운 순간이 많았는데, 그럴 때마다 팀장님 말 한마디, 표정 하나가 정말 위로처럼 느껴졌어요. 그냥 상사로서 잘 이끌어 주신다, 하는 정도가 아니라, 친형님 같이, 늘 사람을 먼저 존중해 주시잖아요. 제가 실수했을 때도 혼내기보다 다독여 주시고, 잘했다는 말 한마디에 진심이 느껴지니까요. 그게 얼마나 큰 힘이 됐는지 몰라요. 그래서 팀장님은 제게 단순히 '많이 존경스러운 분'이 아니라, 요즘 제 일과 삶 속에서 거의 전부에 가까운 너무나도 큰 버팀목이에요. 팀장님 덕분에 힘들어도 다시 마음잡고 일할 수 있었고, 또 제 자신을 좀 더 믿게 됐어요. 이런 말 잘 못하는 편인데, 오늘은 꼭 이 말씀드리고 싶었어요. 팀장님, 팀장님은 제게 '전부'는 아니어도, 정말 '많이' 고마운 사람입니다. 정말, 감사합니다. 팀장님."

　이 메시지는 조직에서 팀장의 역할이 얼마나 크고 중요한지를 보여 주는 사례이다. 하급 직원이 자신이 맡은 일이나 개인적 어려움을 겪을 때 팀장의 말 한마디는 동기를 부여하고 팀 분위기를 쇄신한다. HEED가 말하는 관리자의 낙심관리와 겸손의 중요성을 제대로 보여 주는 사례라 할 수 있다.

<기도하는 손>, 헌신과 희생의 아름다움

알브레히트 뒤러의 기도하는 손

알브레히트 뒤러는 '독일 미술의 아버지'라 불리는 위대한 화가이다. 그의 대표작 중 하나인 <기도하는 손>은 오늘날까지 많은 이들에게 깊은 울림을 전한다. 그런데 이 명화가 탄생하기까지, 그 배경에는 뒤러와 그의 친구 사이의 깊은 우정과 겸손한 헌신이 있었다.

뒤러와 그의 친구는 모두 화가의 꿈을 품고 있었지만, 당시엔 너무 가난해 그림 공부조차 할 수 없는 형편이었다. 결국 두 사람은 한 사람이 일자리를 구해 번 돈으로 다른 사람의 그림 공부를 지원해 주기로 약속했다. 뒤러가 먼저 그림을 배우게 되었고, 몇 년 후 그는 실력 있는 화가로 성장했다.

이제 친구가 그림 공부를 할 차례였다. 뒤러는 그를 찾아가 자신의 자리를 친구에게 내어 주고 자신이 일을 하기로 했다. 그러나 친구는 이미 너무 오랫동안 고된 노동을 해 손이 망가져 더 이상 붓을 잡기조차 힘든 상태였다.

뒤러가 찾았을 때, 친구는 조용히 기도하고 있었다. "뒤러만큼 훌륭한 화가가 되게 해 달라." 친구의 손을 바라본 뒤러는 먹먹한 감정에 휩싸였다. 그리고 그날, 친구의 손을 정성스럽게 그려 냈다. 그것이 바로 지금까지 회자되는 명화, 〈기도하는 손〉이다.

이 그림은 단순한 손의 형상이 아니다. 지위가 아닌 신뢰를 선택하고, 경쟁이 아닌 헌신을 선택한 한 사람의 겸손을 담고 있다. 겸손이란, 말을 앞세우는 게 아니라 진심 어린 선택으로 누군가를 높이는 태도이다. 그러한 겸손이 결국 팀을 살리고, 조직을 성장시킨다.

6.3 권한을 무기처럼

골라, 내가 정한 것 중에

오해를 막기 위해 먼저 말씀드립니다. 이 사례는 특정 개인을 지적하거나 겨냥하려는 것이 아니라, 조직에서 흔히 볼 수 있는 권위적 리더십의 한 단면을 보여주기 위한 것입니다.

나는 평소 자주 가는 식당에서 점심을 먹고 있었다. 식사가 거의 끝날 무렵 50대로 보이는 남성 1명, 30대로 보이는 여성 1명, 40대로 보이는 남성 2명 등 4인 일행이 식당 문을 열고 들어왔다. 자리에 앉자마자 50대 남성이 벽에 걸린 메뉴판을 보며 말했다. "1번, 3번, 4번 중

하나를 선택해." 그러더니 이어서 "나는 1번, 다른 사람들은?" 하며 물었다. 그러자 나머지 세 사람은 거의 동시에 "네"라고 답했다.

메뉴판의 1번은 돌솥비빔밥, 3번은 불고기백반, 4번은 된장찌개였다. 50대 남성은 이 세 가지 중에서만 선택하도록 제한한 것이다. 나머지 세 사람은 불고기백반이나 된장찌개를 선택할 수도 있었지만, 아무도 그렇게 하지 않았다. 그들이 왜 반발 없이 따랐는지는 나로선 정확히 알 수 없었지만, 분위기로 미뤄 짐작건대 그들은 메뉴 선택의 기회를 사실상 박탈당한 것이나 마찬가지였다. 리더로 보이는 이는 "내가 선택한 대로 따라"라고 말하는 것에 다름없었고, 세 사람은 그의 말을 거스를 수 없어 보였다.

점심시간은 직장인들에게 어쩌면 하루 중 가장 소중한 순간이다. 바쁜 업무 속에 잠시라도 편히 쉬고, 자신이 먹고 싶은 것을 선택하며 여유를 즐기고 싶을 것이다. 하지만 이들은 그러지 못했다. 누군가는 다른 메뉴를 먹고 싶었을 수도 있고, 건강상의 이유로 특정 음식을 피해야 했을 수도 있다. 그럼에도, 50대 남성은 자신의 결정이 가장 합리적이라고 믿는 듯, 거의 강요하는 듯 보였다.

점심 메뉴 선택조차 개인의 의사로 결정할 수 없는 상황이라면, 조직에서 중요한 사안이 있을 때 과연 자유롭게 자신의 의견을 개진할 수 있을까? 하는 생각이 스쳤다. 혹시 가격 차이 때문인가 싶어 메뉴판을 다시 봤다. 그러나 가격 차이는 500원에 불과했다. 결국, 그가 내비친 '내 선택을 따라' 하는 태도가 내게는 '내가 가진 힘을 이용해 내 뜻을 관철시키겠다'는 전형적인 거만으로 비춰졌다.

세 사람은 메뉴를 정한 후에도 서로 한마디도 나누지 않은 채

50대 남성의 말을 듣기만 하고 있었다. 대화 내용을 들어 짐작하니 어떤 프로젝트 관련 논의였다. 그런데 그들 중 누구도 다른 의견을 제시하는 이가 없었다. 마치 답은 정해진 양 50대 남성의 말에 고개만 끄덕였다. 식사 중에도 그 혼자 말했고, 다른 세 사람은 여전히 듣고만 있었다.

권한을 가진 사람의 말은 무조건 따라야 한다는 권위적 문화가 조직 내에 자리 잡으면, 구성원들로부터 새로운 아이디어가 나오기 힘들다. 일방적 의사결정이 지속되면 구성원들은 점점 수동적으로 변하고, 변화와 혁신은 시도조차 힘들고, 시도하더라도 단순한 구호에 불과할 것이다.

겸손한 리더라면 이렇게 말했을 것이다.
"오늘은 어떤 메뉴가 좋을까요? 먼저 선택하세요."
"각자 먹고 싶은 메뉴를 선택하세요."

실수를 대하는 리더의 심리학

예컨대 누군가 한 번 지각했을 때, 사람들은 무의식중에 그 대상을 섣불리 판단하려는 경향이 있다. '게으른가?', '책임감이 부족한가?', '태도가 불성실한 건가?' 그런데 단 한 번의 지각으로 그 사람의 성격이나 업무 태도를 평가·판단할 수 있을까? 이런 질문에 이르면, 사람들은 얼마나 타인에 대해 쉽게 평가하고 결론을 내리는지 되돌아보게 된다.

심리학에서는 이러한 판단 태도를 설명하는 데 '귀인이론'을 사용한다. 귀인이론에서는 사건의 원인을 어디에 두느냐에 따라 감정, 태도, 동기, 행동 등이 달라진다고 본다. 예컨대, 누군가의 지각에 대해 "그 사람은 원래 게으르니까"라고 생각하는 것은 '성향적 귀인'으로 사건의 원인을 개인의 성격 탓으로 보는 심리인 것이다. 반면 "오늘 도로가 많이 막혔나 보네"라고 해석하는 태도는 '상황적 귀인', 즉 외부 환경의 영향으로 보는 심리이다. 같은 행동이라도 해석에 따라 심리적 반응은 크게 달라진다.

어떤 회사에서 미스터 홍이라는 직원이 지각했다고 해 보자. 이 상황을 바라보는 팀장들의 반응은 제각기 다르다. 한 팀장은 "오늘 늦었네"라며 가볍게 웃고 넘어간다. 또 다른 팀장은 "평소에도 태도가 안 좋더니 역시 지각이구만. 인사고과에서 보자"라며 날을 세운다. 또 다른 팀장은 "무슨 일 있었어?"라며 조심스레 묻는다. 세 명 모두 같은 사실을 접했지만, 그에 대한 해석과 대응 방식은 전혀 다르다.

이 중 가장 성숙하고 건강한 반응은 세 번째 팀장이 보인 태도일 것이다. 그는 지각이라는 하나의 행동으로만 사람을 판단하지 않는다. 혹시 집에 무슨 일이 있었는지, 아이가 아픈 건 아닌지, 교통이 막혔는지 등 다양한 가능성을 열어 두고 상대의 상황을 이해하려 한다. 반면 두 번째 팀장은 이미 미스터 홍에 대해 부정적 고정관념을 갖고 있으며, 실수를 개인의 고질적 단점으로 일반화하고 있다. 나아가 그것을 평가에 반영하겠다는 말로서 권한을 무기처럼 사용하는 태도를 보인다.

이러한 태도를 심리학에서는 '중심특질(특성) 오류'라고 부른다. 중심특질(특성) 오류란 한 가지 행동이나 특징을 전체 성격의 대표로 여겨 판단하는 인지적 오류를 말한다. 지각이라는 한 번의 행동만으로 그 사람을 무책임한 존재로 단정 지어 버리는 오류이다. 이러한 오류는 불공정한 평가를 낳고, 편견과 낙인을 만들어 조직 내 불신과 갈등을 유발할 수 있다.

더 심각한 문제는 이런 평가가 '지배'와 '통제'의 수단으로 사용될 수 있다는 점이다. "인사고과에서 보자"라는 말은 단순한 불만의 표출이 아니다. 평가 권한을 이용해 상대에게 위압감을 주고, 권력 관계를 다시 확인시키는 행위다. 이런 상사는 직원의 상황을 이해하려 하기보다 자신의 권한을 내세워 순응을 이끌어 내려 한다. 이런 분위기가 조직 전체로 퍼진다면 강자에게 약하고 약자에게 강한, 이른바 '예스맨' 조직문화가 자리 잡게 된다.

실제로 취업포털 커리어가 2012년 4월 13일부터 6일간 직장인 586명을 대상으로 설문조사에서는 최악의 부하 직원 1위가 '위아래 없는 건방진 직원'으로, 최악의 상사 1위는 '예스맨 상사'로 조사되었다. 이는 단순히 개인적 문제가 아니라, 수직적 위계와 편견 중심의 조직문화가 얼마나 많은 문제를 야기할 수 있는지 보여 주는 단적인 예다.

지각이라는 하나의 행동만으로 그 사람을 판단하는 일은 공정하지 않다. 오히려 그런 순간에 먼저 배려의 의문을 가져야 한다. '무슨 일이 있는 건 아닐까?', '도움이 필요한 건 아닐까?' 이러한 열린 시선과 태도는 조직분위기를 바꾸고, 구성원 간 신뢰를 만드는 밑거름이 된다. 중요한 것은 '평가'보다 '이해'하려는 마음이며, '판단'보다 '공감'하려는 태도다. 이러한 태도를 견지하는 일이야말로 건강한 조직을 만드는 진정한 리더의 출발점이다.

평가보다 공감, 판단보다 이해

지난 2024년 무더위가 한창이던 여름 날, 나는 5인 미만의 어느 중소기업체 일용 근로자로 근무하고 있었다. 현장은 기계음 소리로 가득했다. 흔히 말하는 '노가다' 현장이었다. 맡은 일이 익숙하지는 않았지만 시키는 대로 나름 열심히 했다. 그러던 어느 날, 대표가 내게 무슨 지시를 했는데, 기계 소음 탓에 잘 알아듣지 못했다. 그러자 대표가 내 곁으로 오더니 "귀머거리냐", "아는 게 뭐냐"라며 윽박지르듯 말했다. 그 말을 듣는 순간, 온몸이 푹 꺼지는 듯했다. 그래도 꾹 참고 약 한 달을 버텼다.

농부는 더운 여름날, 소를 데리고 밭에 나가지 않는다. 땡볕 아래 일하면 소가 금세 지치고 힘들어진다. 겨울이 되면 농부는 짚으로 만든 '짚방석'을 소 등에 덮어 준다. 말 못 하는 소일지언정 같은 생명이고 한 가족처럼 여기는 마음이 농부에게 있기 때문이다.

서로 통하는 언어를 사용하며, 같은 공간에서 살아가고 땀 흘리며 일하는 사람을 단순히 '삯꾼'이나 '일꾼'으로만 바라보지는 않았는지 되돌아보게 된다. 설령 의도치는 않았다 하더라도, 육체노동을 한다는 이유만으로 그 사람의 삶까지 가볍게 여긴 적은 없었는지, 이른바 '노가다'라는 말로 특정 노동에 종사하는 사람들을 쉽게 규정하고, 그들의 존엄까지 깎아내린 적은 없었는지 생각해 보게 된다. 종사하는 일이 그 사람의 전부를 설명하지 않는다. 누구든 각자의 자리에서 삶을 버티고, 묵묵히 걸어가고 있을 뿐이다.

소에게 짚방석을 덮어 주는 따뜻한 마음이 있다면, 사람에게는 더 큰 존중과 공감이 필요하다. 함께 일하는 사람을 바라보는 눈, 그 속에 담긴 마음이 우리의 일터를 더 따뜻하게 만든다. 서로를 사람답

게 대하는 것, 그것이 일하고 싶은 일터의 품격 아닐까.

이런 조직문화를 혁신하는 일이 그리 어려운 일만은 아니다. 리더나 관리자 자신이 단순히 '평가하는' 존재를 넘어 구성원을 존중하는 '리더'의 자세를 갖추면 된다. 진술한 리더는 구성원의 행동에 대해서만 판단하는 게 아니라, 왜 그러한 행동이 발생하게 되었는지 그 배경과 상황을 이해하려고 노력한다.

상사가 부하 직원들 앞에서 고개를 숙이고 자신을 낮춘다 해서, 누가 그를 '바보 같은 상사' 혹은 '신뢰할 수 없는 상사'라 생각할 수 있을까? 오히려 그런 모습에서 상사의 진정성을 느끼고, 마음 깊이 신뢰하며 감동받게 된다. "존재만으로도 위안이 되는 사람"이라는 말은 결코 과장이 아니다. 자신에게 주어진 권한을 무기로 쓰기보다 스스로를 낮추고 동료의 목소리에 귀를 기울이는 리더야말로 조직을 움직이는 진짜 힘이다.

겸손을 실천하는 상사는 구성원들의 존경을 받는다. 단지 일을 잘 해서가 아니라, 함께 일하고 싶은 사람, 함께 있고 싶은 사람으로 기억된다. 그리하여 주변으로부터 "성공한 인생"이라는 평을 듣게 될 것이다. 이때의 성공은 타인을 눌러 얻어 낸 결과가 아니라, 더불어 성장하며 이룬 결실이다.

실제 리더십 이론 중 하나인 상황이론은 구성원의 능력, 동기, 환경에 따라 리더십 스타일이 달라져야 한다고 강조한다. 같은 행동이라도 누가, 어떤 상황에서, 어떤 의도로 그것을 했는지를 충분히 고려해야 한다는 뜻이다.

삶의 고통이 가르친 겸손

고통은 때때로 새로운 삶의 길을 제시해 준다. 한때는 나만 유난히 지독히도 어렵고 힘든 삶을 살아가고 있다고 느꼈다. 누구에게도 쉽게 털어놓을 수 없었던 재정적 고통은 특히 더 깊고 무거웠다. 은행 이자를 제때 불입하지 못해 살던 집에 가압류가 들어왔고, 독촉 전화와 고지서는 쉴 새 없이 나를 옥죄었다. 세상에서 가장 소중했던, 나와 아내의 결혼반지마저 팔아야 했다. 그때 나는 진정으로 내 삶의 행로를 깊이 들여다볼 수 있었다. 철저한 자기점검의 시간이었다.

내 삶의 고통은 타인의 고통을 들여다볼 수 있는 힘으로 주어졌고, 좁았던 시야를 넓혀 주었다. 내 안의 고통에만 몰입할 때는 세상이 무너져 내리는 듯했지만, 고개 들어 주위를 둘러보니 더 깊은 고통 속에서도 묵묵히 살아가는 사람들이 비로소 보였다. 그들과 이야기를 나누며 나의 고통은 한층 가벼워졌고, 해결의 단서가 하나씩 보이기 시작했다.

평소 잘 알고 지내던 사람과의 대화 속에서 나는 나의 강점을 다시 발견했고, 그 사람이 소개해 준 또 다른 인연을 통해 문제 해결의 실마리를 얻게 되었다. 누군가와 대화를 나누다 보면 어느 순간 자신을 깨닫게 된다. '내가 왜 이 고통으로 그렇게 많은 시간을 허비했을까?' 나의 고통은 누군가의 고통 앞에 작아졌고, 오히려 나를 더욱 단단하게 만들어 주었다.

지난 고통은 나에게 삶의 지혜를 안겨 주었다. 거기에 더해 무엇보다 중요한, 바로 타인의 고통을 보는 눈을 열어 주었다. 그 순간 이후 나는 조금씩 겸손해졌다. 사람과의 믿음, 신뢰가 나를 다시 일으켜 세웠다. 고통을 통해 나는 '겸손'이라는 선물을 받았다.

6.4 조직의 겸손

개인에서 시작되는 변화

왜 어떤 조직은 일하기 좋은 '행복한 조직'이 되고, 어떤 조직은 그렇지 못할까? 거금을 들여 선진 기법을 도입했다는 조직들이 왜 기대만큼의 성과를 내지 못할까? 시간이 지날수록 나는 하나의 신념에 도달했다. 좋은 조직은 표면적 기법이나 시스템이 아닌, 구성원 각자가 스스로를 인식하고 점검하며, 자기평가를 통해 방향을 설정하는 문화가 공유되는 곳이라는 믿음이다. 진정한 변화와 혁신은 개인에서 시작된다.

대학에서 조직이론을 강의하면서 나는 학생들에게 종종 '가족'과 '우리 몸'을 비유로 설명한다. 가족은 서로를 잘 알고, 잘못을 지적하기보다 격려하며, 함께 나아갈 길을 찾는다. 이러한 신뢰와 관심은 조직에서도 마찬가지다. 서로에게 도움이 되는 말 한마디, 진심 어린 칭찬 하나가 조직의 분위기를 바꾸며, 구성원들은 스스로를 돌아보고 함께 나아갈 방향을 설계할 수 있다.

변화를 위한 첫 걸음은 늘 '나'로부터 시작된다. 성공한 사람들은 공통적으로 좋은 습관을 지니고 있다. 자신을 정확히 바라보는 자기인식을 바탕으로, 규칙적인 생활과 충실한 자기점검을 통해 행동을 조정하며, 자기평가를 통해 우선순위를 재정비하고 더 나은 방향을 설계한다. 이러한 과정 없이는 좋은 습관도, 변화도 우연히 생기지 않는다. 변화는 타인에 의한 통제가 아니라, 스스로에 대한 진지한 평가에서 비롯된다.

HEED가 강조하는 자기점검은 단순한 개인적 활동에 그치지 않는다. 구성원들이 스스로를 돌아보고 성장하는 과정은 곧 조직 전체의 변화로 이어진다. 외부의 프로그램이나 방법론보다, 구성원이 자신을 신뢰받고 존중받는 환경에서 자기인식, 자기점검, 자기평가를 꾸준히 실천하는 문화가 더 큰 힘을 발휘한다.

지금, 조직변화에 나설 때

어느 조직이건 '변화'라는 단어는 익숙하게 사용된다. 회의에서, 전략 발표에서, 구성원 간의 대화 중에도 자주 등장한다. 그러나 그 익숙함만큼 실제로 변화가 자주 일어나는 것은 아니다. 대부분의 조직이 변화를 말하지만, 그 변화가 '지금 당장 시도해야 할 일'로 여겨지지는 않는다. 언젠가는 시도해야 할 일이지만, 지금은 아니라는 생각, 그 이유는 단순하다. 조직 변화가 당장의 성과에 직접 영향을 미치지 않는다고 생각하기 때문이다. 그렇게 생각하는 리더나 관리자는 이렇게 말할 것이다. "변화는 시간 날 때 하면 되지. 지금은 거래처 사장님 만나러 가야 해." "변화 중요하지. 하지만, 지금은 신제품 전략부터 세워야 돼." "지금은 바쁘니까, 이 프로젝트 끝나고 추진하자."

물론 전적으로 틀린 말들은 아니다. 어쩌면 책임 있는 자세로 보이기도 한다. 당장의 성과를 챙기고, 고객을 만나고, 눈앞의 문제를 해결하는 일은 분명 중요하다. 하지만 이 판단이 완전히 옳지도, 완전히 틀리지도 않다는 점이다. 중요한 것은 그런 판단이 지닌 '제한성'이다. 변화는 나중으로 미룰 수 있는 보조 업무가 아니다. 당장의 성과도 중요하고, 조직의 변화도 중요하다. 이 둘은 '선택'의 문제가 아니라 '병행'의 문제다. 당장의 성과를 위해 움직이면서도, 동시에 조직의 관행과 체계를 조금씩 바꿔 나갈 수 있어야 한다.

이유는 명확하다. 우리가 살아가는 환경이 너무도 **빠르게** 변하기 때문이다. 오늘의 혁신 기술이 내일이면 구식이 되고, 오늘 무엇을 원하는 고객이 내일은 전혀 다른 것을 추구한다. 세상의 흐름은 우리를 기다려 주지 않는다. 특히 오늘날 기술변화 속도는 상상을 초월한다. 고객의 눈높이는 계속 높아지고, 따라서 비즈니스 환경도 끊임없이 바뀐다.

외부 환경은 쉼 없이 변화하는데, 많은 조직은 여전히 느긋하다. 마치 여름이 다가오는데도 "지금 입은 봄 옷이면 충분해"라고 말하는 거와 다를 바 없다. 봄 옷으로는 여름을 버틸 수 없다. 지금은 준비를 '미리' 한다 해도 겨우 따라가기에도 벅찬 시대다. 준비 없이 맞이하면, 다가오는 큰 위기를 피할 수 없다.

중요한 질문은 이것이다.

"조직변화, 지금 하지 않으면 언제 할 것인가?"

변화를 미루는 건, 더 어려운 길을 택하는 것이나 마찬가지다. 시간이 지나면 조직 관행은 더욱 굳어지고, 구성원들은 익숙함의 늪에 깊이 잠긴다. 한 번 굳어진 방식은 쉽게 바뀌지 않는다. 그러니 지금이 아니면, 점점 더 바꾸기 어려워진다.

사람들은 종종 "지금은 너무 바빠서 못 해요"라 한다. 오히려 바쁘기 때문에라도 지금 변화해야 한다. 지금 변화에 나서지 않으면, 나중에 아무리 시간이 많아도 바꿀 수 없는 상황을 맞이할 수 있다. 중요한 것은 바로 '지금'이라는 단어다. '지금'은 단순히 현재 시제만을 의미하지 않는다. 조직의 방향성과 경쟁력을 결정짓는 선택의 순간이다.

조직의 모든 구성원이 똑같은 생각을 가질 수는 없다. 하지만 한

가지는 같아야 한다. 환경은 빠르게 변하고 있고, 우리도 그것에 맞춰 변해야 한다는 사실이다. 지금 이 순간은 그 어떤 시간보다도 소중하다. 지금 바꾸지 않으면, 내일은 기회조차 주어지지 않을 수 있다.

변화는 거창한 프로젝트가 아니다. 작은 관행을 점검하고, 불필요한 것을 덜어 내고, 더 나은 방향을 향해 나아가는 일이다. 그 첫걸음은 멀리 있지 않다. 바로 지금, 그리고 여기에서 시작된다.

가만히 있어도?

경쟁력 있는 조직은 스스로를 어떻게 다룰까? 진짜 강한 조직은 겸손에서 출발한다. 그런데 힘을 가졌다는 이유로 거만함에 빠지는 경우가 많다. 고객을 고려하지 않고 자신들 편의대로 비즈니스를 영위하며 조직 이기주의에 빠진다. 겉보기엔 그럴듯한 체계를 갖춘 듯 보이지만, 실상은 고객 불편을 방치하는 구조다. 이러한 편의주의적 발상 또는 조직 이기주의적 발상은 굴러 온 기회를 스스로 걷어차는 발상이다. "가만히 있어도 고객이 찾아와 주니, 걱정 없어"라는 오만한 생각이 자리한 탓이다.

예를 들어 보자. 인구 고령화는 자연스러운 고령 환자의 증가로 이어지고 있다. 병원은 특히 '찾아오는 고객'을 상대하는 구조이기에 편의주의에 빠져 겸손함을 잃기 쉽다. 하지만 고객이 찾아온다는 사실이 오히려 함정이 되기도 한다. 겸손함을 잃은 조직은 '어차피 올 거니까'라는 태도로 자칫 고객 응대를 소홀히 할 수 있다. 결국 고객의 신뢰는 멀어지고 경쟁력은 차차 떨어져 간다. 내가 경험했던 다음의 사례를 보자.

얼마 전, 나는 시력이 흐려져 안과를 찾은 적이 있다. 접수처에서

5번 진료실로 가라는 안내를 받았지만, 시야가 흐린 나는 5번 진료실을 쉽게 찾을 수 없었다. 다시 직원에게 물었다. 직원은 피곤한 얼굴로 무뚝뚝하게 대답했다. "안쪽으로 쭉 들어가세요." 설명은 딱 그 한마디였다. 이른 아침부터 많은 환자를 상대해서였을까, 그녀는 지쳐 보였지만, 환자를 대하는 태도는 분명 불친절했다. 진료실을 제대로 찾지 못해 복도에 어리둥절하게 서 있는 나에게 다른 환자 한 분이 다가와 "여기가 5번 진료실이에요" 말해 주었다. 그 말을 듣고서야 문 위에 '5번'이라고 적혀 있는 팻말을 알아볼 수 있었다. 열려 있는 문이 번호 팻말을 가려 제대로 보이지 않았던 것이다. 문에 가려진 팻말 외에는 천장이나 바닥 어디에도 다른 안내 표시는 없었다. 처음 온 환자라면 누구든 헷갈릴 만한 구조였다.

고객의 불편은 어쩌면 아주 사소해 보이는 것에서 시작된다. 조직이 겸손함을 잃으면, 자연스럽게 '우리가 편한 방식', 이른바 편의주의에 빠지게 된다. 그러한 일상이 누적되면 조직 관행이 되고, 변화의 필요성을 생각할 이유는 없어진다. 겉으로는 효율적인 시스템처럼 보일지라도, 고객 입장에서는 배려 없는 불편한 공간일 뿐이다. 그러므로 고객의 시선에서 출발하는 강한 조직은, 바로 겸손에서 시작된다.

겸손한 조직의 지혜

조직이 어떤 가치를 가장 우선해 선택하는지는 위기 상황에서 드러난다. 안전사고가 발생했을 때, 조직은 사람을 먼저 챙길 것인가, 손실을 먼저 계산할 것인가? 변화가 필요할 때, 구성원을 믿고 기다려 줄 것인가, 실적을 밀어붙일 것인가? 겸손한 조직은 그 선택의 기준이 다르다. 이익보다 사람을 먼저, 효율보다 관계를 먼저 고려한다. 겸손은 단순한 태도가 아니라 "무엇을 먼저 선택할 것인가"에 대한 철학이다. 그리고 그 철학은 말이 아니라 행동에서 증명된다.

왜 일터에서 안전사고는 반복될까? 사고의 원인은 다양하지만, 중요한 것은 문제를 바라보는 방식이다. 대부분의 조직은 사고 발생 후에도 근본 원인에 대한 진단에 앞서, 미봉책으로 보이는 대책부터 서둘러 내놓는다. 언론 보도나 외부 압력에만 반응하며, 조금만 시간이 지나도 본래의 환경으로 되돌아간다. "재발 방지를 위해 노력하겠다"는 말은 반복되지만, 정작 현장은 변하지 않는다. 보여주기식의 대응은 또 다른 사고로 이어지고, 사람들은 어느새 익숙한 무관심으로 되돌아간다.

사고를 줄이려면 무엇보다 먼저 설비를 개선하고, 안전 인력을 충분히 확보해야 한다. 그러나 많은 조직은 이 과정을 단지 '비용'으로 인식한다. 법률에서 정한 최소 인력만 채운 채, 나머지는 임시방편으로 해결하려 한다. '어떻게 하면 적은 돈으로 안전을 확보할 수 있을까?'라는 계산이 사고 예방보다 앞선다. 결국 조직은 돈을 줄이는 데 집중하고, 위험을 줄이는 데는 소홀히 한다. 안전사고 및 중대재해 예방 접근의 핵심은 단순한 예산의 문제가 아니라, 태도의 문제이다.

2022년 UN 컨퍼런스에서 '사람 중심의 기업가 정신'을 주제로 연설한 김기찬 교수(K-기업가정신포럼 의장)는, 자본이 아닌 '겸손'이야말로 혁신의 본질이라고 강조했다. 그는 거만한 기업가는 지시와 통제로 조직을 운영하면서 구성원의 자율성과 창의성을 억누르고, 이는 결국 조직의 활력을 떨어뜨린다고 지적했다. 대기업의 갑질, 협력업체 통제, 생태계 파괴 같은 문제들은 자본 중심 경영이 낳은 폐해이며, 기업이 겸손하지 않으면 지속가능한 성장은 불가능하다고 그는 단언했다.

김 교수는 겸손한 기업가는 직원들과 공감하며, 그들이 스스로 생각하고 움직일 수 있도록 공간을 열어 준다고 말했다. 그는 "위대한 기업도 자만하면 추락한다", "겸손한 기업가가 많아져야 한다"는 메시지를 통해 겸손이 단순한 태도가 아니라 기업가정신의 핵심 가치임을 설파했다. 더불어 그는 '높은 길'과 '낮은 길'을 비유로 들어, 전자는 공감과 비전을 바탕으로 창의성을 이끄는 반면, 후자는 기업이 통제와 비용 절감에 갇혀 스스로를 소진시킨다고 설명했다.

HEED가 강조하는 '기업의 겸손'도 이와 맥을 같이한다. 겸손은 단순히 개인의 겸허한 태도를 넘어, 사람을 존중하고 권한을 나누는 정신이다. 자만은 조직의 폐쇄성을 만들고, 폐쇄성은 조직을 무너뜨린다. 겸손은 열린 시스템을 가능케 하며, 구성원 간 신뢰와 존중을 통해 건강한 조직문화를 만든다.

한편, 이런 상황을 경제학의 시선으로 바라볼 수도 있다. 1992년 노벨경제학상을 수상한 게리 베커는 범죄를 경제학적으로 설명하며, 이익이 처벌보다 클 경우 사람은 범죄를 택한다고 말했다. 이 논리를 일터에 적용해 보면, 조직이 '안전'보다 '비용 절감'에서 더 큰 이익을 본다고 느낄 때, 안전은 뒷전으로 밀릴 수밖에 없다. 겸손한 조직이란, 이 판단 기준을 바꾸는 데서 시작된다. 지금 당장의 이익보다 사람을 먼저 보는 자세, 단기 성과보다 장기 신뢰를 택하는 경영자의 선택이 조직의 겸손을 증명한다.

겸손한 조직은 구성원을 중심에 둔다. 이들은 설비가 오래되면 과감히 교체하고, 안전 인력이 부족하면 기꺼이 충원한다. 법이 요구하는 기준을 넘어, 더 나은 보호 장비와 절차를 마련한다. 이런 결정들은 단순한 지출이 아니라, '우리 구성원은 존중받을 만한 존재'라는 메시지를 담고 있다. 겸손은 때때로 손해처럼 보일 수 있다. 그러나 결과적으로는 신뢰를 얻고, 지속가능한 조직으로 나아가는 길을 열어 준다.

여기서 우리는 중요한 질문 하나를 마주한다. "조직은 왜 이익보다 안전을 나중에 고려하는가?" 이 질문에 대한 답은 숫자나 자료가 아니라 리더의 철학과 태도에서 찾아야 한다. 겸손한 리더는 눈앞의 비용이 아닌, 조직이 나아갈 방향을 본다. 사람을 먼저 생각하고, 위기를 미리 대비한다. 안전에 대한 투자는 손해가 아니라 미래를 준비하는 큰 걸음이다.

예를 들어, 에스원은 기업 홈페이지 인사말에서 "안전을 최우선 가치로 삼는 기업문화를 만들겠다"는 의지를 강조했다. 실제로도 "안전하지 않으면 작업하지 않는다"는 원칙을 바탕으로, 안전을 조직의 핵심 문화로 자리잡게 하기 위해 꾸준히 노력하고 있다(리버티코리아포스트, 2023.8.17.). 특히, 직원이 행복해야 고객이 안전하다는 사람 중심의 경영철학이 주목을 받고 있다(해럴드경제, 2023.7.13.).

이러한 사례에서 알 수 있듯, 안전은 단순한 규정 준수를 넘어 혁신의 기반이 된다. 노후 시스템을 교체하고 구성원의 인식을 전환하며 일터 문화를 새롭게 만드는 모든 변화는 '안전'이라는 기반 위에서 가능하다. 흔히 "안전을 챙기면 속도가 느려지고, 혁신은 멀어진다"고 말하지만, 이는 편견에 불과하다. 안전이 확보될 때 사람들은 더 자유롭고 창의적으로 일할 수 있다. 결국, 안전을 지키는 조직이 진짜 혁신도 이룰 수 있다.

SPC와 포스코이앤씨, HEED로 본 교훈

언론에 보도된 SPC그룹과 포스코이앤씨의 중대재해 사례를 HEED(겸손, 공정, 실책, 낙심)의 관점에서 살펴보면, 단순히 안전관리의 미흡을 넘어 조직문화와 리더십 측면에서 개선의 여지를 발견할 수 있다. 특히 반복되는 사고의 배경에는 최고경영진의 책임 있는 자세와 진정성 있는 대응이 더욱 강화될 필요성이 있다는 점이다. 각 요소별로 향후 보완할 수 있는 부분을 정리하면 다음과 같다.

○ 겸손의 부재

최근 반복된 중대재해에서 드러난 가장 큰 문제는 기업의 겸손 부족이다. SPC그룹은 동일 유형의 사고가 재차 발생했음에도 최고경영자의 책임 있는 대응은 미흡했고, 사과 또한 형식적으로 그쳤다. 포스코이앤씨 역시 대형 건설사로서의 자부심 속에 현장 위험을 과소평가한 정황이 드러났다.

이러한 문제는 실제 보도에서도 확인된다. 2025년 5월 SPC 시화공장 사고 후 허영인 회장은 별도의 입장을 내지 않아 "반복된 사고에도 최고경영자는 침묵했다"는 비판을 받았다(비즈한국, 2025.5.28). SPC그룹은 또한 2022년 사망사고 이후 1,000억 원 규모의 안전투자 계획을 발표했으나(뉴스타파, 2025.7.11.; 비즈워치, 2025.5.19), 2023년과 2025년에도 같은 유형의 사고가 재발하여 기업의 진정성이 문제로 지적되었으며(뉴스타파, 2025.7.11), 안전관리 체계의 구조적인 문제도 드러났다(스카이데일리, 2025.5.20). 한편 포스코이앤씨는 사고 수습 과정에서도 재건축 수주 활동에 집중하는 모습을 보여, 겸손에 기반한 기업의 자기점검보다는 실적 우선 경영이라는 비판을 받았다(쿠키뉴스, 2025.8.1). 결국, 최고경영자가 반복되는 사고에도 책임 있는 모습을 보이지 않은 것은, 기업의 겸손이 결여된 것으로, 이는 안전문화의 근본적 약화를 초래했다.

○ 공정의 취약성

중대재해 사고에서는 안전이 모든 이들에게 동등하게 보장되지 않았다는 점이 문제로 드러났다. 포스코이앤씨의 경우, 미얀마 출신 노동자가 감전으로 의식불명에 빠진 사고는 외국인·하청 노동자들이 상대적으로 더 위험한 환경에 놓여 있다는 현실을 보여준다. SPC 역시 협력업체 직원과 비정규직 노동자들이 반복된 사고의 직접적인 피해자가 되는 등, 안전이 공정하게 적용되지 못한 구조적 불평등이 지적되었다. 결국 '누구를 위한 안전인가'라는 불신은 안전문화의 근본을 흔들었다.

보도에 따르면 2025년 8월 4일 포스코이앤씨 공사 현장에서 외국인 노동자가 큰 사고를 당하자, 언론은 "올해에만 네 건의 사망사고가 발생한 포스코이앤씨는 이제 '중대재해 다발 기업'이라는 오명을 피할 수 없게 됐다"고 지적했다(국토일보, 2025.8.6.). SPC 사례에서도 반복적으로 하청 노동자가 희생된 정황이 드러나며 "위험이 외주화된다"는 비판이 꾸준히 제기되었다(시사월드, 2025.6.16). 이는 안전이 모두에게 공정하게 주어지지 않았음을 보여주는 명확한 사례로, 기업의 안전경영이 형식적 수준에 머물렀음을 드러낸다.

○ 실책에 대한 무관심

사람은 누구나 실수할 수 있다는 전제를 받아들이는 태도는 안전관리의 핵심이다. 그러나 SPC의 사례는 이 점을 무시한 전형적인 사례다. 2022년 SPL 공장, 2023년 샤니, 2025년 시화공장에서 동일한 유형의 끼임 사고가 반복 발생했음에도, 구조적 시스템 개선은 이뤄지지 않았다. 포스코이앤씨의 감전 사고 역시 기본적인 안전 절차와 장치가 부재했던 점에서, "실수를 방지할 구조" 대신 개인의 주의에만 의존한 안전관리의 한계를 드러냈다.

언론 보도는 이러한 문제를 집중 조명했다. 반복되는 사고에도 불구하고 SPC는 "재발 방지 대책"과 "안전 투자 계획"만 발표했을 뿐, 현장에서 실질적 변화는 없었다는 지적이 이어졌다(푸드아이콘, 2025.5.23). 이는 인간의 실수를 제도적으로 보완하지 못한 결과이며, 결국 동일한 사고가 되풀이된 것은 실책을 인정하지 않고 시스템을 혁신하지 않은 문화 때문이었다.

○ 낙심의 심화

안전은 현장의 목소리가 존중될 때 비로소 확보된다. 그러나 SPC와 포스코이앤씨의 사고는 노동자와 전문가들의 경고가 충분히 반영되지 않았음을 보여준다. 사고가 반복되자 현장에서는 "말해도 바뀌지 않는다"는 체념이 확산되었고, 이 체념은 자연스럽게 낙심과 실망으로 이어졌다. 전문성과 경험이 무시된 조직에서 안전은 종종 문서와 보고서에만 존재하고, 실제 작업 환경에서는 방치된다.

보도에 따르면 SPC는 사고 후마다 사과와 대책을 발표했지만, 현장 관계자들은 "실제 변화는 없었다"는 불신을 드러냈다(푸드아이콘, 2025.5.23). 전문가들 또한 "처벌 중심의 대응만으로는 문제를 해결할 수 없으며, 예방적 시스템이 필요하다"고 강조했다. 이는 현장과 전문가의 목소리가 경영진의 의사결정으로 이어지지 못했기 때문이며 그 과정에서 낙심이 누적되면서 안전문화는 더욱 약화되었다.

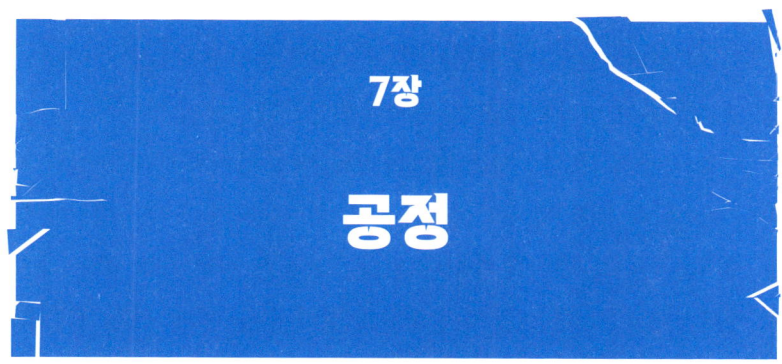

겸손을 잇는 조직의 핵심 가치

HEED에서 공정의 가치는 겸손이라는 가치 다음에 오는 중요한 덕목이다. 개인이 자신의 자세나 생각, 행동을 솔직하게 평가할 수 있을 때에 비로소 타인을 공정하게 평가할 수 있다. 반대로, 겸손하지 않거나 자기평가에 철저하지 않은 사람은 자신뿐 아니라 타인에 대해서도 불공정하게 대할 가능성이 크다. 예컨대 출신, 소속, 친분 관계 등에 따라 편견을 갖고 타인을 평가하거나 그에 따라 관계를 달리 한다면, 이는 곧 "나는 스스로 천한 사람"이라고 자인하는 바와 다르지 않다. 공정함은 내면의 겸손에서 시작되며, 겸손함이 없다면 올바른 평가 또한 기대할 수 없다.

조직 역시 마찬가지이다. 조직 스스로 냉정하고 철저하게 평가하고 점검하는 겸손의 가치를 갖춘다면, 조직 내 구성원으로부터는 물론 대외적으로도 '공정한 조직'이라 평가받을 수 있다. 공정성은 조직적 신뢰를 구축하는 기초이며, 구성원들이 자신이 공정하게 대우받는다는 믿음은 조직에 대한 충성과 헌신으로 이어진다. 반면, 조직이 겸손하지 못해 스스로를 돌아보지 않는다면 공정성에 대한 기대는커녕, 조직문화의 뿌리를 흔드는 문제로 발전한다.

더욱이 조직 내 불공정한 평가가 만연한 분위기에 더해 구성원 각자의 의견이나 문제 제기를 어렵게 하는 환경이라면 조직의 발전에 대한 기대는 더더욱 멀어질 수밖에 없다. '공정'은 한낱 허울 좋은 구호로 전락하고, 진정한 공정성은 조직에 찾아볼 수 없게 된다. HEED에서의 공정은 단순한 평가의 공정을 넘어, 실책을 다루는 태도와도 긴밀히 연결된다. 공정하지 않은 조직은 실책을 인정하고 거기서 배우려 하기보다 벌을 주는 데 급급한 경향이 많기 때문이다. 따라서 공정은 겸손과 실책 사이를 잇는 매우 중요한 가교 역할을 하며, 조직의 지속 성장에 반드시 필요한 가치이다.

현실을 돌아보면 우리나라 조직문화에는 아직도 사내 정치, 상사의 비인격적 감독, 불공정한 관행 등이 뿌리 깊게 자리 잡고 있음을 쉽게 확인할 수 있다. 각종 설문조사 결과들이 이러한 사실을 뒷받침한다. 이 사실에 대한 인정이 조직변화의 첫걸음을 내딛는 시작점이다. 그리고 그 출발선에는 조직을 향한 겸손한 자기점검이 있어야 한다.

7.1 공정을 향한 첫 걸음

다름은 틀림이 아니다

사람마다 일하는 방식은 다를 수밖에 없다. 그럼에도 자신의 기준과 다르다는 이유로 동료에게 핀잔을 주거나, 의견을 무시하거나, 때로는 비인격적 언행을 서슴지 않는 일이 조직 곳곳에서 여전하다. 새로운 아이디어의 제시를 익숙하지 않다는 이유로 배척하고 "가르쳐 준 대로만 하면 돼"라고 일축하는 태도는 조직의 성장 가능성을 스스로 제한하는 일이다.

오른손잡이와 왼손잡이가 다르듯, 사람마다 사고방식과 행동 패턴이 다르다. 오른손잡이가 왼손잡이를 이해하려 하지 않고, 단지 '다르다'는 이유로 불편해하며 비난하는 조직은 점점 협업과 배려가 사라진 공간이 될 수밖에 없다. 다양성을 배척하는 조직은 오래가지 못한다. 평등의 조직문화는 서로의 차이를 인정하고 존중하는 태도에서 출발한다. 차이를 '틀림'이 아닌 '다름'으로 받아들일 때, 비로소 공정의 첫 발을 내딛게 된다.

사람들이 여전히 '공정'이라는 말에 불편한 느낌을 가지는 이유는, 그 개념을 정확히 이해 못 한 채 오랫동안 관행에 따라 움직여 왔기 때문이다. 공정은 모두를 똑같이 대하는 것도, 더더군다나 누군가에게 특별한 혜택을 주는 것도 아니다. 각자의 차이를 이해하고, 그 차이를 존중하며, 구성원 모두에게 정당하게 기회를 제공하는 과정 자체가 공정이다. 낡은 관행과 편견을 넘어서기 위해 이제 용기 있게 말하고, 행동하고, 변화를 선택해야 한다.

신뢰 위에 세워지는 공정

건강하고 지속가능한 조직은 구성원 간 신뢰를 바탕으로 세워진다. 사람을 존중하고 차별과 괴롭힘이 없는 문화야말로 그 신뢰의 핵심 요소다. 2025년 6월, 중앙노동위원회가 발표한 설문조사에서도 이러한 흐름이 확인된다. 직장인들은 연봉보다 더 중요하게 여기는 가치로 '차별과 괴롭힘 없는 조직문화'를 꼽았다. 일하고 싶은 직장의 요건으로 '차별·괴롭힘 없는 조직문화 조성'이 44.7%로 가장 높았고, 이어 '성과에 따른 공정 보상'(36.6%), '능력 발휘 기회 제공'(11.4%), '유연한 출퇴근과 명확한 업무 분장'(7.3%)이 뒤를 이었다. 구성원들이 진정으로 바라는 것은 '사람을 존중하는 환경'이다.

그러나 현실은 여전히 녹록지 않다. 직장 내 괴롭힘은 2019년부터 법적으로 금지되었지만, 고용노동부 통계에 따르면 괴롭힘 신고는 2019년 하반기 1,378건에서 2022년 5,702건으로 급증했다. 이러한 통계는 제도만으로는 조직문화를 바꿀 수 없음을 보여 준다. 조직문화의 실질적 변화는 '사람'에서 시작되어야 한다. 조직의 리더부터 동료들까지, 모두 서로의 차이를 받아들이고 존중하려는 태도 변화가 필요하다.

조직 내 신뢰는 하루아침에 만들어지지 않는다. 하지만 오늘부터 바로 실천할 수 있다. 작은 일에도 서로를 존중하는 언어를 쓰고, 의견이 다르더라도 경청하며, 실수에 대해 비난보다 개선의 기회를 제공하는 방향으로 변화를 이끌어야 한다. 위 설문에서 응답자의 73.1%가 조직 내 분쟁을 해결하는 가장 효과적 방법으로 '신뢰 문화의 구축'을 꼽았다는 사실은 우리에게 분명한 변화의 방향을 제시해 준다. 공정은 제도 이전에 '태도'이고, 문화는 '말'보다 '행동'에서 만들어진다.

존재 자체에 대한 존중

1943년에 미국에서 주조된 1센트짜리 구리 동전이 경매에서 약 8만 5,000달러, 한화로 9,600만 원에 낙찰됐다는 보도가 나왔다. 평범한 동전 하나에 수천만 원의 가치가 매겨진 이유는 무엇일까? 이 동전은 제2차 세계대전 당시 구리가 부족해지자 강철에 아연을 입혀 동

1943년 주조된 1센트짜리 구리 동전
(SBS 뉴스, MBN뉴스, 2017.4.27)

전을 만들던 중, 실수로 구리가 섞여 제작된 희귀한 동전이다. 현재까지 존재하는 수량은 고작 12개 정도로 추정된다.

당시 필라델피아, 덴버, 샌프란시스코 조폐국은 "실수는 없었다"고 주장했지만, 이후 구리가 섞였을 가능성을 인정했다. 그 결과 이 동전은 2010년 경매에서 무려 19억 원에 낙찰되기도 했다. 단지 구리로 만들어졌다는 이유만으로 이 동전은 희소성과 함께 놀라운 가치를 얻게 된 것이다.

그런데 이 동전의 가치를 더욱 빛나게 한 이유는 따로 있다. 동전 앞면에는 "우리 모두는 평등하다"는 말을 남긴 아브라함 링컨 대통령의 얼굴이 새겨져 있다. 이 동전을 소유하고자 하는 욕망은 단지 희귀함 때문만은 아니다. 평등이라는 가치를 손에 쥐는 일이기 때문이다. 미국인들이 이 동전을 '가장 갖고 싶은 동전'이라 부르는 이유는, 바로 그 속에 담긴 '평등의 상징' 때문이다. 조직 역시 마찬가지다. 구성원 한 사람, 한 사람을 차별 없이 존중하고, 그 존재 자체에 가치를 두는 조직이야말로 진정 '행복한 조직'이다.

7.2 권리의 확장으로 나아가는 공정

성과주의를 넘어

HEED의 가치로서 공정은 단순한 규칙의 집합이 아니다. 겸손과 실책관리를 연결하는 다리이며, 그 다리는 사람에 대한 깊은 이해와 신뢰로 구축되어 있다. 그리하여 겸손한 사람은 자기 판단과 감정을 객관화할 수 있으며, 타인을 평가할 때도 섣부른 판단을 피한다. 또한 구성원의 실수나 단점의 표면적 결과보다 이면에 숨겨진 잠재적 역량과 성장 가능성, 그리고 다양한 상황을 우선 고려한다. 공정은 이러한 겸손한 시선 위에서 비로소 실현된다.

많은 조직에서 능력 중심의 평가를 공정하다고 간주한다. 실제로 그러한 평가가 겉보기에 매우 합리적이고 타당해 보인다. 하지만 능력만으로 개인의 성과를 평가하려는 시도는 깊은 오해와 편견으로 이어질 수 있다. 개인적 성과는 결코 홀로 만들어지지 않는다. 동료와의 협업, 상사의 리더십, 건강한 팀 분위기, 서로를 향한 배려와 희생 등 눈에 보이지 않는 요소들이 유기적으로 작용하여 만들어진다. 그럼에도 오로지 계량화된 수치와 결과만을 기준으로 평가하는 방식은 공정을 가장한 편의적 단순화에 불과하다.

능력 중심의 평가는 또 다른 문제도 초래한다. 무의식적으로 오만과 소외를 불러일으키기 십상이다. 마이클 샌델 교수가 지적했듯, 능력주의는 공정이라는 가면으로 사회적 연대감을 약화시킨다. 조직에서 역시 마찬가지다. 성과를 인정받은 사람은 스스로를 우월하게 여기기 십상이고, 그렇지 못한 사람은 자책과 위축의 감정에 갇힌다. 조직은 점차 승자와 패자로 나뉘며, 공정은 허울 좋은 원칙으로 전락한다. 진정한 공정은 구성원 간 신뢰 위에서만 자랄 수 있다. 성과만으로 사람을 판단하는 조직은 결국 그 신뢰를 스스로 무너뜨리는 셈이다.

공정을 추구하는 조직은

조직이 진정한 공정을 실천하고자 한다면, 시선을 바꿔야 한다. 결과만을 중시하는 평가를 넘어, 과정과 사람을 함께 바라보는 평가로 전환되어야 한다. 구성원이 해당 성과에 어떤 기여를 했는지, 어떻게 소통했는지, 문제 해결 능력까지 포함하여 함께 살펴야 한다. 평가가 단순 계량된 수치에 매몰되어서는 안 된다. 과정 속에서 드러난 개인의 노력, 태도, 성장의 흔적을 함께 살필 때, 평가는 깊어지고 조직은 더욱 건강해진다.

이러한 평가 기준은 단지 '인정받고 싶은 사람'에게만 중요한 것이 아니다. 그것은 곧 조직 전체가 어떤 가치를 지향하느냐는 물음에 대한 답이다. 빠른 성과를 내는 사람에게만 주목하는 조직의 미래는 오직 실적만 남는다. 사람과 과정을 함께 바라보는 조직의 미래는 사람이 남고, 축적된 신뢰가 있고, 조직의 지속가능성이 무럭무럭 자란다.

조직은 늘 선택의 기로에 선다. 지금의 성과를 중시할 것인가, 아니면 미래 가능성을 내다볼 것인가? 이 선택은 결국 어떤 평가 방식을 채택하느냐에 따라 달라진다. 단기성과에 집중하는 평가는 일시적 동기부여를 제공해 줄 수 있으나, 협업보다는 경쟁을 심화시키는 방향으로 나아갈 공산이 크다. 과정 중심의 평가는 개인의 업무에 대한 동기가 지속적으로 강화될 뿐 아니라 조직의 미래 방향성과 성장 동력을 키워 준다.

진정으로 공정을 추구하고자 하는 조직이라면, 현재의 평가 방식을 점검하여 재설계하는 용기가 필요하다. 단순한 인사고과 제도의 변경이 아니라, 평가를 접하는 태도의 전환에서 시작된다. 누가 더 많은 성과를 냈는지가 아니라, 누가 더 신뢰를 쌓았고, 팀에 어떤 기여를 했는지를 물을 때, 구성원들로부터 진정한 공정성을 인정받을 수 있다.

공정의 핵심은 '권리'를 보호하는 데 그치지 않고, 적극적으로 권한을 부여하고 보장하는 데 있다. 이러한 권리 및 권한 부여는 조직 구성원뿐 아니라, 조직과 연관된 모든 이해관계인까지 포함한다. 고객, 협력사, 사회, 내부 구성원은 모두 조직의 결정에 영향을 받지만 동시에 조직을 냉정하게 평가하는 주체이기도 하다. 말하자면, 이해관계인은 참된 자세로 공정을 추구하는 기업에게는 이른바 '돈쭐'을 내기도 하지만, 그렇지 않은 기업에는 '혼쭐'이나 '벌점 테러'를 가하기도 한다. 그러므로 이해관계인이 당연히 누려야 할 권리를 함부로 빼앗는 우를 범해서는 안 된다.

이해관계인의 권리를 외면하는 순간, 조직은 '성과'라는 이름에 가려진, 가장 중요한 자산인 신뢰와 지속 가능성을 잃을 수 있다. 성과 중심의 독단적 결정이 단기 이익을 만들어 낼지언정 결국 외부의 지지를 잃고 내부 응집력을 무너뜨리는 결과를 초래할 수도 있다. 조직의 핵심 과제를 이해관계인의 권리 보호에 둔다면, 그들은 그 따뜻함과 선함에 감동하여 세상에서 가장 위대한 선물로 화답한다. 그 선물은 바로 '사회가 가장 신뢰하고 사랑하는 조직'이라는 평가이다. 공정은 단지 조직 내부의 문제가 아니라, 조직이 바깥세상과 맺는 관계의 문제이기도 하다.

우선순위를 명확히 해야

조직들은 "성과 중심 평가가 결국 공정한 방식이지 않느냐!"고 항변한다. 하지만 이 주장은 애초에 조직의 방향이 잘못 설정되어 있음을 드러내는 자기고백이다. 그것은 공정함에 대한 오해에서 비롯되었기 때문이다. 성과 중심 평가는 지속가능성에 대한 책임을 스스로 회피하는 방식이다. 당장의 결과만을 좇는 조직은 결국 장기적 경쟁력을 스스로 포기하는 선택이기 때문이다.

지속가능한 성장을 위해 조직이 중시해야 할 가치는, 정확한 예측이 아니다. 오히려 지속적 신뢰와 관계의 구축이다. 이를 위해 구성원은 물론, 사회 전체와 맺어지는 관계에서 공정함을 실천해야 한다. "잃을 수 없는 것을 얻기 위해, 잃어도 되는 것을 포기하는 자는 결코 어리석지 않다"는 짐 엘리엇의 말처럼, 조직이 지금 잃어도 되는 것은 성과 중심주의나 계량된 수치에 의존하는 단기적 결과이며, 결코 잃지 말아야 할 것은 신뢰, 사람, 조직의 지속가능성 같은 본질적 가치이다. 이 우선순위를 분명히 결단하지 못한다면, 단기성과는 얻을 수 있을지언정, 무한한 지속가능성과 조직의 미래를 함께 잃는 결과를 맞이할지도 모른다.

공정은 비단 평가 제도의 문제가 아니다. 구성원을 대하는 존중과 태도의 문제다. 누군가를 평가할 때, 그 사람의 전부를 이해하고자 하는가? 편견 없이 그의 태도와 가능성까지 보고자 하는가?

다시 말하건대 조직에서의 공정은 숫자가 아니라 사람이 기준이 되어야 한다. HEED가 말하는 공정의 가치는 겉으로 화려하게 드러나는 수치가 아니라, 사람에 대한 진정한 이해와 존중에서 시작된다. 잘못된 평가 하나가 누군가의 자존감과 미래를 꺾지 않도록, 늘 공정의 가치를 실천할 수 있어야 한다. 그리고 그 실천은 지금, 바로 나부터 시작되어야 한다.

7.3 공정을 위협하는 것들

겸손 없는 인사평가

앞서 이야기하였듯, 겸손 없는 평가는 결코 공정으로 나아갈 수 없다. 이는 단순한 이상론적 인식을 넘는, 실제로 평가가 어떻게 왜곡되고 구성원을 불신하게 만드는지 드러내는 가장 중요한 문제다. 특히 관리자나 리더의 '겸손 없는' 권한 행사는, 불공정한 권력 도구로 전락하기 십상이다.

평가란 본래 공정성과 일관성을 전제로 한다. 그러나 현실에서는 상사의 자의적 판단이 절대적 기준으로 작동하는 경우가 많다. 불투명하고 자의적인 평가 기준하에서 구성원들은 어떤 행동이 인정받을 수 있는지조차 알 수 없다. 상사는 평가라는 이름 아래 권한을 무소불위의 무기로 휘두르고, 구성원은 스스로를 보호할 방법 없이 이를 감내해야 한다.

이러한 문제는 실제 조사 결과에서도 드러난다. 잡코리아가 2023년 2월 17일부터 2월 23일까지 직장인 610명을 대상으로 한 인사평가 결과 만족 조사에 따르면, 응답자의 46.3%가 회사의 인사평가 제도를 불신한다고 평가했다. 회사의 인사평가 제도를 불신하는 이유로는 상급자의 주관적인 평가이기 때문이라는 의견이 응답률 71.3%로 가장 많았다. 이는 단순한 불만을 넘어 제도에 대한 신뢰가 무너졌다는 신호다.

이런 경향은 과거에도 꾸준히 반복되어 왔다. 잡코리아가 2018년 1월 29일부터 1월 30일까지 직장인 925명을 대상으로 실시한 인사평가 관련 설문에서는 응답자의 84.6%가 인사평가 후 이직을 고민했고, 실제 구직 활동을 했다는 응답도 48%에 달했다. 이러한 결과들은 우리에게 분명한 메시지를 준다. 구성원은 평가받고 있다는 사실보다, 평가하는 이의 태도에 의해 좌우되는 불신을 더 강하게 느낀다는 점이다.

우리는 언제부터 평가라는 이름 아래 겸손을 잃어 버렸을까? 공정하지 않은 평가의 이면에는 사람을 '있는 그대로' 보지 않고, 배경과 관계를 먼저 따지는 조직문화도 한몫을 한다. 어디 출신인지, 어느 부서 소속인지, 누구와 가까운지가 판단의 기준을 삼는 사람은 스스로를 '나는 공정함이 없는 비천한 사람'이라 고백하는 바와 다르지 않다.

사람은 누구든, 직업이나 지위 고하에 관계없이 존재 자체로 존중받아야 한다. 이는 헌법이 보장한 존엄의 원칙이자, 우리 사회가 지켜야 할 공정의 출발점이다. 왜곡이나 편견 없는 시선, 그 겸손한 태도에서 공정은 시작된다.

실제로, 많은 직장인이 편견과 차별을 경험하며 직장 생활에서 불이익을 당한 적이 있다고 응답한 조사 결과가 있다. 2020년 3월, 벼룩시장 구인구직이 직장인 1,716명을 대상으로 실시한 조사에서 응답자의 92.5%가 직장 생활 중 한 번 이상 편견을 경험했다고 답했다. 대표적인 편견은 학벌(23.4%), 성별(23.1%), 나이(15.2%), 결혼 여부(10.1%), 업무 능력(9%) 순이었으며, 남성은 학벌, 여성은 성별 편견을 가장 많이 겪는 것으로 나타났다.

편견으로 인한 불이익을 겪었다는 응답도 68.5%에 달했다. 구체적 피해로는 불합리한 인사 평가(21.5%), 과도한 업무 몰아주기(16.7%), 성과 깎아내리기(15.1%), 주요 프로젝트 배제(11.8%), 모욕적 언행(11.3%) 등의 순으로 조사되었다. 이로 인해 직장인 30%는 의욕을 잃었고, 18.3%는 회사에 대한 애사심이 줄었다고 답했다. 반면,

39.9%는 묵묵히 참았고 30.1%는 업무 성과로 극복했으나, 11.8%는 포기했고 9.4%는 퇴사했다.

계량적 수치에 대한 환상

아쉽게도 많은 기업들이 여전히 겉으로 드러나는 숫자에 집착하며, 오직 숫자를 늘리는 데에만 관심을 쏟는다. 말 그대로 '숫자에 매몰'되어 숫자 중심의 사고방식이 조직 내에 일상으로 자리 잡았지만 누구도 이에 의문을 제시하지 않는다. 성과가 정체되거나 개선 속도가 더딘 이유의 이면을 깊이 들여다보려 하지 않는다. 오로지 재무제표에 나타난 수치만을 기업성장의 기준으로 삼는다.

이러한 숫자 중심 사고의 문제는 도요타에서 나타났다. 도요타는 TPS와 카이젠을 통해 생산성을 높였지만, 효율성에만 집중하면서 품질관리가 간과되는 경향이 있었다. 실제로 2009년 급발진 사고로 대규모 리콜이 발생했고, 2024년에는 에어백 결함, 브레이크 성능 문제, 기어박스 결함 등으로 약 100만 대 이상의 차량이 리콜되었다. 도요타의 조직문화는 상명하복과 내부 비판 억제가 강한 경직된 조직구조를 가지고 있다(John, 2010.3.24; Wikipedia). 이러한 문화는 품질 문제나 프로세스 개선과 관련된 내부 피드백을 어렵게 만들어, 문제를 조기에 발견하고 해결하는 과정을 지연시키는 요인이 된다.

당신의 조직은 지금 무엇을 보고 성과와 지속가능성을 판단하고 있는가? 숫자인가, 사람인가?

재무제표 중심의 성과 평가는 대개 내부 지향적 관점에 머무르게 한다. 외부의 변화나 경쟁자와의 비교는 점점 어려워진다. 더욱이 문제는 재무제표가 대부분 단기 성과만을 반영한다는 데 있다. 단기 수치에만 의존하면, 구성원들은 장기적 성과를 해칠 수도 있는 행동을 무시하고 넘어가게 된다. 이처럼 수치 편중 평가 방식은 구성원들에게 '무형 자산은 중요하지 않다'는 메시지를 줄 수 있다.

숫자는 생각을 제한하는 올가미가 될 수 있다. 진정으로 기업의 가치를 결정하는 핵심 요인은 숫자가 아닌 무형 자산이다. 실제로 무형 자산이 기업 가치에서 차지하는 비중은 1982년 38%에서 1992년 62%, 2002년 85%로 계속 증가하고 있다(Weatherly, 2003). 무형 자산은 겉으로 드러나지 않지만, 혁신 역량, 투명한 성과 관리 시스템 등과 같이 기업의 지속가능한 경쟁우위를 만드는 본질적 자산이다. 특히 창의적 인재를 확보하고 유지하는 능력은 오늘날 기업이 가장 가치를 두어야 할 요소이다. 사람은 가치를 매길 수 없는, 그 무엇과도 바꿀 수 없는 소중한 존재로서 수치로 단순 평가할 수 있는 대상이 아니다.

많은 조직에서 인적자본의 경제적 부가가치, 투자 수익률 등 숫자로 사람을 평가하려 든다. 하지만 이런 방식은 개인의 무한한 가능성을 제대로 반영하지 못한다. 모든 개인은 고유한 잠재력과 가능성을 지니고 있으며, 기업은 이를 발견하고, 키우고, 지켜내야 한다. 아무리 획기적인 혁신을 도입하더라도, 그 혁신을 실행하고 해석하는 주체는 '사람'이다. 혁신은 언제나 개인으로부터 시작된다. 그럼에도 대개의 조직에서는 여전히 개인의 역량을 간과한 채 시스템 중심으로 혁신을 추진한다. 지금 이 순간에도, 귀중한 사람을 숫자로 판단하고 있다. 개인이 가진 무한한 가능성을 숫자로 환산하려는 오류를 지속해서는 안 된다. 숫자는 사람을 평가하기 위한 기준이 아니다. 숫자에 집착하는 순간, 사람에 대한 존중은 사라지고 조직은 오만해진다.

HEED 실천 사례

✿ 항공사 부기장과 승무원 엄마

　미국의 한 항공사의 특별한 기내 방송이 언론에 보도되면서 많은 사람들에게 감동을 주었다. 2023년 7월 25일, 미국 버지니아주 워싱턴 덜레스 국제 공항에서 스페인 마드리드로 향하는 유나이티드항공 소속 비행기에서 일어났던 사연이었다. 부기장 콜 도스는 마드리드로 출발하기 전 기내 방송을 통해 평소처럼 기상 조건 등 비행 안내 방송을 하다, 갑자기 한 여성 승무원을 소개했다. 그는 "오늘 특별히 우리와 함께하는 승무원들 중 한 명은 뛰어난 승무원일 뿐 아니라 저의 특별한 엄마"라 밝히며 "오늘은 2년 만에 유나이티드에서 엄마와 함께 일하는 날"이라고 소개하여 승객들의 감동과 환호를 자아냈다. 처음 비행 수업을 받을 때부터 엄마가 자신의 커리어에 가장 큰 지지자였음을 강조한 도스는 이날 엄마와 함께 비행을 하게 되어 매우 영광스럽고 흥분된다고 기내 방송을 한 것이었다. 방송이 끝난 뒤, 기내 승객들은 환호와 박수로 응답하며 특별한 순간을 함께 나누었다.

　도스의 이 기내 방송은 큰 사회적 반응을 불러일으켰다. 도스는 SNS에 해당 영상을 공개했으며, 한 달 만에 2만 9,000개 이상의 '좋아요'를 기록했을 뿐 아니라, 연령 차별 없는 조직문화와 공정한 근로 환경에 대한 긍정적 메시지를 확산시켰다. 비록 원문에서는 다른 승무원이나 조직 전체의 반응이 구체적으로 언급되지는 않았지만, 이러한 공개적 인정과 존중의 순간은 동료 승무원들에게도 긍정적인 영향을 주었을 것으로 볼 수 있으며, 팀워크와 조직문화를 강화하는 계기가 되었을 가능성이 있다.

이 사례는 연령과 성별을 넘어, 공정한 대우와 지원이 조직구성원에게 얼마나 큰 힘이 될 수 있는지를 보여 준다. 기업들이 이런 문화를 적극적으로 만들어 간다면, 모든 구성원이 더 크게 동기부여되며 안정된 업무 환경에서 더 나은 성과를 만들어 낼 수 있을 것이다.

8장

실책 관리

실책을 이해하는 조직의 힘

공정한 평가는 구성원의 창의성과 도전 정신을 자극한다. 상호 존중하는 환경에서는 구성원이 익숙한 방식에 안주하지 않고, 다양한 자료를 수집하며 새로운 방법을 모색한다. 같은 업무라도 더 나은 결과를 위해 끊임없이 시도하며, 실수를 줄이기 위해 온 힘을 다한다. 이러한 태도는 개인의 성장을 넘어 조직 전체의 역량을 끌어올리는 핵심 동력이 된다.

그러나 조직의 평가 기준이 형식적이거나 획일적으로 작동하면 상황은 달라진다. 구성원의 실질적 노력과 고민의 흔적이 무시되고, 과정에 대한 자기점검 없이 결과만을 기준으로 판단하면 구성원은 점차 그러한 변화의 시도 자체를 포기하게 된다. '무엇을 해도 인정받지 못한다'는 인식은 도전 의지를 꺾고, 결국 최소한의 기준만 지키는 소극적 태도로 이어진다. 그 결과, 조직 내에는 '일 안 하고도 욕먹지 않는 법'만 남게 된다.

결국 공정이 사라진 조직에서는 실책의 책임이 구성원에게 일방적으로 전가된다. 구성원이 책임감을 가지고 성과를 내기 위해 최선의 노력을 다하는 과정에서 발생한 책임일지라도, 시스템의 허점이나 조직 환경의 한계는 고려되지 않는다. 필요한 지원은 부족하고, 결과에 대한 책임은 과도하며, 실패는 온전히 개인의 무능으로 해석된다. 그렇게 쌓인 억울함과 무력감은 구성원의 자존감을 갉아먹고, 조직에 대한 신뢰를 서서히 무너뜨린다.

따라서 조직은 구성원의 실책이 발생했을 때 단순히 결과만을 추궁하지 말고, 왜 그런 실책이 발생했는지를 함께 살펴야 한다. 개인의 실수뿐 아니라 제도와 구조의 미비점도 함께 점검해야 한다. 실책을 기록하고 공유하는 과정은 책임을 묻기 위한 것이 아니라, 모든 구성원이 함께 성장하기 위한 발판이 되어야 한다. 실책을 이해하려는 태도에서 조직의 진짜 변화는 시작된다.

8.1 실책 마주하기

구성원의 실책에 조직은 겸손한가?

많은 조직이 구성원의 실수나 실책에 대해 개인의 책임을 먼저 묻는 데 익숙하다. 하지만 그보다 우선해 던져야 할 질문이 있다. "실책을 묻기 이전에 조직은 구성원의 목소리에 귀 기울였는가?" 책임을 묻는 일은 쉽다. 그러나 그 실수가 왜, 어떻게 발생했는지 점검하는 일은 어렵고 더디며 때로는 불편하다. 그렇기에 진정한 변화는 실책을 마주하는 조직의 태도에서 출발한다. 구성원이 실수했을 때 조직이 보이는 반응은, 해당 조직이 사람을 어떻게 바라보는지를 고스란히 드러낸다.

구성원의 실수는 단순히 개인의 잘못이 아니라, 조직문화와 조직 구조의 문제점을 드러낸다. 사내 정치, 줄서기 문화, 아부와 같은 눈치 문화는 구성원의 목소리를 왜곡시키고, 결국 침묵하게 만든다. 상사의 비인격적 언행이나 수직적 명령 체계도 마찬가지다. 실수가 드러났을 때 책임을 묻기 전에, 어떤 구조와 문화가 잘못된 판단과 선택을 가능하게 했는지 먼저 돌아보아야 한다. 조직이 구성원을 어떻게 대하는지가 그 조직의 성숙도를 말해 준다.

조직구성원이 자유롭게 말하지 않는 데는 분명 이유가 있다. 예를 들어, 현장 직원의 요청이나 직무의 개선 제안이 일관되게 무시되거나, 제안에 대한 피드백이 지연되거나 아예 없는 경우, 혹은 단 한 번의 실수로 모든 능력이 평가되는 분위기에서 구성원은 쉽게 입을 열 수 없다. 상사의 생각과 다르다는 이유로 의견이 묵살되거나, 점심 식사 자리에서 상사 옆에 앉지 말라는 암묵적 규칙이 존재한다면 그것은 단지 예의의 문제가 아니라 조직문화의 문제다. 침묵은 권위적 분위기에서 비롯된다. 말하지 않는 조직은 결코 건강하게 발전할 수 없다. 이러한 상황은 조직 스스로의 태도를 돌아봐야 한다는 강력한 신호다.

구성원들이 말하지 않는 이유는 종종 그 말이 받아들여지지 않을 것이란 체념에서 비롯되기 때문이다. 이러한 조직 분위기에서는 특히 신입 직원이나 새로운 업무를 인수받은 구성원은 실수할 수밖에 없다. 그들이 업무를 제대로 익히고 자신감을 갖기까지는 시간이 필요하다. 그러나 많은 조직은 이 시간을 기다려 주지 않는다. 겉으로는 친절하게 가르쳐주는 척하면서도, 실수 하나로 꼬투리를 잡고 비난하는 문화가 여전히 존재한다. 처음부터 완벽한 사람은 없다. 중요한 것은 그 실수를 통해 무엇을 배우고 어떻게 성장하는가이다.

노르웨이의 에너지 기업 에퀴노르의 HOP 철학은 인간을 통제하려는 접근이 아니라, 사람이 일하는 현실을 이해하고 조직 시스템을 개선하는 과정으로 본다. 이 철학의 핵심은 실수를 인간의 본질로 인식하고, 비난보다 학습과 개선에 중점을 두며, 사람의 행동이 환경에 의해 형성되고, 사람이 문제의 원인이 아니라 해결의 열쇠임을 강조하는 데 있다. 또한, 조직 내 모든 구성원이 실수와 학습 과정에서 안전하게 의견을 내고 성장할 수 있는 문화를 조성하는 것을 목표로 한다 (Equinor HOP Principles, Internal Safety Culture Training, 2022). 이를 위해 홈페이지에 중대사고 발생 현황 자료(월별 발생 건수, 사고 발생 위치 및 사고 유형)를 제공하여, 투명한 정보 공유와 학습 환경을 제공한다. 이처럼 실수를 성장의 자원으로 바라보는 태도는 조직의 성숙도를 보여주는 중요한 지표다.

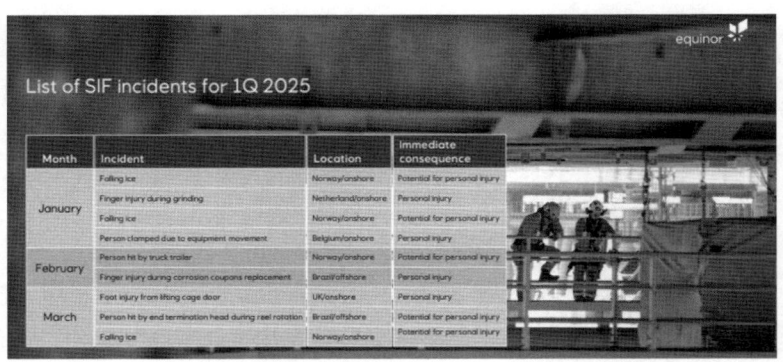

출처: 에퀴노르 홈페이지, 「2025년 1분기 안전결과 보고서」

그런데도 조직이 실수를 성장의 기회로 여기기보다 질책의 이유로 삼는다면, 구성원은 점점 움츠러들 수밖에 없다. 실수를 감싸 주고 배우도록 도와야 할 조직이 오히려 평가하고 지켜보는 입장에 선다면, 조직은 '함께하는 동료'가 아니라 '감시자'로 기능하게 된다.

많은 현장에서 칭찬은 인색하고, 지원보다는 질책이 익숙한 분위기가 반복된다. 나 역시 아르바이트나 일용직으로 일할 때, 누군가 갑자기 나타나 지적하고 혼내는 경험을 여러 번 당했다. 업무를 제대로 익히기도 전에 다그치고, 잘한 점은 무시한 채 오로지 실수만을 문제 삼는 태도였다. 때로는 인격을 무시하는 말로 비난하기도 했다. 조직은 자신이 가진 권한을 이러한 방식으로 사용해서는 안 된다. 권한이 있는 자일수록, 그것을 겸손하게 사용하는 태도를 배워야 한다. '지켜보는 조직'은 구성원에게 위축과 불신을 남기고, '도와주는 조직'만이 진짜 실력 있는 사람을 길러 낼 수 있다.

2018년 한 채용 플랫폼의 설문에 따르면, 신입 직원의 약 절반이 '혼자 힘으로 업무를 익힌다'고 답했다. 같은 조사에서 인사 담당자가 채용을 후회한 가장 큰 이유는 '가르쳐도 업무 습득이 느린 답답이형'이었다. 이 결과는 조직 안에서 누군가는 끊임없이 관찰하고 있었으며, 그 관찰이 협업이나 지도보다는 평가와 감시의 목적이었음을 암시한다. 조직이 구성원을 어떻게 관찰하는지에 따라, 실책은 성장을 위한 계기가 될 수도 있고, 낙인이 될 수도 있다.

실책이 발생했을 때, 조직은 구성원을 다그치기보다 먼저 조직의 내부 분위기나 체계를 점검해야 한다. 그 실책이 자라난 환경은 과연 어땠는가? 그 원인은 온전히 개인의 문제였는가, 조직문화와 구조적 관행의 문제는 아니었는가? 겸손함이 있는 조직은 바로 이 질문에서 출발한다. 그리고 이 질문에 답할 수 있는 용기와 자기점검이, 실수를 성장으로 바꾸는 진짜 힘이 된다.

가시나무를 키우는 마음들

누구나 실패하거나 실수할 수 있다. 사람을 중시하는 조직은 구성원이 실수해도 딛고 일어설 수 있도록 돕는다. 실수를 학습의 기회로 삼게 하고, 낙심하지 않도록 자신감을 심어 주며 용기를 북돋운다. 한두 마디 위로로 끝나지 않고, 진정성 있는 지지가 지속적으로 이루어진다.

에디슨이 수천 번의 실패 끝에 성공을 거두었듯, 구성원이 실패해도 포기하지 않도록 다시 도전할 수 있는 환경을 만들어 주어야 한다. 이런 조직은 구성원의 실수나 실패에 대해 개인적 평가 잣대부터 들이밀려 하지 않는다. 오히려 함께하며, 그것을 성장의 기회로 바꿔 낸다. 이는 인재를 알아보고 키워 내는 안목에서 비롯된다. 그러한 관점을 보여 주는 사례가 있다.

내가 다니는 교회 목사의 설교 중 들은 말이다. 한 사람이 친구에게 자꾸 놀림을 당하면서 마음속에 '가시나무'를 품게 되었다. 그 친구가 또다시 자신을 조롱하면, 그 가시나무로 반드시 되갚아 주겠다는 결심이었다. 그런데 시간이 지나면서 그 가시나무는 오히려 자신을 찔렀고, 상처를 입고 피를 흘린 건 결국 그 자신이었다. 복수와 증오의 마음이 자신을 지키는 무기가 되기보다, 오히려 스스로를 해치는 칼날이 되어 돌아온 것이다.

미움과 증오는 타인을 향해 던진 칼처럼 보이지만 실은 자신을 가장 깊이 상처 입히는 감정이다. 상대를 용서하지 못하고 원망을 품는 순간, 마음은 점점 어두워지고 삶은 무거워진다. 용서는 결코 쉬운 일이 아니지만, 그렇다고 불가능한 일도 아니다. 중요한 것은 내 마음 속에 어떤 감정을 담고 살아가느냐다.

조직에서의 관계도 이와 다르지 않다. 때로는 동료의 말이나 행동이 상처가 되기도 하고, 반복되는 오해와 갈등 속에 마음의 '가시나무'를 키울 수 있다. 그러나 조직은 혼자 살아가는 곳이 아니라 함께 일하고 성장해야 하는 공간이다. 미움보다는 이해, 경쟁보다는 협업, 판단보다는 배려의 마음이 있어야 건강한 관계가 유지된다. 용서는 나약함이 아니라, 관계를 지키기 위한 가장 강한 의지이자 선택이다.

그래서 우리는 묻고 또 물어야 한다. 지금 내 마음에 무엇이 자라고 있는가? 미움과 분노인가, 아니면 사랑과 용서인가? 마음속에 무엇을 품느냐에 따라 나의 태도와 삶의 방향은 완전히 달라진다. 용서는 때때로 가장 어려운 선택이지만, 그 선택이야말로 나를 자유롭게 하고, 타인과 더불어 살아가게 하는 진정한 힘이다.

8.2 실책 앞에서 조직은 무엇을 선택하는가

실수 앞의 본능적 반응

"구성원이 실수를 저지르면 어떻게 해야 할까요?" 이 질문을 여러 현장의 직장인에게 던져보면, 열에 아홉은 주저 없이 답한다. "당연히 벌을 줘야죠." 그 반응은 예상보다 단호하다. 실수는 곧 책임이며, 책임에는 대가가 따른다는 인식이 조직 안에 깊게 뿌리내려 있다. 실수한 구성원에게 엄격히 대응하는 것이 질서를 세우고 재발을 막는 길이라는 믿음도 굳건하다.

그러나 대화를 조금만 더 이어가면 그 단호함은 어느새 부드러워진다. "그래도 한솥밥 먹는 사이인데, 실수의 사정도 좀 봐야죠." "고의였는지, 아니면 불가피한 상황이었는지도 중요하죠." 겉으로는 '처벌'이 우선인 듯하지만, 그 이면에는 공정성과 사정 고려라는 양가적 마음이 섞여 있다.

조직은 실책 앞에서 늘 갈등한다. 기준을 지키기 위해 단호해야 할까, 아니면 상황을 고려해 유연하게 대처해야 할까. 단호함은 조직의 경계를 세우는 힘이다. 누구에게나 동일한 기준을 적용하면 질서와 신뢰가 유지된다. 특히 안전과 품질이 중요한 현장에서는 실수에 대한 엄격함이 곧 시스템의 마지막 방어선처럼 여겨진다.

그러나 유연함은 사람을 지키는 힘이다. 모든 실수가 같은 무게를 지니는 것은 아니다. 같은 실수라 하더라도 그 배경에 따라 이해의 여지가 생기며, 어떤 실수는 학습의 기회가 되기도 한다. 실수를 통해 개선점을 찾아 낸 조직은 오히려 더 강해진다. 실수는 잘 다루기만 한다면, 조직은 성장의 기회를 얻는다.

이처럼 조직은 실책 앞에서 두 갈래 길을 마주한다. 하나는 기준을 지키는 길, 다른 하나는 맥락을 이해하는 길이다. 진짜 중요한 일은 그 중 하나를 고르는 것이 아니다. 기준과 맥락 사이에서 균형을 찾는 것이다. 실수에 대해 적절하게 대응하되, 그 사람의 사정을 함께 읽을 줄 아는 태도가 조직의 성숙함이다.

실책을 대하는 조직의 태도는 구성원 개개인의 일상을 결정짓고, 나아가 조직의 미래를 만들어 낸다. 기준을 지키되 사람을 잃지 않는 조직, 실수를 통해 구성원을 포기하지 않는 조직은 신뢰와 성장을 함께 얻는다. 실책을 잘 다루는 조직은 사람도 잘 다룬다.

실수는 지우고, 사람은 남긴다

조직이 실수를 통해 얻어야 할 것은 단순하게 문제 해결에 그치는 것이 아니다. 중요한 것은 '사람'을 잃지 않는 것이다. 그리고 그 핵심적 수단은 바로 '용서'와 포용이다. 용서를 통해 우리는 구성원을 지키고, 더 깊은 신뢰를 쌓아갈 수 있다.

물론 무조건적인 용서는 기준을 무너뜨릴 수 있다. 공정한 기준 안에서 맥락을 이해하고 선택된 용서는 오히려 조직을 더욱 강하게 만든다. 잘못을 지우되 사람은 지우지 않는 것, 그 태도가 조직을 성숙하게 만든다.

미국의 저명한 작가 존 브록만이 과학자 110명에게 물었다. "지난 2,000년 동안 가장 위대한 발명품은 무엇이라고 생각하십니까?" 대답은 각양각색이었다. 비행기, 컴퓨터, 인도나 아랍의 숫자 체계, 시계, 거울, 미적분, 아스피린 등 다양한 답변이 나왔다. 하나하나가 인간의 삶을 송두리째 바꾼 발명품들이었다. 그중 미국의 작가이자 평론가인 더글러스 러시코프는 지우개를 가장 위대한 발명품으로 꼽았다. 뜻밖의 선택이지만, 그의 이유는 곱씹어 볼 만하다.

"나는 컴퓨터의 del 키, 화이트, 그밖에 인간의 실수를 수정하는 모든 것을 지목하고 싶다. 만약 우리가 뒤로 돌아가 지우고 다시 시작할 수 없었다면, 과학적 모델도 없었을 것이고 정부도, 문화도, 도덕도 존재하지 못했을 것이다. 지우개는 우리의 참회소이며, 용서하는 자이며, 타임머신이기도 하다."

그가 말하는 지우개는 단순히 잘못 쓴 글자를 고치는 도구에 그치지 않는다. 인간의 잘못된 행동이나 판단, 시대착오적 결정과 오류를 바로잡고 다시 시작하게 만드는 기제이다. 인간은 누구나 실수할 수 있고, 때로는 잘못된 판단으로 일을 그르치기도 한다. 잘못이 인정될 때는 지우개처럼 과감하게 지우고 새롭게 시작해야 한다.

조직은 기준을 지키되, 사람을 포기하지 않는 태도를 선택해야 한다. 이 균형을 갖춘 조직만이 진정으로 사랑받는 조직이 될 수 있다. 당신의 조직은 실책 앞에서 어떤 태도를 선택하고 있는가? 단호함인가, 이해인가, 아니면 그 둘을 아우르는 성숙한 균형감인가. 그 선택은 단지 구성원의 하루를 바꾸는 데 그치지 않는다. 그것은 곧 조직의 미래를 결정짓는다.

8.3 실수를 기록하라

반복되는 실책, 그리고 개선

조직 안에서 실책은 흔한 일이다. 누구나 실수할 수 있고, 실수는 생각보다 자주 반복된다. 그런데도 많은 조직은 실책을 '예외'로 취급하고, 빠르게 묻고 지나가려 한다. 마치 실수에 대해 말하는 것 자체가 수치인 듯, 쉬쉬하는 분위기가 만들어진다. 그러나 실책은 결코 예외가 아니다. 되려 실책은 반복되며, 그 반복은 시스템의 구조적 결함을 비춘다.

문제는 실책을 반복하는 조직일수록 실책을 기록하지 않는다는 데 있다. 말하지 않고, 적지 않고, 남기지 않는다. 그러다 보니 실수는 개선되지 않고, 사람만 바뀌며 같은 문제가 반복된다. 결국 실책은 조직의 어두운 그림자가 되어, 구성원을 위축시키고 리더를 불안하게 만든다.

실책은 공유될 때 개선된다. 티센크루프Thyssenkrupp는 독일을 대표하는 중공업·제조업 선도기업으로, 철강, 소재, 공정 설비 등 다양한 품목을 취급하고 있다. 이 기업은 안전사고를 예방하고, 모든 직원이 안전 의식과 실수를 공유하는 조직문화를 가지고 있다. 일상적인 작업에서도 작은 부주의가 큰 사고로 이어질 수 있다는 점을 강조하며, 직원들이 서로의 안전을 지속적으로 점검하고 지원하도록 독려한다.

또한 직원이 위험을 발견하면 즉시 조치하거나 보고할 수 있는 근접사고near-miss 보고 시스템과 권한 분산 체계(현장 직원이 위험을 발견하면 즉시 조치하거나 보고할 수 있는 구조)를 운영해, 사고를 숨기지 않고 투명하게 공유하도록 하고 있다. 아울러 사고 이후 학습과 개선 과정을 조직 전반에 적용하여, 구성원들이 위험 상황에서 주도적으로 대응하고 개선안을 제안하는 참여문화를 강화하고 있다.

이와 유사하게, 2019년 4월 SK하이닉스의 미래기술연구원은 '제2회 실패사례 경진대회'를 열어 임직원들이 실패 사례 공유의 중요성과 방법을 공유했다. 데이터베이스에 등록된 실패사례는 총 456건으로 2018년보다 2배 가까이 늘어났다. 실패사례를 조직 내에 적극적으로 공유한 직원을 선정해 시상하고, 1인당 등록 건수가 가장 많은 2개 조직에는 단체상도 수여했다.

최우수상은 D램 소자의 특성 개선과 신뢰성을 높이는 연구 과정에서 7건의 실패 사례를 전파한 직원에게 돌아갔다. 개인·단체 수상자에게는 총 1,100만 원의 상금이 수여됐다. SK하이닉스 미래기술연구원 부사장은 "의미 있는 실패 사례라도 공유되지 않는다면 그것 자체가 실패일 수 있다"며, "실패를 두려워하지 말고 기술 혁신을 위해 패기 있는 도전을 이어가 달라"고 강조했다(매일경제, 2019. 4. 26.).

어떤 조직은 실책이 발생하면 그 사례를 철저히 기록하고 공유한다. 실수한 당사자를 비난하기 위해서가 아니라, 타인이 같은 실수를 반복하지 않도록 돕기 위해서다. "우리는 이런 실수를 했고, 이런 방식으로 다시 시도했다"는 기록은 미래의 실패를 줄이고 조직의 역량을 축적하는 자산이 된다.

미국 의학협회American Medical Association, AMA에서 발행하는 의학 윤리 전문 학술지(2020년 가을, Volume 22, Number 9)에 따르면, 수술 중 발생한 작은 실수를 전 직원과 공유한 결과, 처음에는 수치스럽고 불편했지만 유사 사례의 재발을 줄이는 결정적 역할을 했다고 보고되었다. 또한 논문에서는 같은 실수를 반복하지 않도록 매뉴얼과 교육 과정이 개선되었으며, 공유된 실책이 조직의 집단지성(팀 전체의 지혜)으로 활용될 수 있음을 강조했다.

심리적 안정, 실책을 자산으로

실책을 기록하고 공유하기 위해서는 무엇보다 조직 내에 편안한 환경이 조성되어야 한다. 실수는 누구나 할 수 있는 것이며, 이를 통해 배우고 개선해 나가는 과정은 개인뿐 아니라 조직 전체의 성장과 발전에 큰 자산이 된다. 그런데 아무리 실책의 중요성을 강조하더라도, 구성원들이 자신의 실수를 스스로 밝히고 공유하지 않는다면 실질적 학습은 이루어지기 어렵다. 그러므로 실책 공유의 전제 조건으로 반드시 선행되어야 할 것이 바로 심리적 안정감이다.

이런 안정감이 뒷받침되지 않으면, 누구도 자신의 실수를 쉽게 이야기할 수 없다. 실수의 고백에 대한 응답이 책임 추궁이나 비난이라면, 실책은 은폐되고 반복되기 마련이다. 반대로, 누군가의 실수에 대해 "그 실수를 말해 줘 고맙다"는 반응이 돌아온다면 상황은 달라진다. 이러한 반응은 단순한 위로의 말이 아니라, 구성원이 실책에서 얻은 교훈을 조직과 함께 나눌 수 있도록 하는 기반이 된다. 고백이 받아들여지고 존중받는다는 경험은 구성원으로 하여금 실수를 숨기지 않고 이야기할 수 있게 만들며, 이는 곧 조직 전체가 실수를 통해 함께 배우는 문화로 이어진다. 실수는 개인의 일이 아니라 조직 전체의 학습 기회로 전환될 수 있다.

이러한 문화가 조직에 뿌리내리기 위해서는 심리적 안정감이 단단히 자리 잡아야 한다. 단순한 분위기 조성이 아니라 구체적 상호 작용과 신뢰 관계를 통해 실현되어야 한다. 실제 여러 연구 결과를 보면, 구성원들 간 신뢰가 깊고, 자신의 의견과 생각을 거리낌 없이 표현할 수 있는 환경이 구축된 팀일수록 높은 성과를 내는 것으로 나타났다.

심리적 안정감이 부족한 조직에서는 구성원들이 문제가 발생했을 때 질책당할 것을 우려하며 실패를 두려워한다. 따라서 도전해야 하는 업무나 새롭고 발전적 제안은 회피되기 쉬우며, 조직은 정체되고 변화에 유연하게 대응하지 못하는 경향을 보인다. 심리적 안정감은 곧 조직의 역동성과 창의성을 이끄는 핵심 토대이다.

이러한 조직문화를 형성하기 위해 리더의 역할은 매우 중요하다. 특히 리더가 먼저 자신의 실수를 솔직하게 털어놓는 일은 실책 공유의 문을 여는 강력한 신호가 된다. "나도 이런 판단을 내렸고, 그로 인해 이런 실수를 했으며, 그 경험에서 이런 것을 배웠다"는 리더의 고백은 구성원들에게 깊은 인상을 남긴다.

리더의 이러한 모습에서 구성원들은 조직이 실수를 실패 대신 성장의 한 과정으로 받아들이는 곳이라는 인식을 갖게 된다. 이러한 인식이 공유될 때 실수는 감추어야 할 부끄러운 과오가 아니라, 함께 나누고 배우며 성장의 발판으로 삼아야 할 소중한 자산이 된다.

조직이 실책을 다루는 방식은 곧 조직이 성장을 대하는 방식이다. 실책을 숨기는 조직은 멈추지만, 나누는 조직은 성장한다. 중요한 것은 실패가 없는 조직이 아니라, 같은 실패를 되풀이하지 않는 조직이다.

'실책 관리'란, 단순히 실수 직원을 찾아내는 작업이 아니다. 그 실수가 다시는 반복되지 않도록, 조직 전체가 학습하고 적응하는 구조를 만드는 일이다. 기록, 공유, 학습이 연결될 때 실책은 조직의 자산이 된다. 그리고 이 과정을 통해, 구성원은 책임이 아니라 신뢰를 배우게 된다.

8.4 실책을 시스템 개선으로

개인이 아닌 시스템 문제

실수가 발생했을 때 우리는 본능적으로 "누가 그랬냐?"고 묻는다. 하지만 이 질문은 자칫 본질을 흐릴 수 있다. 대부분의 경우 실수는 단순히 개인의 부주의 때문이 아니라, 반복적으로 방치된 구조적 결함에서 비롯되기 때문이다. 개인은 시스템 안에서 움직이고, 그 시스템이 허술하다면 누구든 같은 실수를 저지를 수 있다.

실제 한 자동차 부품 제조업체에서는 기계 결함이 확인되었음에도 적절한 조치가 이루어지지 않아, 청소 작업 중 근로자가 기계에 머리가 끼이는 사고가 발생했다. 사고는 2022년 7월, 한 근로자가 다이캐스팅 기계 내부 금형을 청소하던 중 발생했다. 사고 이전, 이 업체는 2021년 9월 이후 기계 안전점검을 담당한 기관으로부터 다이캐스팅 기계의 안전문 방호장치가 파손되어 안전사고의 위험이 존재한다는 지적을 여러 차례 받았으나, 교체나 수리를 하지 않았고 사고 예방을 위한 조치도 이루어지지 않았다. 또한 작업 중지, 근로자 대피, 위험요인 제거 등과 관련된 매뉴얼도 마련되지 않은 상태였다(파이낸셜뉴스, 2024.4.8.).

이 사례는 사고를 단순히 개인의 책임으로만 볼 것이 아니라, 조직 시스템의 점검과 개선이 재발 방지의 중요한 요소임을 보여준다. 이런 문화에서는 구성원들이 실수를 드러내기보다 숨기려 하고, 개선은커녕 같은 문제가 반복되기 쉽다. 실수를 인정하는 순간 처벌을 받는다는 두려움은 결국 조직 전체의 학습을 방해하게 된다.

반면, 실수를 '책임 추궁의 대상'이 아니라 '시스템 개선의 신호'로 받아들인 사례도 있다. 언론 보도(한국경제, 2020.4.22)에 따르면, 서득현 티센크루프엘리베이터코리아 사장은 "안전사고의 근본 원인은 리더십에 있다"고 말하며 협력업체 현장 담당자들의 목소리를 직접 들었다. 그는 그 과정에서 사고가 발생하면 담당자에게 책임을 전가하는 강압적인 조직문화가 자리하고 있음을 깨달았다. 이에 서 사장은 "직급에 상관없이 누구나 안전에 대해 이야기할 수 있어야 한다"며, "잠재적 사고 위험을 보고한 경우에는 책임을 묻기보다 격려와 칭찬이 필요하다"고 강조했다. 이러한 변화 속에서 현장의 위험 보고 건수는 2020년 1분기 120건으로, 전년 동기 대비 약 10배 가까이 늘어났다. 이 사례는 실수를 개인의 잘못으로 규정하지 않고, 조직 전체가 학습과 개선의 기회로 삼을 때 어떤 긍정적인 변화가 일어나는지를 잘 보여준다.

실수를 열린 태도로 마주하고, 그것을 시스템의 결함이나 경고로 받아들일 때 조직은 비로소 성장의 계기를 잡을 수 있다. 문제를 일으킨 사람을 탓하기보다 그 실수가 왜 발생했는지를 구조적으로 파고들어야 한다. 실수는 잘만 다루면 실패가 아닌, 더 나은 시스템을 위한 단서가 될 수 있다

실수 이후

"왜 실수했는가?"보다 더 중요한 질문은 "그 실수를 막을 수 있는 장치가 있었는가?"이다. 많은 조직은 실수가 발생하면 가장 먼저 개인의 책임을 묻지만, 우수한 조직은 실수가 일어난 이후의 대응을 미리 설계해 둔다. 실수는 언젠가 반드시 일어날 수 있다는 현실을 받아들이고, 그로 인한 피해를 최소화하며 반복되지 않도록 체계를 점검하는 것이 핵심이다.

항공 산업은 시스템 점검의 가장 대표적 사례로 간주할 수 있다. 항공사는 조종사들이 매뉴얼과 체크리스트를 통해 모든 과정을 반복적으로 확인하고, 작은 이상 징후에도 동료와 상호 점검하도록 시스템을 구축한다. 이 모든 과정은 'Crew Resource Management CRM'라는 훈련 프로그램을 통해 체계화되어 있다. 이를 기반으로 항공 산업은 가장 안전한 산업 시스템의 하나로 자리 잡았다. 여기서 중요한 것은 인간의 실수를 통제할 수 있는 시스템 설계의 힘이다.

하지만 아무리 잘 설계된 시스템이라도 실제 운영에서 제대로 작

동하지 않으면 큰 문제가 발생할 수 있다. 미국 연방항공청FAA 보고서 (2021)에 따르면, 2019년과 2020년에 발생한 보잉 737 MAX의 두 차례 추락 사고는 시스템 설계와 실행의 실패로 진단한다. MCAS 시스템의 설계 결함과 FAA 감독의 부실이 주요 원인이었으며, 보잉은 단일 공기 속도 센서에 의존하는 설계를 채택하여 시스템의 신뢰성을 떨어뜨렸다고 보고되었다. 또한, 2025년 6월 12일, 에어인디아 항공 171편이 아마다바드에서 추락하여 270명 이상이 사망하는 참사가 발생했다. 조사 결과, 엔진 연료 차단 스위치의 비정상적 조작이 사고의 주요 원인으로 지목되었다. 이 사례들은 시스템 설계와 실행이 조직의 안전과 성과를 좌우한다는 사실을 생생히 보여준다.

이러한 시스템이 대형 산업이나 글로벌 기업에만 적용 가능한 것이 아니다. 작은 조직이라도 "실수를 개인 탓으로 돌리지 않고, 재발 방지를 위한 구조를 만든다"는 원칙 하나만으로도 큰 변화를 만들어 낼 수 있다. 실수를 공개하고 공유하는 문화는 조직이 학습할 수 있는 기반이 되며, 실수에 대해 처벌이 아닌 분석과 개선에 초점을 맞출 때 조직은 점차 회복탄력성을 갖추게 된다.

실수는 '방지'보다 '대응'의 관점에서 접근해야 한다. 실수를 완전히 없앨 수는 없지만, 실수가 발생해도 시스템이 이를 감지하고 제어할 수 있다면 치명적 결과는 충분히 피할 수 있다. 중요한 것은 실수를 개인의 무능으로 여기지 않고 그 실수가 드러난 시스템의 구조, 그리고 조직문화나 관행에 어떤 문제가 있었는지 돌아보는 태도이다. 조직은 실수를 통해 무너지는 것이 아니라, 그 실수를 다루는 방식에 따라 성장가능성을 제고할 수 있다.

시스템은 기억하고 사람은 성장한다

사람은 실수를 한다. 그리고 종종 그 실수를 잊는다. 하지만 시스템은 기억할 수 있다. 이 점이 조직 운영에 결정적 차이를 만든다. 사람이 실수를 반복하지 않게 하기 위해서는 시스템이 먼저 기억하고 준비되어 있어야 한다. 실수를 기록하고 반영하는 시스템은 사람의 행동을 변화시키고, 나아가 개인의 성장을 가능하게 만든다.

실제 한 물류 현장에서는 야간 근무 중 사고가 반복적으로 발생했다. 언론보도(경향신문, 2025.8.22)에 따르면, 처음에는 개인의 체력 문제나 주의 부족으로 여겨졌으나, 동료 근로자들의 증언을 통해 피로 누적과 과중한 업무 등 복합적 요인이 드러났다. 이는 개인의 부주의를 넘어, 근본적으로 조직의 시스템과 관리체계에서 비롯된 문제였다. 이처럼 반복되는 산업재해의 이면에는 '피로'라는 보이지 않는 위험요소가 자리하고 있다. 과도한 근무시간, 불규칙한 교대, 부족한 휴식으로 인한 피로는 판단력과 반응속도를 저하시켜 사고 발생 가능성을 높인다. 실제로 미국 산업안전보건청(OSHA)은 야간근무가 주간보다 30%, 12시간 근무가 부상 위험을 37% 높인다고 경고하며, 피로를 단순한 개인의 컨디션 문제가 아닌 조직차원의 관리대상으로 보고 있다(세이프티퍼스트닷뉴스, 2025.7.18.).

이에 따라 미국과 한국의 산업안전기관들은 교대근무시간 제한, 충분한 휴식 보장, 피로 관리 교육 등 제도적 대응을 강화하고 있다. 근로자의 피로를 체계적으로 관리하는 것은 생산성과 안전을 동시에 확보하는 핵심 요소다. 이러한 안전관리체계가 조직 내에 정착되면, 구성원들 사이에는 '조직이 나의 실수를 막아 준다'는 신뢰가 형성되고, 실수는 줄어들며 경각심은 높아진다. 나아가 조직이 책임을 묻기보다 함께 개선하는 안전문화가 자리 잡게 된다. 이러한 관점은 장미화·갈원모(2025)의 연구(「국내 물류센터 산업재해 분석과 안전관리 개선방안 연구」)에서도 확인되며, 이는 조직시스템이 장비와 절차를 관리하는 수준을 넘어, 사람의 성장을 지원하는 토대가 될 수 있음을 보여주는 사례이다.

침묵에의 강요

어느 날, 내가 일하던 현장에서 나보다 어린 조원이 내게 조용히 말을 건넸다. "여기에서는요, 입 닫고 시키는 일만 하세요. 괜히 나섰다가 찍혀요." 처음에는 먼저 입사한 선배로서 해 준 조언일 것이라 여겼다. 하지만 그 조원의 말에는 단순한 충고를 넘는, 조직의 깊은 병리와 분위기가 담겨 있었다. 무엇이 잘못되어 있는지는 말하지 않아도 알 수 있었다.

그 한마디 말은 단순하지 않아, 현장의 많은 문제가 고스란히 담겨 있었다. 조직의 구조는 수직적이고 폐쇄적이었다. 소통은 단절되었고, 자율적 의견 개진은 오히려 '튀는 행동'으로 간주되었다. 어떤 문제가 존재해도 위를 쳐다보며 침묵했고, '정답'은 언제나 위에서 내려왔다. 잘못이 생기면 책임은 전적으로 개인에게 돌아갔다. 시스템의 오류도, 환경의 문제도 아닌 개인의 문제로 치부되었다.

이런 조직에서 사람들은 점점 말을 잃는다. 침묵은 생존 전략이 되고, 조심스러운 태도는 하루하루를 버티기 위한 방패가 된다. 그러나 바로 그 침묵 속에서 안전사고가 자란다. 중요한 문제를 제기하지 못하고, 개선의 기회는 사라지며, 같은 실수가 반복된다. 말할 수 없는 조직은 실수를 키운다. 책임은 침묵을 강요한 문화와 구조에도 있다.

실수가 발생했다면, 조직은 먼저 자기 내부로 질문을 돌려야 한다.
"충분한 사전 안내가 있었는가?"
"소통의 통로는 실제 열려 있었는가?"
"현장을 지키는 사람들을 보호할 장치는 있었는가?"

이 질문에 솔직하게 답할 수 없다면, 실수는 개인의 몫이 아니다. 그것은 시스템의 실패다. 말할 수 있는 조직, 들으려는 태도는 단순한 소통 이상의, 실수를 줄이고 생명을 지키는 시작점이다. 모든 실수를 막기는 어렵지만, 같은 실수를 반복하게 만드는 구조는 반드시 개선되어야 한다. 조직이 변화하지 않는 한, 문제는 계속될 것이다.

형식만 남은 안전

현장에서 일하던 어느 날, 현장 관리자가 내게 다가와 말했다. "책임자가 곧 점검 나오니 안전모랑 보안경 똑바로 착용해." 그의 말에 장비를 고쳐 착용했지만, 곧 의문이 들었다. '점검 시간만 넘기면 다시 자유롭게 일해도 된다는 뜻일까? 안전은 점검이 있을 때만 중요하다는 건가?' 순간적으로 고쳐 쓴 보호 장구보다, 그 말 속에 담긴 분위기가 더 낯설게 다가왔다.

그 상황을 곱씹다 보니 이런 생각도 들었다. 혹시 '안전도 눈치껏 알아서 하라'는 의미였던 걸까? 관리자들은 '지켜야 할 때만 지키는 것'을 당연하게 여기고, 그걸 잘 따라 하면 차후 관리자도 될 수 있다고 여기는 건 아닌지 의심스러웠다. 실제로 현장에서는 안전 수칙을 지키는 것이 원칙이라기보다, 누가 보고 있을 때만 지키는 일종의 관행처럼 여겨지곤 한다.

이런 관행이 무서운 이유는 안전 수칙 준수가 '상황에 따라 달라져도 된다'는 잘못된 인식을 낳기 때문이다. 현장에서는 많은 일이 반복적으로 일어나고, 그 안에서 사람들은 습관을 따른다. 눈치에 따라 움직이던 습관은 어느새 '형식적 안전'을 만들어 낸다. 실질적 보호 조치가 아니라, 보여주기 위한 행동만 남는 것이다. 그렇게 형식만 남고 내용이 사라진다.

더 큰 문제는 사고가 발생했을 때다. 그 책임의 무게가 고스란히 하급자에게 전가된다. 위에서 눈치껏 행동하라 했고, 그에 따라 움직였을 뿐인데도, 실제 사고가 나면 개인이 "왜 매뉴얼을 지키지 않았느냐"며 책임을 지게 되는 구조다. 매우 불합리하고 위험한 관행이다. 책임자가 남긴 말의 뉘앙스는 사라지고, 하급자의 행동만 기록에 남는다.

안전 매뉴얼은 점검 시간에만 지키는 선택적 조건이 아니다. 작업을 시작하고 끝내는 모든 순간에 지켜져야 할 필수 원칙이다. 책임자가 있건 없건, 안전 수칙은 생명과 직결된 기준이며 누구에게나 동등하게 적용되어야 한다. 보여주기의 안전 조치는 진짜 위험을 감추는 조직의 악이다.

진정 안전 문화를 만들기 위해선, 눈치가 아닌 원칙에 기반한 행동이 필요하다. 관리자든 현장 직원이든 모두 같은 기준으로 움직일 수 있어야 한다. 그럴 때 비로소 사고로부터 소중한 생명과 건강한 조직문화를 지킬 수 있다. 눈치로 작동하는 안전은 실책을 낳고, 원칙으로 작동하는 안전은 생명을 지킨다.

HEED는 실책을 책임을 묻는 순간이 아니라, 자기점검의 계기로 삼으라고 강조한다. 실수를 징계의 사유로 삼기보다 조직의 미비점을 되짚는 기회로 바꾸어야 한다. 그것이 안전하고 성장하는 조직의 출발점이다.

실책 관리에서 다시 겸손으로

HEED는 겸손, 공정, 실책 관리, 낙심 관리의 순서를 따르지만 실책의 순간, 다시 처음으로 돌아가야 한다. 바로, 겸손이다. 실수는 곧바로 나무랄 일이 아니라, 함께 되돌아보아야 할 '기회'일 수 있다. 실수의 책임을 묻기보다 먼저 그 안에 담긴 메시지를 읽어 내야 한다.

물론, '왜 실수했는가?'보다 '실수를 통해 무엇을 되돌아봐야 하는가?'를 명확히 파악하려면 실수 과정을 이해하는 것이 필요하다. 하지만 HEED 방식에서는 그 과정을 개인을 비난하는 수단이 아니라, 조직이 배우고 개선할 포인트를 찾는 도구로 본다. 즉, 원인을 분석하면서도 초점은 책임 추궁이 아니라 학습과 개선에 맞춰야 한다. 이렇게 되면 조직은 단순히 실수를 피하려는 것이 아니라, 실수를 통해 성장하고 학습하는 조직이 된다. 나아가 구성원은 두려움 없이 의견을 내고, 실수를 성장의 일부로 받아들일 수 있다. 이런 문화는 구성원 간 신뢰를 쌓고, 자연스럽게 조직 전체의 신뢰로 이어진다.

하지만 아무리 학습과 신뢰를 쌓아도, 실책 자체가 잘못이라는 사실은 바뀌지 않는다. 실책을 대하는 태도에서 조직의 품격이 드러난다. 실수가 낙심으로 이어지지 않도록 그 지점에서 HEED는 다시 겸손으로 돌아가야 한다. 겸손 위에 공정을 세우고 신뢰를 회복할 수 있어야 조직은 더 단단해진다. 실책은 벌이 아니라, 더 나은 조직으로 가는 시작점이 되어야 한다.

결국, 실책관리의 핵심은 '겸손의 반복'이다. 실수는 개인의 문제가 아니다. 먼저 상황과 환경을 되짚어야 한다. HEED는 실책의 순간을 조직 전체의 '자기점검 타이밍'으로 만든다. 실수는 퇴보가 아닌, 잠시 멈춰 자신을 돌아보는 소중한 기회이다. 겸손으로 되돌아가는 이 반복이 곧 건강한 조직을 만드는 핵심이다

9장

낙심 관리

"누워 있던 그녀를 일으킨 건, 의학이 아니었다."

고등학교 시절, 바바라 스나이더는 체조 선수였다. 하지만 그녀의 인생은 다발성경화증이라는 병으로 완전히 바뀌었다. 7년 동안 걷지 못했고, 이후 16년은 위기의 연속이었다. 배변 조절 능력을 잃었고, 시력도 거의 상실했다. 기관절개술까지 받아야 했으며, 결국 집 안 병상에 누운 채 하루하루를 버텨야 했다. 의사는 그녀에게 6개월 시한부 선고를 내렸다. 바바라의 삶은 끝을 향해 치닫고 있었다.

그녀의 주치의였던 해럴드 아돌프는 2만 5,000회 이상의 수술을 집도한 경험 많은 의사였지만, 바바라를 두고 "내가 본 환자 중 가장 절망적인 환자 중 하나"라고 표현했다. 누구도 그녀의 회복을 예상할 수 없었다. 1981년 5월 어느 날, 바바라는 친구들에게 마지막 부탁을 전했다. "나는 시한부 인생을 살고 있어. 제발, 나를 위해 기도하고 응원해 줘."

그녀의 요청은 단순한 전화 한 통에서 시작됐지만, 친구들은 그

요청을 진심으로 받아들였다. 그리고 그 응원은 삽시간에 퍼져 나갔다. 많은 사람들이 그녀를 위해 기도하고, 격려의 메시지를 보냈다. 그렇게 시작된 격려와 응원의 물결이 놀라운 기적을 만들어 냈다. 의료로는 설명할 수 없는 회복이 시작되었고, 그녀의 삶은 다시 움직이기 시작했다. 이 이야기는 종교적 간증으로 널리 전해지며, 절망의 끝에서도 희망이 살아날 수 있음을 상징적으로 보여주는 사례로 회자되고 있다. 응원은 때로 절망의 끝에서 희망의 불씨를 되살리는 가장 강력한 힘이 된다. 그렇다면 조직과 기업은 어떨까?

IKEA를 성장시킨 격려와 존중

스웨덴의 글로벌 가구기업 이케아는 따뜻한 언어와 겸손의 문화를 통해 성장한 대표적 사례다. 창업자 잉바르 캄프라드는 임직원들에게 늘 '회사의 진정한 주인은 고객과 직원'이라고 강조하며, 조직의 가치와 비전을 공유했다(Bartlett & Nanda, 1996). 그는 직원들과 같은 식당에서 식사하고, 직급 대신 서로의 이름을 부르게 하며 존중의 언어 문화를 조직 전반에 뿌리내렸다(IKEA 홈페이지, 2025). 이러한 문화 덕분에 직원들은 자유롭게 의견을 개진하고, 작은 아이디어라도 존중받는 경험을 했다. 이케아의 수평적이고 따뜻한 소통 방식은 조립형 가구(flat-pack)를 도입하여 물류시스템을 혁신하고, 창고와 매장을 결합한 대형 매장 모델 구축 등 다양한 혁신을 창출했으며, 결국 세계 최대의 가구 기업으로 성장하는 토대가 되었다.

9.1 구성원을 지키는 조직의 품격

리더의 언어

"낙심 앞에서 리더는 무엇을 말해야 하는가?" 이 절은 이 질문에서 출발한다. 등반가들과 구름의 양 사이의 관계를 연구한 한 사회학자가 흥미로운 사실을 발견했다. 구름이 많아질수록 등산가들 사이의 갈등이 증가한다는 것이었다. 이유는 간단했다. 시야를 가려 앞이 보이지 않기 때문이다. 목표인 정상(頂上)이 시야에서 사라지면, 사람들은 불안과 어려움 속에서 쉽게 실망하고 낙심한다.

이 연구는 중요한 메시지를 포함한다. 어떤 목표를 향해 나아가는 팀에게 '보이지 않음'은 감정적 긴장과 갈등을 유발한다. 위의 경우 특히 등반대장의 역할이 강조되는데, 연구는 막연하게 "조금만 더 가면 정상이다"하는 격려보다 "한 시간 후면 구름이 걷힐 것이다" 같은 구체적이고 시기적인 정보 제공이 훨씬 효과적이라 결론지었다. 이 결과는 조직에도 적용해 볼 수 있다.

조직의 여정도 하나의 등반이다. 목표가 불분명하거나 결과가 보이지 않을 때, 사람들은 방향을 잃고 쉽게 낙심한다. 어떤 구성원이 평소에 성실히 일했음에도 작은 실수나 예기치 못한 실책으로 비판받거나 소외되는 상황이 벌어질 수 있다. 이런 상황에서 해당 구성원이 실망감이나 의욕 상실에 빠지는 것은 지극히 자연스러운 반응이다. 문제는 그 이후이다. 해당 직원을 그대로 방치하면, 조직에 대한 애착을 잃고 냉소적으로 변할 수 있다. 그리고 그 냉소는 결국 조직 이탈로 이어질 수 있다. 특히 그 실책이 개인의 무능 탓이 아니라 구조적 결함에서 비롯된 것이라면, 상황은 더욱 심각해진다. 조직에 대한 신뢰 자체를 버리고, 이직을 고려할 가능성이 높다. 낙심은 방치될 경우, 개인의 문제를 넘어 조직 전체의 신뢰와 성과에 영향을 미친다.

그렇다면 이런 상황에서 리더는 어떤 언어를 구사해야 할까? 위기 상황에 빠진 구성원을 방치해서는 안 된다. 그럴 때일수록 리더는 적극 소통을 통해 명확한 방향과 실현가능한 희망을 제시할 수 있어야 한다. "조금만 더 참아보자"는 막연한 위로는 무력하게 들린다. 그보다는 "한 달 후면 새로운 프로젝트가 시작된다"거나 "이번 분기에는 성과 평가 방식이 바뀔 것이다"와 같은 구체적 정보가 훨씬 더 힘을 갖는다.

이처럼 구성원이 스스로 '앞을 다시 볼 수 있게' 돕는 말은 단순한 격려를 넘어선다. 리더의 언어는 낙심의 구름을 걷어 주고, 시야를 회복시키는 도구가 되어야 한다. 감정을 어루만지는 동시에 방향을 제시하는 언어를 구사할 수 있어야 한다.

같은 맥락에서 '리더-구성원 교환 이론'을 살펴볼 필요가 있다. 이 이론에 따르면, 리더는 모든 부하 직원을 똑같이 대할 수는 없다. 중요한 것은, 각 구성원이 조직 내 '중요한 존재'로 간주된다는 인식을 갖게 만드는 것이다. 이런 인식이 생기는 순간, 구성원은 기대 이상의 성과를 발휘할 가능성이 높아진다. 단순히 인정받는 기분이 아니라, 존중받고 있다는 실질적 확신이 그의 태도와 결과를 바꾸는 것이다.

앞에서 언급한 IKEA 사례는 조직혁신 측면이었다면, 이 단락의 IKEA 사례는 리더와 구성원의 존중과 참여를 강조한다. 스웨덴 가구 기업 이케아에서 창업자 잉바르 캄프라드는 직원 개개인을 존중하며 의견을 경청하고, 작은 제안도 적극적으로 가치 있게 다뤘다(Bartlett & Nanda, 1996; IKEA 홈페이지, 2025). 이러한 경험은 직원들이 자신이 조직에서 중요한 존재임을 체감하게 하고, 자발적인 참여와 창의적 성과를 촉진했다. 이는 바로 리더-구성원 교환 이론에서 말하는 '인정과 존중의 관계'가 성과로 이어지는 사례라고 할 수 있다.

하지만 리더의 역할은 여기서 끝나지 않는다. 리더의 언어가 큰 힘이 되지만, 편안한 분위기를 조성하는 것도 리더의 중요한 역할이다. 조직구성원 중 누군가는 '가면'을 쓰고 일할 수밖에 없는 환경, 그리고 그에 따라 발생하는 구성원의 낙심관리는 또 다른 고민과 노력을 필요로 한다. 이제 직장인들이 실제로 경험하는 '가면' 현상의 실태와 이에 대한 리더의 대응과 책임감에 대해 함께 생각해 보자.

가면을 벗게 하는 리더

직장인 4명 중 3명은 회사에서의 자신의 모습이 본질과 다르며, '가면'을 쓰고 일한다고 답했다. 특히 20대 직장인 그룹에서 이 비율이 가장 높게 나타나 눈길을 끈다. 2020년 3월 잡코리아가 직장인 559명을 대상으로 실시한 '멀티 페르소나 트렌드' 조사 결과, 직장인의 77.6%가 "회사에서의 내 모습이 평시와 다르고 회사에 맞는 가면을 쓰고 일한다"고 응답했다. 이러한 응답은 40대 이상(71.2%)보다 20대(80.3%)와 30대(78.0%) 밀레니얼 세대에서 더욱 높았다.

이들이 회사에 맞는 가면을 쓰는 이유로 "회사에서 요구하거나 기대하는 모습에 맞추기 위해서"(41.2%), "개인적 면을 드러내기 어려운 일만 하는 조직문화와 분위기 때문"(39.6%), "회사 동료들에게 평소 내 모습을 보이기 싫어서"(35.9%) 등 다양하게 나타났다.

본연의 자아를 숨긴 채 가면을 쓰고 일해야 하는 조직문화는 구성원을 위축시키고, 심리적 낙심 상태로 이끈다. 리더는 이러한 조직문화가 구성원에게 미치는 부정적 영향을 인지하고, 구성원이 본래의 모습을 드러낼 수 있는 신뢰와 안전한 분위기를 만들어 주어야 한다. 또한, 막연한 위로가 아니라 구체적인 변화와 희망을 매개로 구성원과 소통하는 것이 필요하며, 이는 구성원 개인의 성장뿐 아니라 조직 전체의 건강한 발전으로 이어진다.

낙심을 다스리는 작은 이야기

"지금 포기하면, 나를 믿고 맡긴 사람에게 미안하잖아요!"

아프리카 탄자니아에서 온 존 스티븐 아쿠와리 선수

1968년 10월 20일, 멕시코의 한 육상 경기장에서 마라톤 경기가 열렸습니다. 이 경기에는 아프리카 탄자니아에서 온 존 스티븐 아쿠와리 선수도 참가했습니다. 그는 레이스 도중 심각한 부상을 입고 넘어졌지만, 응급 처치만 간단히 받고 다시 일어섰습니다. 피투성이 무릎으로 그는 포기하지 않고 끝까지 달렸습니다. 그리고 다른 선수들이 결승선을 통과한 지 1시간이나 지난 뒤, 절뚝이며 경기장에 들어섰습니다.

그의 완주에 감동한 관중들은 박수를 보냈고, 한 기자가 그에게 물었습니다. "무릎에서 피가 나는 상태로 계속 달렸습니까? 차라리 포기하는 게 낫지 않았나요?" 아쿠와리는 조용히, 그러나 단호하게 대답했습니다. "조국 탄자니아는 나를 이곳까지 보내기 위해 1만 1,000㎞를 보냈습니다. 나는 42.195㎞를 달렸습니다. 비록 부상당했고 우승도 못했지만, 경기를 끝까지 완주하는 것이 나의 사명이었습니다. 그것이 조국에 대한 나의 존중이고 책임입니다."

포기하고 싶은 순간이 많았지만, 그는 끝까지 달렸습니다. 이 이야기는 낙심과 어려움 속에서도 조금씩 한 걸음씩 나아가는 힘을 보여줍니다.

9.2 실패를 딛고 성장하는 조직

포기하지 않는 조직

조직은 언제 낙심하는가? 단지 성과가 낮다는 이유만으로 낙심에 이르는 것은 아니다. 리더가 구성원의 실수를 차갑게 대하고, 그 실수로부터 회복할 기회를 주지 않으면 조직은 내부에서 무너지기 시작한다. 구성원은 자신의 실수가 아니라, 그 실수에 대한 리더의 반응에서 더 큰 좌절을 느끼기 때문이다. 리더의 냉담한 태도는, 구성원에게 더 큰 불안과 두려움을 낳는다. 그리고 그 두려움은 새로운 도전이나 변화를 막는 걸림돌이 된다.

리더는 실수에 대한 피드백을 통해 구성원을 성장시킬 수 있는 기회를 가진다. 회복의 기회를 주는 것, 바로 그것이 조직을 다시 일으킬 수 있는 힘이다. 반대로, 실수 뒤에 회복할 여지를 주지 않으면 구성원은 자신감을 잃고, 자발적 참여 포기에 이를 수 있다. 실수는 누구나 할 수 있다. 하지만 그 실수를 어떻게 받아들이느냐에 따라 조직의 분위기도, 미래도 달라진다.

마이클 조던은 고등학교 시절 실력이 부족하다는 이유로 농구팀에 탈락했다. 이 경험은 깊은 상처를 남겼지만, 그는 포기하지 않고 매일 훈련에 몰두했다. NBA 진출 후에도 많은 경기에서 패배를 경험하고, 결정적 슛을 놓친 적도 많았다. 하지만 그는 말했다. "나는 수없이 실패했다. 그래서 나는 성공했다." 이렇게 실패를 받아들인 조던의 집념은 그를 '농구의 전설'이자 끈기의 아이콘으로 만들었다.

조던의 사례가 보여주듯, 개인의 실패와 회복을 존중하는 태도는 조직에서도 동일하게 중요하다. 실수를 학습과 성장의 기회로 보는 조직일수록 구성원의 회복력과 잠재력이 발휘된다. 단순히 포기하지 말라는 메시지보다, 작은 성공 경험과 지지, 피드백을 통해 구성원이 다시 일어설 수 있는 환경을 만드는 것이 핵심이다. HEED의 네 가지 가치를 실현하려면, 구성원 한 사람 한 사람에게 주의 깊은 관심을 기울이는 것이 전제되어야 한다.

실책과 회복 사이에서, 관심은 조직을 지탱하는 보이지 않는 다리이다. 이 다리가 없다면, 우리는 실책을 '비용'으로만 간주할 수 있다. 실수한 사람을 쉽게 포기하고, 새로운 인재를 채용한다. 하지만 그 과정이 그리 쉬운 길은 아니다. 지금까지 함께한 구성원을 다시 일으켜 세우는 것이 훨씬 더 적은 비용과 시간으로 높은 신뢰와 충성도를 지켜 준다. 한 사람을 끝까지 믿고 기다리는 조직은 그 사람에게도, 나머지 구성원에게도 강한 신뢰의 메시지를 심어 준다.

낙심을 관리한다는 것은 곧 실수를 허용하는 조직문화를 만드는 일과 맞닿아 있다. 물론 이것이 무책임을 방치하자는 뜻은 아니다. 핵심은 다시 배우고, 다시 도전할 수 있는 길을 열어 주는 것이다. 이를 위해 조직은 실패한 프로젝트나 시도를 일정 기준에 따라 재도전할 수 있도록 돕는 리커버리Recovery 제도를 마련해야 하며, 결과뿐 아니라 학습 과정과 재도전 의지를 함께 반영하는 평가 제도를 개선해야 한다.

해외 사례를 보면, 넷플릭스와 구글의 공통적인 성장 원동력 중 하나는 리스크 테이커(Risk Taker·위험 감수자)를 선호하는 문화다. 넷플릭스는 채용 사이트에서 자사가 중요하게 생각하는 핵심 가치 중 하나를 실패를 두려워하지 않는 용기라고 소개한다. 구글 역시 9가지 혁신 원칙 중 하나로 '잘 실패하기(Fail Well)'를 제시하며, "실패를 자주 하지 않는다는 것은 곧 충분히 새로운 도전을 하지 않았다는 것"이라고 강조한다(매일경제, 2021. 9. 9.).

국내 사례로는 제니엘그룹이 있다. 제니엘그룹은 실패 사례를 선정해 구성원들과 공유하는 조직문화를 갖추고 있으며, 이를 통해 같은 실수를 반복하지 않도록 한다. 특히 실패를 성과의 일부로 인정하며, 리스크 분석·개선 노력 등 실질적 교훈을 중심으로 사례를 발굴한다. 나아가 실패를 조직의 학습 요소로 적극 활용한다(프라임경제, 2025. 5. 29; Nate 뉴스, 2025. 5. 29.). HEED는 '실수하면 끝'이라는 공포 대신 '실수해도 다시 시작할 수 있다'는 가능성을 조직 안에 심는다.

조용히 곁에 있는 사람

윌리엄 베버리지(1879-1963)는 1942년 11월, 전후 영국 사회 정책의 청사진을 제시한 '사회보험과 관련 서비스'라는 보고서를 통해, 2차 세계대전 이후 영국 노동당 정부가 장기 집권하며 무상 의료제도(NHS), 사회보장제도 확대, 주거 안정 정책 등 굵직한 개혁을 추진하도록 방향을 제시했다. 그러나 이들의 리더십은 성과를 특정 지도자의 공으로 돌리기보다 '국민과 정부, 의회가 함께 만든 결과'로 강조했다는 점에서 특징적이다. 이는 권력을 독점하지 않고 공동체적 성취를 앞세우며, 국민의 목소리에 귀 기울이는 겸손한 리더십의 전형을 보여준다. 말보다 행동으로, 공을 나누고 책임을 함께 짊어지는 태도는 오늘날에도 중요한 교훈으로 남아 있다(영국의회 뉴스).

조직의 책임자들이 메시지를 전하는 방식은 다양하다. 어떤 이는 앞에 나서서 강하게 끌고 간다. 목표를 제시하여 독려하며, 성과에 따라 구조조정을 단행하는 등 즉각적 대응으로 조직을 움직인다. 이들은 분명 위기에 필요한 추진력을 갖춘 이들이다. 하지만 모든 상황에 그런 접근이 통하는 것은 아니다. 특히, 낙심한 이들이 있는 자리에서는 더욱 그렇다.

겉으로는 조용해 보이지만, 늘 뒤에서 구성원들을 지지하고 응원하는 이들이 있다. 이들은 드러내지 않고 묵묵히 곁에 머물며, 실수했을 때조차 책임을 나누고 격려하며 앞으로 나아갈 용기를 북돋운다. 한마디 말보다 더 강한 위로를 주는 것은 바로 그런 꾸준한 지지다. 이런 사람은 크게 소리 내어 말하지 않지만, 누구보다 깊이 사람을 바라보고 귀 기울일 줄 안다.

사람들은 이런 존재를 가볍게 여기기 십상이다. 말이 적고 조심스러운 태도가 때로는 소심하게 비춰지고, 단호하지 않은 모습은 약하다는 오해를 받기도 한다. 그러나 시간이 지날수록 사람들은 깨닫게 된다. 진짜로 필요한 순간에 곁을 지켜 주는 이가 누구인지, 아프고 낙심한 이에게 끝까지 따뜻하게 반응하는 이가 누구인지 말이다. 그리고 결국 이렇게 말한다. "그야말로 진짜로 큰 사람이다." 마음을 움직이는 건 언제나 말이 아니라 태도다.

리더가 이러한 행동을 진심으로 보여 조직 전체의 분위기를 긍정적으로 변화시킨 국내 기업 사례로는 동양EMS를 들 수 있다. 아웃소싱 전문기업인 동양EMS는 전대길 대표의 경영철학을 바탕으로 '사람을 최우선으로 생각하는 기업문화'를 구축하고 있다. 전 대표는 인사관리의 '사(事)'자가 '일 사(事)'자이기도 하지만 '섬길 사(事)'라는 점을 강조하며, 사람을 진심으로 섬기는 경영을 실천해 왔다(아웃소싱타임스, 2018.4.10.). 또한 전대길 대표는 동양EMS를 '고객과 함께하는 고객행복 기업'으로 성장시키기 위해, 사람을 최우선으로 생각하는 기업문화, 상호 존중과 소통을 바탕으로 한 본사와 현장 직원 간의 강력한 신뢰 관계 구축, 유기적 연계를 통한 고객만족 극대화를 추구하고 있다(뉴스프라임, 2024.10.29.).

9.3 내면의 성장을 믿는 개인의 태도

숙성 아래 피어나는 성숙

낙심을 이겨 내는 힘은 때로 조직이 제공하는 지원보다 한 개인이 스스로 품은 단순한 신념에서 시작되기도 한다. '그래, 괜찮아질 거야', '이 정도쯤이야'라는 단호한 생각이 스스로를 무너지지 않도록 지탱해 준다. 그러한 생각 속에는 자신을 믿는 힘, 버티겠다는 다짐, 다시 시작할 준비가 담겨 있다.

'숙성'이라는 단어를 거꾸로 읽으면 '성숙'이 된다. 우연 같지만 의미심장한 전환이다. 숙성과 성숙은 닮아 있다. 둘 다 시간이 필요하다. 깊은 맛은 그냥 만들어지지 않는다. 무언가에 눌리고 견디는 시간이 있어야 깊어진다. 사람도 그렇다. 위로보다는 무게가, 조언보다는 시간이 필요할 때가 있다. 무겁고 불편한 시기를 지나면서 조금씩 성숙해진다.

조직구성원들이 인내와 성숙의 과정을 거쳐 성공한 국내 기업 사례로는 루닛(Lunit)을 들 수 있다. 루닛은 인공지능 기반 암 진단 의료 솔루션 개발 기업으로, 2013년 6명의 스타트업에서 시작해 현재 350명 이상의 임직원을 보유한 중소기업으로 성장했다. 국내 창업기업의 평균 생존률이 33.8%로 OECD 평균보다 낮은 어려운 환경 속에서, 루닛은 스타트업에서 글로벌 기업으로 도약하며 성공신화로 평가받는다.

루닛의 성장은 단순한 기술력에만 의존하지 않았다. 초기 자원과 인력 부족, 경쟁 심화, 조직문화 변화 등 수많은 도전 속에서 구성원들은 서로를 지지하며 어려움을 극복했다. 이 과정에서 개인의 성장은 곧 조직 전체의 성장으로 이어졌고, 기술창업 정체성을 유지하면서도 대기업 및 글로벌 조직문화를 적극 도입해 인재 유치와 조직문화 혁신에 성공했다(매일일보, 2025.3.12.).

결국 루닛의 사례는 조직구성원들이 함께 겪은 인내와 성숙의 과정이 기업의 성공으로 이어질 수 있음을 보여준다. 직원 간 신뢰와 협업, 공동목표를 향한 지속적 노력이 기술적 성취 못지않게 중요하며, 스타트업에서도 이러한 과정이 조직문화와 성과를 결정짓는 핵심임을 시사한다.

그러나 내면의 성숙이 혼자만의 힘으로 이뤄지기는 어렵다. 사람은 관계 속에서 살아나며, 마음 깊은 곳의 회복은 '함께'라는 경험을 통해 완성된다. 이제, 개인의 성숙을 조직과의 신뢰로 확장해 보자.

함께하는 소중함

조직의 성숙은 단순한 제도나 말보다 진정성 있는 태도에서 시작된다. 아무리 좋은 제도나 캠페인을 운영하더라도, 구성원이 그 진심을 느끼지 못하면 오히려 냉소와 무력감을 불러온다. 사람은 본능적으로 말 속의 의도와 태도를 감지하며, 형식적 칭찬이나 공허한 격려는 동기부여보다는 불신을 키운다. 결국 조직변화의 출발점은 제도 이전에, 솔직하고 진심 어린 태도에 있다.

'함께'라는 말 속에는 조직과 구성원 간의 신뢰가 담겨 있다. 좋은 일이 있을 때 함께 기뻐하고, 어려움이 닥치면 함께 위로하는 모습이 진정한 '함께함'의 본질이다. 이러한 신뢰와 함께함이 자리 잡은 조직은 실수와 실패에도 낙심하지 않고 다시 일어설 수 있다.

개인의 성숙이 조직의 성장으로 이어지듯, 조직이 구성원과 함께 배우고 성장할 때 조직 전체가 성숙하고 장기적인 성공을 이루게 된다. 루닛 사례에서 보듯, 구성원 개개인의 성숙과 조직의 성숙이 맞물려 기업의 성공으로 이어지는 것을 확인할 수 있다.

10장

HEED를 조직에 심는 방법

조직 존재의 근본 이유

조직의 존재 목적은 설립 취지에 따라 명확하다. 일반 기업은 수익 창출, 사회적 기업은 사회적 가치 실현, 공기업은 공공의 이익을 위해 존재한다. 여기서는 일반 기업을 중심으로, 내가 현장에서 직접 경험한 조직과 구성원의 관계를 다룬다.

현장에서 일하면서 나는 다양한 이슈를 피부로 느꼈다. 변경되지 않은 관행, 구성원 간의 공감과 이해 부족, 권위적인 상사, 변화에 둔감한 조직 등의 현실과 나는 매일 마주했다. 이러한 경험은 나에게 근본적 질문을 던지게 했다. 조직은 무엇을 위해 존재하는가? 누구를 위해 존재하는가? 구성원을 단순한 '비용'으로 보는가, 아니면 함께 일하는 '동료'로 존중하는가?

간단한 물음이지만, HEED를 조직에 뿌리내리게 하는 과정은 바로 이런 현장의 문제 인식과 진정성 있는 접근에서 출발해야 한다. 원점에서 조직과 구성원, 그리고 일상적 관계를 다시 돌아보는 것이 필요하다. 조금 더 강조하면, "전부를 다시 생각해야 한다. 선택은 조직의 몫이다." 그러나 그 선택이 단순한 선언에 머물러서는 안 된다. 실천으로 이어질 때만이 조직과 구성원 간의 신뢰와 함께함이 자리 잡고, 개인과 조직 모두가 성장하며 장기적인 성공을 이룰 수 있다.

10.1 HEED의 가치를 지속시키는 요건

HEED가 강조하는 겸손, 공정, 실책관리, 낙심관리는 조직과 개인 모두에게 필요한 가치이다. 많은 조직이 이 가치를 받아들이고, 더 나은 방향으로 나아가기를 희망한다. 그러나 좋은 가치라는 선언만으로는 충분하지 않다.

조직은 수많은 업무와 과제로 끊임없이 돌아가고, 사람들의 생각과 행동은 저마다 다르다. 어떤 조직에서는 HEED가 제시하는 가치가 무시되거나, 그저 좋은 선언 정도로 유지되는 경우도 있다. HEED의 가치는 '살아 움직이는 조직문화(관행)'로 자리 잡혀야 한다. 제 아무리 훌륭한 철학도 실천되지 않으면 어떤 의미도 가질 수 없다.

이 지점에서 우리가 진정으로 묻고 고민해야 할 질문은 이것이다. "어떻게 해야 HEED를 우리 조직에 깊이 뿌리내리고, 오랜 시간 지속되게 할 수 있을까?"

답은 어쩌면 단순하다. 바로 구성원 간의 믿음, 그리고 함께하는 소중함에 있다.

값으로 매길 수 없는 사랑과 행복

이 이야기는 HEED와 직접 관련은 없지만, 서로를 향한 작은 관심과 진심이 얼마나 큰 울림을 주는지 느낄 수 있는 짧은 사례입니다.

직장에서의 하루의 피로를 온몸에 안은 채 가장이 집에 들어섰다. 현관문을 채 닫기도 전, 다섯 살 아이가 반짝이는 눈으로 물었다. "아빠, 하루에 얼마 벌어요?" 예상치 못한 질문에 그는 잠시 멈칫하더니 "한 2만 원쯤" 하고 대답했다. 그러자 아이가 망설임도 없이 손을 내밀었다. "그럼, 1만 원만 빌려 주세요." 아빠는 짐짓 굳은 얼굴로 "또 장난감 사려는 거지?"라며 나무랐고, 아이는 말없이 울음을 터뜨리며 방으로 들어가 버렸다.

시간이 흘러 마음이 가라앉은 그가 조용히 아이의 방으로 들어갔다. 훌쩍이며 이불을 뒤집어쓴 아이의 모습이 괜히 안쓰러웠다. 그는 말없이 1만 원을 아이에게 건넸고, 아이는 눈물을 닦으며 소중히 간직해 둔 듯 서랍에서 다른 1만 원을 꺼냈다. 그리고 두 장의 지폐를 아빠의 손에 꼭 쥐어 주며 말했다. "아빠, 여기 2만 원이요. 내일은 일 나가지 말고 나랑 같이 있어 주세요."

순간 아빠는 말문이 막혔다. 이제야 아이의 질문과 행동의 의미를 깨달은 것이다. 아이가 원했던 것은 장난감이 아니었다. 그토록 원했던 아빠와의 하루, 자신이 가진 모든 돈과 아빠의 하루 품삯을 모아 '사려던' 것이었다. 아빠가 일터에서 바쁘게 살아가는 동안, 아이는 작고 조용한 방식으로 가장 큰 사랑을 표현하고 있었던 셈이다.

그는 아이를 꼭 안아 주었다. 마음 깊은 곳에서 울컥 차오르는 무언가가 있었다. 언제부턴가 그는 '가족을 위해'라는 이유로 정작 가족과의 시간을 뒤로 미루고 있었다. 하지만 그 하루가 아이에게는 세상 무엇과도 바꿀 수 없는 선물이었다. 아이의 작지만 야무진 손이 건넨 2만 원은 단순한 돈이 아니었다. 그것은 잠깐 잊고 있었던 관계의 온도, 사랑의 무게, 그리고 함께 있는 것의 소중함을 일깨우는 울림이었다.

그날 밤, 그는 오래도록 생각에 잠겼다. 행복은 더 많이 벌고 더 많이 이루는 데만 있는 것이 아니었다. 가장 소중한 사람과 눈을 맞추고 마음을 나누는 그 '하루' 속에 있었다. 우리가 HEED를 말할 때, 그것은 대단한 기술이나 화려한 리더십보다 먼저, 가장 가까운 사람의 마음에 먼저 귀 기울이는 태도에서 시작된다는 것을, 그 아이가 조용히 가르쳐주고 있었던 것이다.

조직시스템과 함께 자라는 HEED

좋은 가치는 좋은 조직시스템에서 자란다. 어떤 조직이 아무리 훌륭한 기법과 도구를 가지고 있다고 해도, 이를 실질적으로 실행에 옮길 수 있는 조직체계나 구조가 마련되어 있지 않다면 무의미해진다. HEED 역시 마찬가지다. 겸손, 공정, 실책 공유, 낙심 관리 네 가지 가치는 단지 개인의 태도나 일시적 캠페인만으로는 지속될 수 없다. '조직문화(관행)'로 자리 잡아야 하며, 이를 가능하게 하는 조직구조와 시스템이 필요하다.

전략경영 분야의 VRIO_{Value, Rareness, Imitability, Organization} 분석에 따르면, '조직화_{Organization}'는 자원의 전략적 가치를 실현하는 조정요인으로 작용한다. 즉, 아무리 가치 있고 희소하며 모방이 어려운 자원을 가지고 있다 한들, 그것을 제대로 작동시킬 수 있는 조직구조와 운영 방식이 없다면 결국 자원은 사장된다. 마찬가지로 HEED라는 가치도, 그것을 뿌리내릴 수 있는 조직구조가 없다면 조직 안에서 방향을 잃고 표류하게 된다.

예컨대, 어떤 기업이 매우 혁신적인 기술을 보유하거나, 탁월한 인재를 채용했다고 가정해보자. 그러나 그 자산을 연결하고 작동하게 할 조직체계가 없다면, 결국 평균 이하의 성과에 머무를 것이다. HEED 역시 마찬가지다. 리더가 아무리 겸손하려 해도, 위계가 강한 문화에서는 겸손이 오해받기 쉽고, 실책을 드러내려 해도 이를 용인하지 않는 구조에서는 공유 자체가 불가능하다. 그러므로 HEED는 반드시 조직차원의 '실행 기반'과 함께 설계되어야 한다.

HEED의 가치는 사람 중심의 사고를 강조하지만, 그것이 정착되기 위해서는 사람을 중심에 두는 시스템으로 바뀌어야 한다. 평가 방식, 회의 문화, 소통 구조, 심지어 직무 설계까지 모두가 HEED의 가치를 품을 수 있도록 조율되어야 한다. 구체적으로 누가 어떤 역할과 책임을 맡아야 하는지, 구성원 간 효과적인 소통 통로, 그리고 올바른 행동을 장려하는 평가와 보상시스템 등이 포함된다. 이런 구조 없이는 아무리 좋은 가치도 공허한 구호로 전락하기 쉽다.

나아가, 이런 구조는 단순히 규칙을 정하는 데 그치지 않는다. 조직문화와도 깊이 연계되어 있어야 한다. 구성원 모두가 가치에 공감하고, 그 가치를 지키는 것이 곧 조직의 일상으로 자리 잡아야 한다는 뜻이다. 이런 문화적 토양 위에서야 비로소 HEED의 가치가 조직 내에서 지속가능한 힘을 얻을 수 있다. 그렇다면 이런 가치가 실제 현장에서는 어떻게 드러나고 있을까? 그 모습을 보여주는 두 가지 사례를 함께 살펴보려 한다.

형식적 보여주기를 넘어

2025년 여름, 일용직으로 근무하던 어느 날 오전 10시경, 위험물 저장소 주변에서 화재 대응 훈련이 진행되었다. 이 훈련에는 원청업체 직원과 현장 업무를 지원하는 협력업체 직원들 약 30여 명이 참여했다. 그동안 여러 현장에서 일해 왔지만 화재 대응 훈련에 참여하는 것은 이번이 처음이라 여러모로 궁금한 마음이 컸다.

잠시 후, 소방차가 요란한 사이렌을 울리며 위험물 저장소 근처에 들어섰다. '화재야 물러나라, 내가 여기 있다'고 큰소리로 외치는 듯 대단한 위엄을 자랑했다. 이 장면을 놓치지 않기 위해 원청업체 직원은 다양한 각도에서 사진을 촬영했다. 훈련의 긴박함보다 사진 촬영에 더 집중하는 모습이 인상적이었다.

사진 촬영이 끝나자 화재 발생 상황을 가정한 '물방어막' 훈련이 시작되었다. 불길이 옆 공장 건물로 번지지 않도록 물줄기를 쏘며 차단하는 과정이었다. 하지만 이때도 원청업체 직원은 카메라를 들고 바쁘게 움직이며 훈련 모습을 담느라 여념이 없었다.

사진 촬영이 종료됨과 동시에 훈련도 마무리되었다. 현장 책임자가 모든 인력을 둥글게 모아 감사의 말을 전했고, 빠짐없이 단체 사진도 찍었다. 그런 모습에서 '보여주기식'이라는 인상을 지우기 어려웠다.

함께 일하는 동료에게 이런 훈련이 자주 있냐고 묻자, 가끔씩 한다는 답이 돌아왔다. 최근 모기업에서 실제 화재가 발생했기에 이번 훈련도 그에 대한 사전 대비인 것 같다고 했다. 결국 이번 훈련은 화재 사고 이후 급히 시행된 일종의 '형식적' 대응처럼 느껴졌다.

사진 촬영과 훈련 자체는 분명 필요하다. 화재 예방을 위해서는 실전처럼 치밀하고 반복적인 훈련이 반드시 이루어져야 한다. 다만, 단발성에 그치거나 보여주기식 훈련은 지양해야 한다. 다음 사례 또한 실제 현장에서의 점검이 어떻게 진행되는지를 생생하게 보여 준다.

2025년 여름, 한 현장에서 작업 중 겪은 실제 경험이다. 준비를 마치고 본격적으로 맡은 업무를 시작하던 중이었다. 불과 2m도 채 떨어지지 않은 곳에서 하청업체 소속으로 보이는 작업자들이 연결관 덮개 부위를 점검하고 있었다. 전동 드라이버를 이용해 덮개의 나사를 풀고, 연결 부위에 어떤 작업을 진행하고 있었다. 자칫 불꽃이라도 튀면 화재로 이어질 수도 있겠다는 생각이 들었다. 혹시 몰라 주변을 살펴보니, 바로 옆 큰 기둥 중간에 소화기 표지가 붙어 있었지만, 실제 소화기는 보이지 않았다. 다시 찾아보니 약 5m 정도 떨어진 구석에 방치된 채 눈에 잘 띄지 않았다.

위험 상황이 우려되는 가운데 작업을 이어 가고 있었는데, 현장에 총괄 관리자로 보이는 인물이 도착했다. 일부 작업자들이 조용히 작업을 멈추고 자세를 고쳐 잡기 시작했다. 그중 한 명의 작업자가 "상급자가 볼 테니 안전장비를 제대로 갖추어라"는 말을 전했다. 그 모습을 보는 순간 현장이 안전을 관리하는 공간이 아니라 안전해 보이는 모습을 연출하는 장소로 느껴졌다.

총괄 관리자가 현장을 둘러보는 동안, 모든 작업자는 마치 평소에도 안전 수칙을 철저히 따르는 듯한 모습을 연출했다. 현장 관리자와 짧은 대화를 나누고 총괄 관리자가 떠나자, 작업이 재개되었다. 그 전후로 실질적인 위험에 대한 조치나 점검은 이루어지지 않았다.

이 모든 과정을 직접 지켜보면서 씁쓸함을 감출 수 없었다. 작업 환경은 여전히 위험한 상태였고, 근본적인 점검이나 조치 없이 형식적인 보여주기식 대응만 이루어졌을 뿐이었다. 안전은 외부의 시선을 의식해 챙겨야 할 사항이 아니라, 그 자체로 작업의 기본이며 무엇보다 우선되어야 할 가치다.

10.2 현장이 말하는 HEED의 현실

상호 관심이 필요한 현장

HEED는 동료 간 평가를 중요하게 여긴다. 그 평가가 조직분위기나 문화와 직결되기 때문이다. 같은 현장에서 함께 일하는 사람들끼리는 서로를 격려하고, 어려운 순간에 의지가 되어야 한다. 특히 혹한기나 혹서기처럼 육체적 피로가 극심한 환경에서는 개인감정이 쉽게 날카로워질 수 있기 때문에 말 한마디에도 조심과 배려가 필요하다. 이럴수록 따뜻한 대화가 오가야 하며, 그러한 환경이 곧 작업의 효율과 안전, 나아가 인간적 관계를 유지하는 바탕이 된다.

HEED는 동료평가를 단순히 누군가를 판단하는 기준이 아니라, 각자 스스로를 돌아보는 출발점으로 본다. 평가의 시작은 타인이 아닌 나 자신이어야 한다. 내가 어떤 말을 하고, 어떤 태도로 행동하며, 어떤 분위기를 만들고 있는지 돌아보는 것이 더 중요하다.

나는 여러 현장에서 일하며 한 가지를 반복적으로 느꼈다. 많은 현장에서 서로를 칭찬하거나 격려하는 말이 놀라울 정도로 부족하다는 사실이었다. '노가다'라 불리는 일이 사회적으로 천대받는다고 해서, 그 일을 하는 사람들까지 천대받아야 할 이유는 전혀 없다. 물론 노동 현장에서는 시간과 체력의 압박이 너무 커 서로를 다독이거나 격려할 여유가 없을 수도 있다. 하지만 그렇기 때문에, 작은 칭찬이나 따뜻한 말 한마디가 절실히 필요하다.

오히려 거칠고 힘든 환경일수록 사람다움이 더욱 절실하다. 실제 연구에서도 산업현장에서 리더의 한마디는 단순한 말이 아니라, 구성원의 태도와 성과를 바꾸는 강력한 촉매가 될 수 있음이 확인된다. 최수형(2016)의 연구에 따르면, 상사의 칭찬은 구성원의 자기효능감과 직무만족을 높이며, 짧은 격려 한마디가 내재적 동기를 강화하는 과정을 실증적으로 보여준다. 또한 건설산업 현장소장의 리더십 평가의 연구(강지선, 2007)에서는 사람 중심의 리더십을 발휘한 현장소장의 친화성은 프로젝트 성과를 높인다고 보고되었다.

그러나 현실은 그렇지 않았다. 서로에 대한 무관심과 툭툭 던지는 말투가 당연한 분위기였고, "원래 이런 곳이니까" 하며 많은 문제들이 무시되었다. 하지만 서로를 존중하고 격려하는 문화는 단순히 기분을 좋게 하는 것만이 아니다. 따뜻한 격려의 말 한마디는 작업자의 집중도를 높이고, 사고를 줄이며, 업무의 지속 가능성을 높인다. 그럼에도 많은 현장에서 이런 점은 간과되고 있다.

지금도 기억에 남는 경험이 있다. 한여름, 아침 10시부터 기온이 32도를 넘긴 날이었다. 앞서 2장 2절에서 언급되었듯이, 쉬는 시간, 한 동료가 땀을 닦으며 다른 동료에게 "오후엔 좀 나아지겠죠?"라며 조심스레 말을 걸었다. 힘든 날, 서로를 잠깐이라도 위로하고 싶었던 마음이었을 것이다. 하지만 돌아온 말은 차가웠다. "더운데 말 좀 하지 말고 조용히 쉬다 일이나 해요." 말끝엔 짜증이 섞여 있었고, 마치 상급자가 하급자를 대하듯 했다. 누구도 그 말을 문제 삼지 않았지만, 이후 현장엔 어색한 정적이 흘렀다. 말 한마디가 사람 사이를 더 멀어지게 만들었다. 나는 그 현장에서 말 한마디가 얼마나 사람에게 큰 영향을 미치는지 생각했다.

오후 들며 기온은 35도까지 올랐고, 작업은 고됐다. 나는 오전부터 약간의 복통이 일었지만 참고 일했다. 당시 진행되던 작업은 이른바 '돈내기' 방식, 즉 주어진 일을 빨리 끝내면 퇴근할 수 있는 구조라 다들 무리해서라도 작업 속도를 높이려 했다. 나도 마찬가지였다. 그런데 통증이 심해져 작업은 물론 말조차 하기 힘든 상태가 되었다. 결국 더는 못 버티고 현장 한쪽에 주저앉은 나에게 동료 한 명이 오더니 "꾀병 부리지 말고 빨리 마무리하자. 무슨 난리야?"라며 짜증 섞인 말로 언성을 높였다. 나는 말없이 계속 주저앉아 있었다. 그러고도 이후 1시간 가까이 누구도 내게 말을 걸어오거나 내 상태를 묻는 사람은 없었다.

나중에서야 현장 관리자 한 명이 내 상태를 심각하게 보고 119에 신고했다. 그때 믿기 어려운 말이 들렸다. 119 직원이 현장 관리자에게 "언제부터 이런 상태였나요?"라고 묻자, 관리자는 "방금 이렇게 되었다"고 대답했다. 나는 이미 1시간 가까이 혼자서 극심한 고통을 참아오고 있었는데, 그렇게 말하는 것이었다. 결국 나는 응급차에 실려 병원 응급실로 옮겨졌다. 병상에 누워 있는 동안 많은 생각이 맴돌았다. 아플 때 조금만 더 용기를 내서 먼저 말했더라면, 아니면 누군가 한마디라도 "괜찮냐?"고 물어봤다면, 일이 이렇게까지 되진 않았을 거란 생각이었다.

아픈 걸 제대로 말하지 못한 내 잘못도 있었다. 하지만 내 고통을 '꾀병'이라 단정하고, 끝까지 무시했던 반응은 솔직히 너무하다 싶었다. 응급차에 실려 병원에 도착하고, 퇴원할 때까지도 그날 현장에서 함께 일했던 누구로부터도 연락이 없었다. 진단 결과, 내 통증은 그냥 참을 만한 상태가 아니었다. 명백한 응급 상황이었다.

그 경험은 내게 또 다른 질문 하나를 남겼다. 우리는 왜 그렇게 쉽게 타인을 의심하고, 타인의 고통을 함부로 판단하려 드는 걸까? 응급실로 옮겨진 뒤에도 그 질문은 이어졌다. 병원에서도 마찬가지였다. 몸이 아프면 마음도 같이 아프기 마련이지만, 병원조차 환자의 아픔을 공감한다는 인식을 나에게 주지 못했다.

간호사들 사이의 의사소통도 제대로 안 됐고, 응대는 전반적으로 냉랭했다. 누구의 잘잘못을 따지자는 게 아니다. 어딘가 아픈 사람은 신체적 측면뿐 아니라 정신적으로도 힘든 상태에 놓인다는 사실을 알아야 한다. 병원의 진짜 고객은 환자다. 환자를 대하는 병원의 미션이 제대로 작동하지 않을 때, 병원은 따뜻한 공간이 될 수 없다.

이 사건을 통해 나는 HEED의 가치에 대해 한층 더 깊이 생각하게 되었다. HEED가 제대로 작동하려면 결국 조직의 시스템과 문화, 즉 관행이 얼마나 중요한지 절실히 깨달았다. 무엇보다 HEED는 나 자신에서 시작되어야 한다는 점을 특히 중요하게 받아들였다. 타인을 평가하기 전에, 내가 상대에게 어떤 영향을 주며, 또 어떤 평가를 받는지 먼저 돌아보고 점검해야 한다.

더불어 나의 이 경험은 HEED의 가치가 단순히 개인의 노력만으로는 부족하다는 사실도 알려 주었다. HEED가 효과적으로 자리 잡으려면 조직차원에서의 평가와 지원이 반드시 필요하다. 한 사람의 변화로는 부족하고, 조직 전체가 함께 움직여야 의미 있는 변화가 가능하다.

바뀌지 않는 현장, 익숙함에 대한 믿음

많은 현장 관리자들은 "지금까지의 방식으로도 문제없었고, 성과도 높았으며, 안전사고도 없었는데 굳이 왜 새로운 방식으로 일해야 하느냐"고 말한다. "당장 고객 발굴이나 처리해야 할 일들만으로도 벅찬데, 이런 이야기는 그만하면 안 되겠느냐"고도 한다. 많은 곳에서 여전히 '어제의 방식이 최선'이라는 관행 아래 변화 없는 일상이 반복된다.

2024년 8월 한여름 어느 날, 나는 팀장과 함께 위험물 저장소에서 작업을 수행하고 있었다. 나의 역할은 신호수 겸 조수였고, 팀장이 지게차로 유류 드럼통을 옮겨야 했다. 외부에서 배송된 드럼통을 공장 내 작업장으로 이동시키거나, 작업장에서 사용한 드럼통을 다시 저장소로 옮기는 일이 반복되었다. 이 과정에서 팀장은 드럼통 윗부분에 지게차 포크를 밀착시키거나 드럼통을 밀며 작업을 이어갔다. 유류가 가득 찬 무거운 드럼통이 지게차와 충돌할 경우, 충격에 의해 불꽃이 발생할 가능성을 배제할 수 없었고, 그렇다면 대형 화재로 이어질 위험이 있었다.

나는 조심스럽게 그 위험성을 팀장에게 넌즈시 물었다. 그런데 돌아온 반응은 "시키는 대로 하라"는 무시였다. 마치 '네가 뭘 안다고'라는 태도였다. 이런 반응은 단순히 팀장 개인의 특성을 넘어, 현장에서 오랫동안 유지되어 온 일종의 관행으로 여겨졌다.

비슷한 시기, 또 다른 작업이 있었다. 나와 동료들은 공정 라인에서 생산된 무거운 제품을 끌어내는 작업에 투입되었다. 이를 위해서는 여러 종류의 갈고리를 사용해야 했다. 갈고리는 대부분 굵은 철로 만들어졌고, 쇠파이프에 용접된 형태였다. 일부는 알루미늄 재질로 상대적으로 가벼웠다. 갈고리의 길이는 2m에서 최대 7m까지 다양했으며, 2~3개의 갈고리가 달린 형태였다.

문제는 무게였다. 철로 제작된 갈고리는 대략 3.5kg에서 4.5kg에 달해, 이를 반복적으로 사용하는 작업자들의 체력 소모가 심각했다. 20분 정도 작업을 지속하면 숨이 턱까지 차올랐다. 나만 그런 게 아니었다. 30~40대의 젊은 동료들도 거친 숨을 몰아쉬며 힘겨워했다. 체력이 아닌 작업 자체의 구조적 문제가 분명했다.

물론 갈고리가 너무 가벼우면 제품을 효과적으로 끌어낼 수 없겠지만, 너무 무거워도 작업 효율성이 떨어진다. 그럼에도, 현장에선 누구도 갈고리 무게에 문제의식을 갖지 않았다. "원래 이렇게 해 왔으니 그대로 하면 된다"는 분위기가 지배적이었다.

작업을 보다 효율적으로 할 수 있는 방법은 찾으면 분명 존재한다. 예컨대 연탄을 나르는 방식처럼, 앞쪽 작업자가 제품을 끌어내고, 중간에서 이를 이어 받아 전달하며, 마지막 작업자가 최종 정리하는 방식도 생각할 수 있다. 그러나 현장에서는 그러한 조 편성이나 역할 분담은 전혀 이뤄지지 않았다. 오직 "빨리 끝내자"는 생각만 앞섰고, 당연히 체력 소모로 이어지는 비효율적 방식이 지속되었다.

현장의 경험을 통해 나는 다시금 확신할 수 있었다. 여전히 '어제의 방식이 최고'라는 믿음 아래, 변화의 시도조차 이뤄지지 않는 현장이 많다는 사실이다. 단순히 익숙한 관행을 답습하는 수준을 넘어, 작업자의 안전과 작업 효율성을 희생시키는 구조적 문제를 인식하지 않은 것이었다. 단언컨대, 어제의 방식만으로는 지속적인 경쟁 우위를 유지할 수 없다.

세상을 변화시키는 사람은 익숙한 관행에서 벗어난 사람이다

예방적 조치가 없는 조직

성장하는 조직에는 '미리 대비'라는 말이 자주 들린다. 단순한 구호나 형식적 표현에 머무르지 않는다. 이들은 거창한 수사나 보여주기식 언행보다 실제로 앞을 내다보고 대비하는 실천적 태도를 중시한다. 반면 정체된 조직은 익숙한 방식대로 일을 처리하려는 경향이 강하다. 직무 수행 중 문제가 발생해도 변화를 불편해하거나 번거로워하며, 결국 기존 방식에 기대려 한다. 개인뿐 아니라 동료나 상사들에게서도 자연스럽게 그런 생각이 공유된다.

이런 환경에서는 '창의성'이라는 단어조차 낯설고, 문제 제기는 더욱 찾아보기 어렵다. 변화보다 안정을 추구하고, 익숙함을 유지하는 것이 오히려 미덕처럼 여겨진다.

앞서 언급했듯이, 지게차는 넓은 공간은 물론, 좁은 공간에서도 상하차 작업에 매우 유용하고 효율적인 장비다. 그러나 긴 포크를 활용해 협소한 공간에서 작업하는 경우는 특히 각별한 주의가 필요하다. 지게차가 회전하거나 방향을 전환할 때 긴 포크가 주변 배관이나 전선에 접촉하면, 예기치 못한 대형 사고로 이어질 가능성이 크기 때문이다. 작은 포크를 사용할 때도 마찬가지이며, 공간이 제한된 환경에서는 더욱 철저한 주의가 요구된다.

지게차가 실내 건물 안으로 진입해 작업하는 경우, 현장은 더욱 복잡해진다. 공장 내부는 본래 각종 기계 소음이 큰 편인데, 지게차 엔진 소음까지 더해지면 주변의 경고음이나 음성 안내가 거의 들리지 않는다. 일반적으로 유도 인력을 배치해 지게차를 안내하지만, 실제로는 시끄러운 환경 속에서 유도만으로는 충분한 안전 확보가 어려운 경우가 많다.

실제로 지게차에서는 "위험합니다!"라는 경고음이 반복되지만, 현장에서는 그 소리가 제대로 전달되지 않는다. 운전자와 유도원이 소음 때문에 귀를 막고 작업하거나, 현장 작업자들이 귀마개를 착용하고 있기 때문이다. 이로 인해 경고음은 형식적 절차로만 작동하며, 실질적 안전 확보에는 큰 영향을 미치지 못하고 있다.

이러한 한계를 보완하기 위한 대안이 필요하다. 예를 들어, 지게차의 전면과 후면에 "작업 중이니 접근하지 마세요!"라는 문구를 형광 조명 형태로 설치하는 방식을 고려할 수 있다. 이는 지방자치단체 작업 차량 등에서 활용되는 방식으로, 시각적 경고를 통해 주의를 환기하고 실질적으로 안전을 확보하는 데 기여한다. 무엇보다, 이러한 장치들이 형식적 조치가 아니라 실질적 사고 예방 기능으로 작동할 수 있게 설계해야 한다.

또 다른 사례도 있다. 무거운 원재료를 1층에서 3층까지 지게차나 핸드 팔레트 트럭으로 옮기는 작업 중, 작업 시작 30분이 채 지나지 않았는데 일부 동료들이 안전모를 벗고, 상의를 탈의한 채 작업에 나서고 있었다. 무더위 속 고강도 작업이 반복되며 벌어지는 현상이었지만, 아무도 이를 지적하거나 문제로 삼지 않았다.

물론, 삼복더위에 무거운 자재를 반복해서 옮기는 작업이 결코 만만한 일은 아니다. 땀이 비 오듯 흐르는 상황에서 보호구는 누구에게나 불편할 수밖에 없다. 그럼에도, 안전 수칙을 어기는 관행이 무비판적으로 용인되는 현실은 개선이 필요하다. 현장의 피로도와 작업 강도를 고려하더라도, 안전의 기본은 결코 소홀히 다루어져서는 안 된다.

현장에서는 이중, 삼중의 안전장치를 갖추었다고 하지만, 여전히 '설마' 하는 생각이 만연하다. 이러한 환경은 바뀌어야 한다. 사고는 예고 없이 찾아오며, '만에 하나'의 가능성에도 철저히 대비하는 태도가 조직의 안전 문화를 강화하는 첫걸음이다.

10.3 HEED의 실천 방법과 적용 전략

전략1 '믿음수당', 신뢰를 제도화하는 실천 모델

앞서 1장 2절에서 언급한 것처럼, '믿음수당'은 상사의 겸손한 태도와 실천을 구성원이 직접 평가하고, 그 결과에 따라 조직이 '수당 또는 이에 준하는 보상'으로 보상하는 제도다. 그런데 이 문제를 단지 조직 차원의 보상 구조로만 볼 것이 아니라, 사회 전체 차원의 흐름과 연결해 볼 필요가 있다. 현재 우리나라 기업들의 사내유보금은 역대 최대를 기록하고 있다. 2023년 기준, 연매출 5,000억 원을 초과하는 국내 대기업 979곳이 사내에 쌓아둔 유보금은 1,527조 2,475억 원이다. 한국 GDP의 70%에 달하는 규모다(인천투데이, 2025.9.11.). 이 어마어마한 숫자는 단순히 기업의 저축능력을 보여주는 것이 아니다. 코로나19 팬데믹과 글로벌 경기 침체 속에서도 대기업들이 현금을 시장에 풀지 않고 움켜쥔 결과이기도 하다. 언론과 시민단체가 "돈은 곳간에 쌓이고, 시장은 굶주리고 있다"고 비판하는 이유가 여기에 있다.

문제는 이 돈이 어디에 쓰이고 있느냐이다. 사회변혁노동자당이 2021년 발표한 자료에 따르면, 30대 재벌 사내유보금 1,045조 원 중 상당수가 계열사 지분 확보에 투자되며, 사실상 총수 일가의 지배권을 강화하는 수단이 되고 있다는 것이다. 생산적 투자로 흘러가야 할 자금이 '경영권 방어금고'가 되어버린 셈이다. 실제로 한국은행 통계를 보면 2024년 설비투자는 전년 대비 2.1% 감소했고, 2025년 상반기 역시 마이너스를 기록했다. 돈은 불어나는데 투자는 줄어드는, 기묘한 불균형이 벌어지고 있는 것이다.

그렇다면 해법은 무엇일까. 언론과 시민단체는 1,527조 원이라는 막대한 사내유보금이 시장으로 흘러들어간다면 한국경제의 체질 자체가 달라질 수 있다고 주장한다. 일자리가 늘고, 소득이 늘고, 소비가 늘어나 다시 투자로 이어지는 선순환 구조가 가능하다는 것이다. 중소기업과의 상생 협력 강화, 초과이익 일부의 배분, 노동자 경영 참여 확대(노동이사제 도입) 등이 대안으로 제시된다.

이처럼 기업이 쌓아둔 거대한 자금이 실제로 조직구성원의 신뢰와 공정한 조직문화에 쓰인다면, HEED의 실천과 '믿음수당'을 실제 조직에서 적용해 보는 시도처럼, 조직 내 신뢰를 제도화하려는 이러한 실천 모델도 현실적인 힘을 발휘할 수 있다. 즉, 조직의 금전적 자원의 활용뿐 아니라 조직문화와 가치 실천에 대한 투자 역시 조직의 장기적 성장과 안정성에 결정적 영향을 미친다.

이런 맥락에서 '믿음수당' 제도는 단순히 실적이나 업무 성과에 따라 보상이 이뤄지는 기존의 인사 제도를 넘어, HEED의 네 가지 가치(겸손, 공정, 실책 관리, 낙심 관리)를 조직 현장에 실질적으로 정착시키기 위한 실천 도구로 기능한다. 구성원이 평가하는 상사의 일상적 언행이 제도에 반영됨으로써, 위계 구조 속에서도 상호 존중과 신뢰의 문화가 제도 차원에서 가능함을 보여 준다.

무엇보다 이 제도의 핵심은, 신뢰와 공정성, 실책의 기록과 공유, 낙담에 대한 공감이라는 보이지 않는 정서적 가치들을, 구성원의 평가와 수당 또는 이에 준하는 보상이라는 형태로 '보이게' 만드는 데 있다. 다시 말해, '믿음수당'은 추상적 조직문화를 수치와 기록으로 시각화된 지표로 전환하는 방식이다. 일상 속의 실천이 평가 점수로 남고, 그 점수가 수당이라는 구체적 결과로 이어지면, 구성원들은 조직이 어떤 가치를 실제로 중요하게 여기는지 명확히 체감하게 된다. 이는 HEED의 가치가 단지 선언적 구호에 머무르지 않고, 일상의 문화로 뿌리내리게 하는 중요한 기제가 된다.

특히, HEED가 중시하는 '실책관리'와 '낙심관리'는 일반적으로 조직 내에서 회피되거나 부정적으로 여겨지는 요소다. 그러나 '믿음수당' 제도는 이 두 요소를 조직문화의 핵심 가치로 적극 정립함으로써, 실책의 과정을 기록하고 조직의 자산으로 관리하며, 낙담의 순간에 따뜻하게 개입하는 문화를 조직 현장에 확산시키는 역할을 한다.

'실책' 자체보다 실책 이후 그 실책을 어떻게 다루느냐에 따라 조직의 성숙도가 드러난다. 구성원 서로가 실수를 인정하고 공유할 수 있는 분위기를 만들어 주는 상사의 태도는, 믿음수당 또는 이에 준하는 보상 항목 중 하나로 반영될 수 있다. 예컨대, 상사가 실수를 지적할 때 비난보다는 학습의 기회로 전환하는 태도, 낙담한 구성원을 격려하거나 회복을 도와주는 실천 등이 실질적 평가 기준이 되어야 한다.

또한 '낙심관리'는 구성원이 겪는 일시적 좌절이나 무기력감을 이해하고, 조직이 심리적으로 수용하는 기반을 만드는 가치이다. HEED는 구성원이 힘들어할 때 회피하거나 외면하는 대신, 오히려 그 순간에 상사가 보여주는 태도를 중요한 가치로 본다. 정기적인 피드백을 통해 상사가 구성원의 감정을 이해하고, 그 상황을 공감하며 해결 방안을 함께 찾으려는 자세는 신뢰 형성에 매우 효과적이다.

이러한 문화는 단순히 좋은 사람이 되자는 수준을 넘어, 조직 전체가 낙심의 순간에 공동으로 반응하는 회복탄력성을 갖출 수 있게 해 준다. HEED는 실수와 좌절조차 성장의 자산으로 전환하는 조직을 지향하며, 이를 정량화된 평가시스템으로 구체화한다는 점에서 진정한 혁신의 단초를 제공한다.

HEED 실천 전략

⚙ 믿음수당이란
- 상사의 겸손한 태도와 실천을 구성원이 평가하고, 수당 또는 이에 준하는 보상으로 보상하는 제도

- HEED의 핵심 가치(겸손, 공정, 실책관리, 낙심관리)를 조직문화에 실질적으로 정착
- 신뢰, 공정성, 실책관리 및 공유, 낙심관리 및 공감 등 정서적 가치를 시각화
- '실책'과 '낙심'을 조직 내 핵심 가치로 삼아 실책을 학습기회로 전환하고, 좌절에 공감하는 문화 조성
- 상사의 태도가 평가 기준에 반영되어, 조직 내 신뢰와 회복탄력성 강화
- HEED는 이를 통해 조직의 성장과 혁신을 촉진

믿음수당 실행 방법

'믿음수당' 실행을 위해서는 먼저 신뢰를 측정할 수 있는 평가 항목과 대상을 설정해야 한다. 예를 들어, "생소한 업무에 대해 충분히 설명했는가?"와 같은 항목은 신입 직원과 기존 직원 모두에게 적용할 수 있으며, 조직·직무 특성과 조직문화에 맞게 항목을 조정할 수 있다. 평가 방식은 자기평가, 동료평가, 상사평가 등 다양한 방식을 혼합해 설계하고, 그 주기도 사전에 명확히 설정하는 것이 좋다. 믿음수당은 구성원 간 수평적 신뢰를 잇는 문화적 장치다.

[표 10.1] 믿음수당 실행 방법

구분	실행 내용
신뢰 평가 항목 설정	팀원들은 아래와 같은 항목을 기준으로 팀장을 익명 평가한다. • 상사는 생소한 업무에 충분히 설명했는가? • 상사는 실수한 팀원에게 재기회를 주었는가? • 상사의 말투와 표정에서 존중과 신뢰가 느껴졌는가? • 상사는 권위적이지 않고 같은 눈높이로 소통했는가?
평가 주기와 방식 설정	• 월 1회 또는 분기 1회 팀원 평가 실시 • 간단한 점수제 또는 서술형 평가 병행
수당 지급 방식	• 기존 인센티브나 수당 체계에 항목 추가 　예 "신뢰받는 리더 수당", "믿음 지수 우수 수당" 등 명확한 명칭 부여 • 평가 상위 리더에 차등 부여
조직문화로 확산	• 파일럿 → 팀 단위 → 본부 단위로 단계적 확장 • HEED 워크숍에서 항목 도출 및 평가 기준 공유 • 신뢰 수당 수령자들의 사례 공유 → 자연스러운 전파

　수당의 명칭 역시 조직의 분위기나 목표에 따라 '신뢰받는 리더 수당', '믿음 지수 우수 수당' 등으로 조정할 수 있다. 중요한 것은 이 제도가 단순 보상 차원을 넘어, 신뢰 기반의 조직문화를 조성하는 수단이라는 점을 구성원들이 이해하게 하는 것이다. 수당의 지급 기준과 방식은 공정성과 투명성을 확보한 절차를 통해 운영되어야 한다.

　모든 구성원이 직접 참여하는 것은 현실적으로 어려울 수 있으므로, 실무 부서나 리더 그룹을 중심으로 실질적 실행 방안을 구체화하고, 다양한 직급과 부서의 의견을 수렴하는 방식이 적절하다. 이때,

현장 대표 직원을 반드시 참여시키는 방안도 적극 고려해야 한다. 특히 시범 운영을 통해 피드백을 수집하고, 이를 바탕으로 점진적으로 제도를 확산해 나가는 것이 안정적 정착에 도움이 된다. 이러한 실행 방법의 구성과 예시는 [표 1]에 제시되어 있다.

믿음수당의 기대 효과

① 직무 설명의 책임과 겸손한 소통의 일상화

'믿음수당'의 도입은 조직 내 상사가 자신에게 부여된 직무 설명의 책임을 성실히 수행하도록 유도한다. 상사는 구성원에게 업무의 방향성과 판단의 이유를 명확히 설명하며, 일방적 지시가 아니라 상호 이해에 기반한 소통을 일상화한다. 이 과정에서 겸손한 태도가 자연스럽게 형성되고, 구성원은 존중받고 있다는 인식을 통해 조직에 대한 신뢰를 높인다. 결국 권위적 상사 혹은 군림하는 상사에서 설명하고 공감하는 상사로 전환된다.

② 심리적 안정이 자율성의 경험을 통한 내재적 동기로 이어짐

믿음이 형성된 조직은 구성원이 스스로 보호받고 있다는 감정을 느끼게 하여 방어적 태도에서 적극적 의견 개진과 행동에 나설 수 있는 분위기를 조성한다. '믿음수당'은 "당신을 신뢰한다"는 메시지를 제도적으로 전달함으로써 구성원에게 안정감을 제공한다. 이러한 환경 속에서 구성원은 자율성의 경험을 통한 내재적 동기를 부여받고, 창의성과 자기주도성이 자연스럽게 자리 잡는다. 실패에 대한 두려움이 줄어들고, 창의성과 협업이 중심이 되는 학습조직의 문화가 자리 잡는다.

③ HEED 기반의 신뢰 리더십 정착

'믿음수당'은 수직적·권위적 리더십을 넘어, HEED의 원칙을 실천하는 신뢰 기반 리더십을 정착할 수 있게 한다. HEED의 네 가지 가치에 기반한 리더는 자신의 한계를 겸허히 인정하며, 실수와 실책을 숨기지 않고 구성원과 공유하고, 낙심한 동료의 회복을 함께 고민한다. 이러한 리더십은 구성원들에게 안정감과 지지를 제공하며, 조직은 상명하복의 구조에서 벗어나, 신뢰와 회복력을 갖춘 공동체로 거듭나게 해 준다.

④ 존중과 지속 가능 중심의 조직문화 정착

'믿음수당'은 단순한 보상을 넘어, 구성원 간 존중과 관계 중심의 성장을 핵심 가치로 삼는 조직문화를 조성한다. "결과 중심의 성과평가가 전부가 아니다"라는 메시지를 제도 차원에서 전달하며, 공동의 목적, 협업적 성과, 지속가능 성장에 더 큰 가치를 둔다. 그 결과 구성원들은 서로를 경쟁자가 아닌 동반자, 파트너로 인식하게 되고, 팀워크와 집단지성(팀 전체의 지혜)이 강화된다. 궁극적으로는 신뢰와 존중을 기반으로 한 건강한 조직문화가 지속가능한 발전을 유도한다.

믿음수당 도입 시 유의 사항

제도 도입에 앞서, 반드시 모든 구성원이 이 제도의 철학과 방향성을 충분히 이해하고 공감하는 과정을 거쳐야 한다. 특히 '믿음수당'이 단순한 인센티브 제도가 아니라, HEED라는 조직문화의 핵심 가치를 실천하고 확산하기 위한 하나의 도구임을 명확히 인식할 필요가 있다.

보상이 수반되는 제도로 비춰질 수 있으므로 일부 구성원은 이를 특정 조건을 충족해야만 받을 수 있는 '성과 기반 보상'이나 '조건부 신뢰'로 오해할 수 있다. 이는 제도의 본래 취지를 왜곡하고, 조직 내 신뢰 분위기를 오히려 저해할 수 있다. 따라서 제도 시행에 앞서 HEED의 네 가지 가치가 무엇을 의미하는지 구체적으로 설명하고, 각 가치가 일상 속에서 어떻게 실현될 수 있는지를 다양한 사례와 함께 공유함으로써, 구성원들의 인식 기반을 탄탄히 다져야 한다.

예컨대 HEED의 취지를 설명할 때는, 각 가치가 무엇을 의미하며 일상 속에서 어떻게 실현될 수 있는지를 구체적인 사례와 함께 보여주는 것이 중요하다. '겸손'은 자신의 한계를 인정하고 진솔하게 점검하는 태도를 말한다. 겸손은 자연스럽게 '공정'으로 이어진다. '공정'은 모든 판단과 의사결정에서 일관성과 균형을 유지하며, 사적 감정을 배제하고 원칙에 따라 행동하려는 자세를 의미한다. '실책관리'는 실수를 숨기지 않고 드러내며, 그로부터 배우고자 하는 용기를 뜻하고, '낙심관리'는 구성원이 좌절과 실패를 겪었을 때 이를 터놓고 말할 수 있는 심리적 안정의 상태를 가리킨다.

이러한 가치들은 단기간의 정량적 성과로는 측정이 어렵고, 구성원 개개인의 태도, 관계의 질, 조직분위기와 같은 정성적 요소를 통해 드러난다. 따라서 '믿음수당'의 평가는 단순한 실적이나 결과 중심이 아니라, HEED의 가치를 얼마나 내면화하고 실천하고 있는지를 조직 전체가 함께 보고 느낄 수 있는 체계로 설계되어야 한다. 이 과정에서 구성원 간 상호 피드백, 문제 해결 과정, 관리자와 팀원 간 대화, 또는 사례 기반의 질적 평가 방식 등이 효과적으로 작동할 수 있다.

그러나 정성적 평가에서 가장 큰 도전은 공정성이다. 평가자가 개인적 친분이나 주관적 판단에 따라 점수를 부여하면, 구성원에게 고평가를 압박하거나 특정 관계를 우대하는 편향이 생길 수 있다. 이를 대비하기 위해서는 다면평가방식(360도 평가) 도입, 평가 기준의 명확화, 평가 과정의 투명화, 정기적 피드백 회의 등과 같은 구조적 장치를 마련해 주관적 개입을 최소화해야 하며, 이미 이런 제도를 시행하고 있더라도 드러난 문제점은 지속적으로 개선해야 한다. 또한 관리자 자신도 HEED 가치에 대한 교육과 자기점검을 지속하여, 평가가 단순한 권력 행사나 친분 보상이 되지 않도록 해야 한다.

이러한 구조적 장치의 한 예로, 국내외 주요 대기업들은 다면평가를 활용하고 있다. 다면평가의 장점은 한 사람이 평가하는 것보다 여러 사람이 평가하기 때문에 평가 오류의 가능성을 줄이고 평가의 투명성을 높일 수 있다는 점이다. 실제로 다면평가 활용에 관한 연구(조태준·김상우, 2020)에서도, 기존 성과평가가 갖는 문제를 극복하고 평가의 객관성과 타당성을 강화할 수 있는 방식으로 보고되었다. 결국 이러한 노력은 모두 HEED의 가치를 실천하고 조직 전체에 내재화하기 위한 기반이 된다.

결론적으로, '믿음수당'은 제도를 둘러싼 신뢰의 환경이 조성되고 그 안에서 안정적으로 정착될 때 비로소 실효성을 발휘한다. 이 제도에서 보상은 그 자체가 목적이 아니라, 조직의 핵심 가치를 장려하고 촉진하는 수단임을 구성원 모두가 분명히 인식해야 한다. 이러한 인식은 충분한 설명, 지속적인 대화, 그리고 구성원 간 공감대를 통해 형성된다. 조직은 HEED의 가치가 추상적 선언에 그치지 않고, 실제 일상 속 행동으로 구체화될 때 비로소 신뢰가 형성된다는 점을 구성원 모두와 공유해야 한다.

전략2   과정 중심의 성과평가 체계 만들기

건강한 조직의 비결은 성과 너머 과정을 중시하는 데 있다. 건강한 조직은 무엇으로 만들어지는가? 실적이 좋고 빠르게 결과를 내는 인재가 많은 조직은 단기적 성과를 낼 수 있다. 하지만 그것이 지속가능한가의 문제는 또 다른 문제다. 시간이 흐를수록, 조직의 진짜 건강 수준을 결정짓는 건 '성과 뒤에 감춰진 과정'이다.

앞서 살펴본 첫 번째 전략 '믿음수당'은 조직구성원 간 신뢰를 제도화한 모델이다. 이 수당은 단순한 인센티브가 아니다. 구성원이 평소 어떤 태도로 일하고, 동료와 어떤 관계를 맺으며, 조직을 어떻게 바라보는지를 정당하게 인정해 주는 방식이다. 결국 '믿음수당'의 핵심은 결과보다 과정을 존중하는 데 있다.

하지만 제도 하나가 마련되었다고 조직문화가 쉽게 바뀌지는 않는다. 특히 단기성과와 비용을 중시하는 기업 환경에서는 장기간 '과정 중심 평가'를 받아들이기 어렵다. 이를 극복하기 위해서는 단계적 도입과 혼합 평가 체계가 필요하다. 초기에는 핵심 팀이나 프로젝트 단위에서 시범 시행하고, 정량적 결과와 정성적 과정을 함께 반영하는 방식으로 점진적으로 확산할 수 있다. 또한 360도 피드백, 사례 기반 질적 평가, 정기회의와 같은 구조적 장치를 활용하면 평가의 공정성과 실효성을 높일 수 있다. 관리자 역시 과정 중심 평가를 모범적으로 실천하고, 사례를 공유하며 팀과 조직의 문화를 강화해야 한다.

이를 실제로 보여주는 사례가 있다. 구글은 OKR_{Objectives and Key Results} 시스템을 도입하여 조직의 목표설정과 성과관리를 혁신적으로 변화시켰다. 이 시스템은 개인과 팀의 역할을 투명하게 하고, 정기적인 리뷰를 통해 진행 상황을 점검하며 필요시 목표를 조정할 수 있게 한다. 또한 목표달성 여부와 관계없이 과정에서 얻은 교훈을 중요시함으로써, 과정 중심 평가의 가치를 조직문화 속에 녹여내고 있다(참고: Google's OKR Playbook).

신뢰는 결과로 측정할 수 없는 가치다. 결과 중심의 평가 틀 속에 '믿음'을 끼워 넣는 방식은 본질을 흐릴 수밖에 없다. 건강한 조직은 결과보다 더 중요한 것이 무엇인지를 알고, 그것을 평가기준으로 삼는다. 성과는 드러나 보이지만, 신뢰는 보이지 않는 과정에서 출발한다. 이 지점에서 '성과 중심 평가'에서 '과정 중심 평가'로의 전환은 조직의 체질을 바꾸는 핵심 전략이 된다.

이 주제를 더 쉽게 풀어보자. 나는 약 8개월 동안 치과를 다니고 있다. 이가 전체적으로 좋지 않아 매달 한 번씩 정기적으로 치료를 받아야 한다. 처음엔 귀찮고 번거로웠지만, 갈수록 느끼는 게 있었다. 치과 질환은 '한때의 관리가 아니라 평소의 지속적인 관리가 진짜 중요하다'는 점이다. 그런데 어느 날 문득, 내 양치 습관이 조직 운영 방식과 닮아 있다는 생각이 들었다. 치과에 가기 전날이나 당일에는 유독 양치를 열심히 한다. 치실도 하고, 가글도 하고, 평소보다 훨씬 정성스럽게 입안을 관리한다. 의사 선생님께 "관리를 잘 하고 있다"는 인상을 주고 싶은 심리가 작동하는 것이다. 그러나 치과를 가지 않는 날에는 양치 시간이 훨씬 짧아진다. 바쁘고 귀찮고, "이 정도면 괜찮겠지"라는 안일함 때문일 것이다.

이런 모습은 조직 안에서도 자주 발견된다. 성과 중심으로 평가하는 조직에서 구성원들은 결과가 드러나는 시점만을 의식해 움직이는 경우가 많다. 연말 실적 평가, 분기별 목표 점검, 주요 성과 발표회 같은 '보여지는 순간'을 앞두고 갑자기 성과 자료를 정리하고, 보고서를 다듬고, 팀워크를 강조한다. 평소에는 과정에 무관심하다가도, 평가가 가까워지면 급히 포장하는 식이다.

성과 중심 평가는 단기적 동기부여에는 효과적일 수 있다. 하지만 장기적으로는 '보여주기식 행동'이 누적되면서 조직의 신뢰와 진정성이 약화된다. 구성원들은 '평소 아무리 열심히 해도, 결국 눈에 보이는 시점에 잘 보여야만 인정받는다'고 느끼고, 지속적인 몰입보다 순간의 생존 전략에 몰두하게 된다. 과정 중심 평가는 다르다. 단기적 성과도 중요하지만, 그 성과가 만들어지는 과정, 즉 협업 방식, 업무 처리 태도, 문제 해결 능력, 피드백 수용력을 함께 평가한다. 이는 마치 매일 꾸준히 양치하고 관리해야 치아 건강이 유지되듯, 조직에서도 학습, 실천, 소통, 자기관리와 같은 '꾸준함'을 중시하는 접근이다.

치과 검진을 앞두고 하루 이틀 양치한다고 치아 건강이 회복되지 않듯, 조직구성원도 한 번의 성과로 평가받아서는 안 된다. 성과를 내기까지 어떤 태도로 일했고, 어떤 행동으로 동료와 협업했는지를 함께 보아야 한다. 그래야 진짜 신뢰받는 사람, 진짜 남들이 생각하지 못한 것을 생각하는 사람이 조직 안에서 자랄 수 있다.

성과 중심 평가가 무조건 나쁘다는 것이 아니다. 단지 그것이 과정에 대한 자기점검 없이 결과만으로 평가될 때, 조직은 점점 피상적 목표에 매몰되고 구성원들은 '결과만 좋으면 된다'는 단기주의에 빠질 위험이 크다는 점을 짚고자 하는 것이다. 경쟁력 있는 조직은, 구성원들이 평소에도 양심적·자율적으로 책임감 있게 일할 수 있는 환경과 평가시스템이 필요하다. 검진 당일만 반짝 닦는 방식으로는 치아 건강을 담보할 수 없다. 평상시 치아 관리만 잘해도 돈 번다는 말이 있듯, 진짜 건강한 조직은 평소에도 성실하게 관리되는 조직이다.

전략 1에서 제안한 '믿음수당' 역시 이러한 철학 위에 서 있다. '성과'라는 결과보다 '신뢰'라는 과정을 어떻게 들여다볼 것인가. 이것이 전략 2가 다루는 핵심 주제다.

과정을 볼 수 없다면 신뢰도 보이지 않는다.

성과는 때로는 운이나 외부 요인에 의해 좌우되기도 한다. 프로젝트 결과가 좋았다고 해당 구성원의 역량이나 태도가 반드시 뛰어남을 의미하는 건 아니다. 반대로 결과가 기대에 못 미치더라도, 그 과정에서 보여 준 진정성 있는 협업 태도, 성실함, 책임감은 조직이 놓치지 말아야 할 중요한 가치다. 믿음수당은 바로 이러한 허점을 보완하려는 시도다.

하지만 이 제도가 조직 안에 제대로 기능하려면, 조직 전체의 평가 기준이 근본적으로 바뀌어야 한다. 여전히 많은 조직이 숫자와 실적 중심의 평가에 머물러 있는 상황에서 믿음수당은 왜곡되기 쉽다. '성과가 곧 사람의 가치'라는 인식하에서는 진정한 신뢰 평가는 뿌리내리기 어렵다. 이런 환경에서는 구성원들이 협업보다는 단기적 실적을 위한 행동에 몰입하게 된다.

이러한 과정을 보완하기 위해, 정성적 요소를 반영한 평가 모델이 실제로 도입된 사례와 연구가 있다. 해외 기업의 대표적 예는 구글의 OKR_{Objectives and Key Results} 시스템으로, 과정에서 얻은 교훈을 중시하며 진행 상황을 정기적으로 점검한다. 이를 통해 단순한 결과보다 목표 달성을 위한 과정과 학습을 체계적으로 관리한다. 국내에서는 중소기업의 디자인 관리 성과를 평가하기 위해 정성적 지표를 포함한 모델이 개발된 바 있으며(최우식, 박범구, 2016), 건설업체를 대상으로 한 연구에서, 오익진 등(2006)은 BSC(균형성과표)를 기반으로 재무적 요소뿐 아니라 내부 프로세스, 학습과 성장 등 비재무적 요소까지 포함한 성과지표를 개발한 바 있다. 이러한 사례들은 과정 중심 평가의 효과와 가능성을 보여준다.

앞에서도 언급한 것처럼, 그럼에도 현실에서는 평가의 공정성과 인식의 왜곡이 문제로 남는다. 믿음수당은 상급자가 받고 구성원이 평가하는 구조다. 과정과 기준이 명확하지 않으면 '상급자와 구성원 간의 관계에 따라 수당이 달라진다'는 잘못된 인식이 퍼질 수 있으며, 신뢰를 바탕으로 설계된 제도가 오히려 조직 내 감정적 갈등을 촉발할 위험도 있다.

따라서 믿음수당이 본래 목적을 살리려면, 조직문화와 평가 방식 전반을 함께 점검해야 한다. 단순한 실적 평가가 아니라, 구성원의 태도와 문제 해결 과정 등 정성적 요소를 고려하고, 이를 관찰·기록하는 체계적 방법을 마련하는 것이 중요하다. 조직이 먼저 '보이지 않는 가치'를 제대로 감지하고 존중할 수 있어야, 어떤 제도도 의도대로 작동할 수 있다.

이제 조직은 구성원에게 이렇게 물어야 한다. "당신은 어떤 태도로 일했습니까?", "당신은 누구와 어떻게 협업했습니까?", "당신은 우리 조직의 가치를 어떻게 실천했습니까?" 믿음수당은 이 질문에 대한 응답이자, 그 응답을 제도로 연결하려는 시도다. 결과만을 평가하는 조직은 성과에 흔들리고, 구성원의 몰입 수준은 점점 낮아지며, 단기 성과주의에 빠진다. 그러나 과정을 함께 바라보는 조직은 더 깊고 단단한 신뢰를 쌓으며, 지속가능 성장의 길로 나아간다. 그것이 바로 건강한 조직이 지닌 가장 큰 경쟁력이다.

과정 중심의 성과평가시스템 설계

조직이 결과 중심 평가 체계에 익숙해져 있을 경우, 구성원의 문제 해결을 위한 노력이나 협업의 진정성과 같은 '과정'은 평가에서 간과되기 십상이다. 앞 절에서 살펴본 것처럼, 건강한 조직문화를 조성하려면 이러한 과정 중심의 요소들이 평가 시스템 안에 반드시 포함되어야 한다. 과정 중심 평가는 단순한 '느낌'이나 '인상'에 머물러서는 안 되며, 체계적으로 설계되고 명확히 기록될 수 있어야 한다. 무엇보다도 환경 변화의 속도가 빨라지고 이에 따라 새로운 업무 처리 방식이 요구되면서, 구성원 간 협업은 이제 선택이 아닌 필수이다. 다음의 일곱 가지는 과정 중심 평가 시스템을 설계하는 데 실질적인 도움이 될 수 있다.

첫째, 과정 중심 평가는 지속적 관찰과 기록이 핵심이다. (관찰과 기록)

성과는 일정 시점에 수치로 드러나지만, 과정은 일상의 작은 행동 속에 녹아 있다. 구성원의 업무 방식, 협업 태도, 신뢰 행동 등은 단 한 번의 평가나 일회성 결과만으로는 파악하기 어렵다. 특히 신뢰는 상급자의 평가보다 하급자와 동료의 관찰을 통해 더욱 명확히 드러난다. 따라서 구성원 각자가 상급자와 동료의 행동을 일상적으로 관찰하고, 간단한 메모나 피드백으로 기록하는 구조가 필요하다. 이러한 기록과 공유가 쌓이면서 과정 중심 평가는 실질적인 힘을 갖는다.

둘째, 하급자 기반 피드백 시스템을 안정적으로 운영해야 한다. (평가시스템)

상향식 제도에서는 하급자의 관찰과 피드백이 평가의 핵심이다. 이를 효과적으로 작동시키려면, 신뢰 행동에 대한 구체적 기준을 제시하고, 익명성과 의견 보호 장치를 마련해야 한다. 예를 들어 솔직한 정보 공유, 책임 완수, 약속 준수 등 행동 기반 항목을 명확히 제시하면 피드백의 객관성과 공정성을 높일 수 있다.

셋째, 평가 항목은 구체적 사례와 명확한 기준에 따라 설계해야 한다. (평가 기준)

신뢰, 책임감, 소통 수준 등 정성적 요소는 수치화가 어렵지만, 이를 평가에서 배제할 수는 없다. 구체적 사례와 행동 기반 항목을 제시하면 평가자는 판단 기준을 확보하고, 피평가자는 기대되는 행동을 명확히 인식할 수 있다. 특히 하급자가 상급자를 평가하는 구조에서는, 모호하거나 추상적인 항목이 감정적·주관적 평가로 흐르는 것을 방지하기 위해 더욱 세심한 설계가 필요하다.

넷째, 평가자의 역량 강화를 위한 체계적인 교육이 이루어져야 한다. (평가자 역량)

과정 중심 평가는 단순히 항목을 체크하는 방식으로는 효과를 기대하기 어렵다. 관찰된 정보를 평가자가 올바르게 해석하고 판단하는 능력이 평가의 성패를 결정한다. 구성원의 태도와 협업 과정 속에서 신뢰를 파악하려면, 높은 수준의 관찰력과 해석 능력이 필요하다. 따라서 조직은 평가자가 이러한 능력을 갖출 수 있도록 체계적인 교육과 훈련을 제공하고, 과정 중심 평가의 철학과 의미를 내면화할 기회를 함께 제공해야 한다.

다섯째, 구성원을 '참여하는 주체'로 인식하도록 해야 한다. (구성원 참여)

과정 중심 평가는 평가자가 관찰하고 판단하는 것만으로 완성되지 않는다. 구성원 스스로 자신의 일하는 방식과 태도에 대해 점검하고 평가하며, 개선하려는 노력을 적극적으로 표현하고 기록할 때 비로소 '살아 있는 과정'이 된다. 이를 위해 자기평가, 월간 과정 중심 평가 미팅, 하급자와의 상호 피드백 등 참여적 활동이 일상적으로 이루어져야 한다. 또한 실패나 시행착오를 솔직하게 공유할 수 있는 편안한 소통과 인정의 문화가 마련되어야, 평가가 '벌점'이나 '감시'가 아니라 성장을 지원하는 시스템으로 인식될 수 있다.

여섯째, 과정 중심 평가의 정착을 위해 조직문화를 변경해야 한다. (조직문화)

아무리 뛰어난 평가 시스템이라도 이를 뒷받침하는 문화가 없으면 형식적 절차에 그치기 쉽다. 결과만 중시하고 단기성과에 집중하는 문화에서는 과정 중심 평가가 '불필요한 번거로움'으로 인식될 수 있다. 따라서 조직 전체가 과정 존중, 협업, 신뢰의 가치를 공유하는 문화로 변경(수정)해야 한다. 이러한 문화 변경은 실수와 시행착오조차 학습의 자산으로 받아들이는 포용적 분위기 조성을 의미하며, 편안하고 열린 소통이 가능할 때 과정 중심 평가는 진정한 힘을 발휘하고 조직의 지속 발전과 구성원 간 신뢰 형성에 기여할 수 있다.

일곱째, 과정 중심 평가는 기업 규모를 넘어 적용할 수 있다. (적용 범위)

대부분의 대기업은 성과평가 시 결과뿐 아니라 과정을 함께 고려하며, 구성원 간 협업 지수나 행동 기반 평가 항목을 체계적으로 반영한다. 반면, 중소기업이나 소규모 조직은 인력과 시간, 예산 등의 제약으로 이러한 지표를 바로 개발하고 적용하기가 쉽지 않다. 그렇다고 과정 중심 평가가 불가능한 것은 아니다. 작은 조직에서는 핵심 항목만을 우선 선정하고, 구성원들의 자발적 참여와 의견 수렴을 통해 평가 기준을 함께 만들어 나갈 수 있다. 예를 들어, 월간 미팅에서 팀 내 협업 사례를 공유하고 관찰 가능한 행동을 기록하는 방식만으로도 과정 중심 평가는 충분히 실현 가능하다. 이렇게 하면 제한된 자원 속에서도 과정 평가 문화를 시작할 수 있으며, 경험이 쌓이면 점차 체계적이고 정교한 시스템으로 확장할 수 있다

HEED 실천 전략

⚙ 과정 중심 평가 체계, 이렇게 시작하세요.

- **관찰 일지 도입**
  구성원 각자가 상호 협업 경험과 신뢰 행동을 관찰하고 간단히 기록하는 '관찰 일지' 시스템을 도입한다. 이는 하급자-상급자, 동료 간 모두 적용된다.

- **상향 피드백 훈련**
  하급자가 상사의 신뢰 행동을 평가할 수 있도록, '상향 피드백 가이드'와 간단한 사례 중심 워크숍을 제공한다.

- **동료 및 하급자 평가 양식**
  정성 항목을 정량적으로 표현할 수 있도록 설계된 '신뢰 행동 평가 체크리스트'를 만들어 익명 기반으로 피드백을 주고받는다.

- **자기점검 및 공개 과정 일지**
  구성원 스스로 자신의 신뢰 행동, 협업 과정, 실수에 대한 피드백 수용 등을 정리해 동료들과 공유하는 문화를 정착시킨다.

- **성과 리뷰 회의**
  결과만 공유하는 회의가 아니라, 신뢰 기반의 협업 사례, 배운 점, 자기점검의 내용을 나누는 시간으로 구성하여 '과정'의 가치를 재조명한다.

11장
관행 변경의 습관화 실천하기

11.1 왜 관행을 바꿔야 하는가

익숙함을 경계하라

새로운 평가 방식이 조직문화에 자리 잡게 하기 위해서는 보다 근본적 변화, 즉 조직의 관행을 바꾸는 작업이 반드시 선행되어야 한다. 제도 및 정책의 도입만으로는 충분하지 않으며, 일하는 방식과 생각하는 습관이 달라져야 변화가 실제로 작동한다. 그런데 관행을 바꾸는 데 있어 가장 중요한 것은 '언제' 바꾸느냐이다. 앞서 2부에서 말했듯, 어떤 행동이 조직 안에 습관으로 자리 잡기 전, 즉 아직 어색하고 낯설 때 바꾸는 것이 훨씬 쉽다. 일단 특정 방식이 편리하거나 안정적으로 느껴지기 시작하면, 그것은 '관행'이 되고, 이후엔 아무리 바꾸려 해도 내부 저항과 무관심에 부딪히기 마련이다.

여기서 핵심은, 우리가 관행이라는 것을 '관행'이라고 인식조차 못한다는 점이다. 관행은 특정 절차나 규칙이 아니라, 늘 하던 방식이 굳어 버린 일상이다. 마치 숨을 쉬듯 당연히 여겨져 문제로 인식되지도 않고, 질문조차 사라진다. 이 때문에 조직 문제를 진단할 때 관행은 종종 그 존재조차 감춰진 '보이지 않는 걸림돌'이 된다.

예컨대, 앞서 4장에서 소개한 사례처럼, 어떤 현장 사무실에는 여전히 코로나19 당시의 사회적 거리두기 지침이 그대로 붙어 있다. 지금은 전혀 의미 없는 지침이지만, 아무도 그것을 이상히 여기지 않으니 지금도 그대로인 것이다. '누군가 떼겠지' 하며 지나치거나, 아예 눈에도 들어오지 않는다. 익숙한 것에 무조건적 수용이 '자연스러운 일상'으로 굳어지는 전형적 모습이다.

관행은 일정 시간이 지나면 일종의 '자동화된 행동 양식'으로 반복되며 어떠한 문제의식도 가질 이유 없이 굳어진다. '왜 이렇게 하는가'를 물을 이유도 없고, 심지어 새로 들어온 사람마저도 기존 구성원들의 방식 그대로 따른다. 그렇게 관행은 지속적으로 '자기복제'되고, 변화의 동력은 점차 사라져 간다. 이런 구조에서는 아무리 좋은 전략이나 제도를 도입하더라도 실질적 효과를 기대하기 어렵다. 변화는 낯선 것과 마주하는 데서 시작된다. 낯섦보다 익숙함을 경계해야 하는 이유가 여기에 있다

낯선 시도에 관대한가?

한 번 굳어진 관행은 좀처럼 바뀌지 않는다. 일시적 변화에 성공하는 듯하더라도, 종종 예전의 익숙한 방식으로 되돌아가는 경향을 보인다. 이는 단지 개인적 습관을 넘어, 조직 전체의 심리적 편향과 집단행동의 결과다. 구성원들은 변화에 대한 불안감이나 낯섦보다 이전에 경험한 익숙함과 안정감을 선택하는 경향이 강하기 때문이다.

조직 내 이러한 특성은 새로운 전략이나 시스템 도입 시 특히 두드러진다. 예컨대, HEED와 같이 '과정 중심'의 접근을 요구하는 시스템을 도입하는 경우, 기존의 결과 중심 문화에 대한 익숙함 탓에 강하게 반발할 수 있다. 변화 자체보다 그 변화가 요구하는 사고방식의 전환을 부담스러워 하기 때문이다. 그래서 낯선 시도는 '비효율적', '복잡하다', '지금은 때가 아니다' 같은 이유로 쉽게 거부된다.

이러한 변화저항에 대응하기 위해서는 팀 차원의 역할이 중요하다. 연구(김정수, 2008)에 따르면, 변화저항이 높은 개인들로 이루어진 팀은 그렇지 않은 팀보다 지속학습활동이 떨어지는 경향이 있다고 보고하였다. 이를 완화하기 위한 방안으로 제시되는 것이 팀 모니터링과 팀 지원행동이다. 팀 모니터링은 변화로 인해 업무 수행에 어려움을 겪는 구성원을 관찰하고 지원하는 활동이며, 팀 지원행동은 새로운 환경에서 발생하는 어려움을 동료가 직접적으로 도와주는 행위를 가리킨다. 이 두 활동은 변화로 인한 불안을 줄이고, 팀 전체의 학습과 적응을 촉진하는 핵심 요인으로 작용한다.

그러나 익숙한 방식대로 일처리하려는 경향이 강한 조직에서는 새로운 시도가 쉽게 일시적 이벤트로 간주되거나, 단순 시범 적용에 그치는 경우가 많다. 구성원들은 '이러다 말겠지'라는 생각에 젖어 적극적으로 참여하기보다는 관망하거나 최소한의 행동으로 대응한다. 이로 인해 변화는 지속되지 못하고 표면적 실험에 머무르며, 오히려 구성원들의 냉소와 피로감만 키우게 된다.

처음에는 편리하고 효율적이었던 익숙한 관행도 시간이 지나며 점차 조직의 경직성을 심화시키는 고착화된 방식으로 변한다. 변화의 신호에 민감하게 대응하기보다 기존 시스템을 방어하려는 태도가 앞서게 되고, 조직은 점점 환경 변화에 둔감해진다. 결국 '왜 안 되는가'를 점검하기보다는 '원래 하던 대로 하면 되지 않느냐'는 분위기가 만연하며, 변화 대응력은 점차 약화된다.

이처럼 관행은 익숙한 것들과 편안한 것들 속에 놓인 위기다. 눈에 잘 띄지 않지만, 그 영향력은 크다. 특히 변화의 타이밍에서 조직이 낯선 시도를 어떻게 받아들이느냐에 따라 미래 방향이 결정된다. 조직이 스스로에게 묻고 답해야 할 질문은 이것이다.

"우리 조직은 낯선 시도에 얼마나 관대한가?"

이 질문에 진지하게 답하지 않는 한, 어떤 전략도 실질적 변화로 이어지긴 어렵다.

관행의 변화는 구성원의 태도에서 시작된다.

관행이 조직을 지배하는 진짜 이유는 놀랍도록 단순하다. 사람이 그렇게 움직이기 때문이다. 조직이란 결국 개인들의 집합이고, 관행은 그 개인들이 익숙하게 반복한 행동의 총합이다. 그래서 아무리 좋은 시스템이나 제도가 마련돼 있더라도 실제로 움직이는 사람들의 태도와 의지가 변하지 않으면 바뀌지 않는다.

고장난 기계는 부품을 교체하여 수리할 수 있지만, 사람은 다르다. 사람의 행동은 생각과 감정, 그리고 '그 동안의 습관'에 의해 움직인다. 새로운 방식을 받아들이려면, 먼저 자신의 현재 방식이 최선인지 의심하는 태도, 즉 자기점검이 필요하다. 문제는 여기서 시작된다. 많은 사람이 자신들의 일 처리 방식이나 조직 내 역할 수행에 대한 불만을 가지면서도 그것이 '관행의 문제'라고 인식하지 못한다. 더욱이 관행을 스스로 바꾸려는 시도는 불편하고 어렵게 느껴진다. 이런 상황에서 흔히 등장하는 반응은 다음과 같다. "결국 성과가 말해 주는 것 아닌가?", 혹은 "성과는 조금 미흡하지만 평소에 정말 열심히 했다. 그런데 왜 평가가 불공정하게 느껴지는 걸까?" 이는 관행의 벽 앞에서 개인이 느끼는 혼란과 저항감의 실체다. 결과를 중요시 여기는 문화 속에서 살다 보면, 과정 중심의 평가는 어색하고 '열심히 한 결과'가 과소평가된다는 감정적 반발이 생긴다.

결국 관행은 시스템이나 제도가 아니라, 그것을 받아들이는 사람의 태도에서 비롯된다. 그리고 조직의 변화는 구성원 개개인의 작은 인식 전환에서 비롯된다. '이 일이 정말 최선인가?', '나는 왜 이 방식으로 일하고 있는가?' 같은 질문을 던질 수 있을 때, 조직 안에 진짜 변화의 가능성이 열린다.

HEED가 강조하는 겸손의 가치는 바로 이 지점에서 큰 의미를 갖는다. 자신의 행동과 사고를 되돌아보고, 지금까지의 방식이 최선이 아닐 수 있음을 받아들이는 태도. 이것이 곧 관행을 바꾸는 출발점이다.

HEED가 잘 작동하는 조직의 조건

"조직의 성장을 가로막는 가장 큰 요인은 무엇인가?"라는 질문을 받을 때, 나는 주저 없이 '조직 관행입니다'라고 답한다. 그만큼 관행은 조직의 성과, 분위기, 나아가 변화의 속도까지 좌우하는 핵심 요소다. 특히 HEED처럼 새로운 평가 철학과 일하는 방식을 요구하는 제도가 정착되려면, 단순한 시스템 도입으로만은 어렵다. 결국 핵심은 사람이고, 더 중요한 것은 구성원들의 '일하는 방식'과 '생각하는 습관'을 바꾸는 것이다.

관행을 자각하는 데에 거창한 변화나 대단한 혁신이 필요한 것은 아니다. 지금 당연하게 여겨지는 사소한 일들, 예를 들어 회의 방식, 보고서 작성과 보고 방식, 출퇴근 태도 같은 것에 의문을 갖는 작은 시도만으로도 충분히 시작할 수 있다.

조직 관행은 단지 절차의 문제가 아니다. 그것은 조직의 분위기이며 문화다. HEED가 잘 작동하기 위해서는 먼저 구성원들이 "우리는 달라질 수 있다"는 믿음과 신뢰를 공유해야 한다. 아무리 좋은 전략과 제도가 마련되어도 '관행이 좋아하는 말, 행동, 환경'이 조직에 널리 퍼져 있으면, 관행의 변화는 점점 어려워진다.

앞에서도 언급한 것처럼, 역설적으로 외부 환경이 급격하게 변화할 때야말로 조직이 기존 관행을 점검하고 새롭게 바꿀 수 있는 절호의 기회가 된다. 국민권익위원회 「기업윤리 브리프스」(2019년 5월호)에 따르면, 국내외 기업들은 재무와 비재무정보를 통합적으로 공시하는 방식으로 기존 관행을 혁신해 왔다고 밝혔다. 예컨대 덴마크 제약기업 노보 노르디스크는 재무보고서와 지속가능경영보고서를 결합한 통합보고서를 통해 재무·비재무적 가치 창출을 함께 제시하고 있다고 보고하였다. 또한 코카콜라는 환경, 인권, 사회적 영향 등 비재무적 성과를 핵심성과지표(KPI)로 수치화하여 공개하며, 이러한 지표의 신뢰성을 지속적으로 검증해 공시하고 있다고 밝혔다. 국내 사례로 현대건설은 2011년부터 통합보고서를 도입하여 경제·사회·지배구조 성과를 이해관계자에게 제공하고 있으며, 이는 투자자의 의사결정을 지원하는 동시에 유럽 등에서 확산된 비재무정보 공시 의무화에 선제적으로 대응한 사례라고 평가된다. 이러한 시도들은 외부 환경 변화에 맞추어 관행을 혁파한 대표적 사례라 할 수 있다.

평소 같으면 '잘 돌아가고 있는 시스템'을 굳이 건드릴 이유가 없다고 느끼게 되지만, 환경의 급변은 그런 판단의 여지를 허락하지 않는다. 급변하는 외부 조건은 조직의 전략 방향을 재정립하게 만들고, 그 과정에서 기존의 사고방식이나 업무 방식, 즉 관행 전반에 대한 검토가 필연적으로 뒤따른다. 특히 불확실성이 커지는 시기일수록 익숙한 방식에 의존하던 조직은 더 큰 리스크에 직면할 수 있으므로, 기존 관행에 대한 자기점검이 그 어느 때보다 절실해진다.

이런 시점에 구조조정과 관행 변경을 동시에 추진하면, 구성원들의 저항을 상대적으로 줄일 수 있다. 앞에서도 언급한 것처럼 다만 "새 제도를 도입하겠다"는 선언보다 외부 환경 변화에 대응하기 위해 "이러 이러한 변화가 불가피하다"는 설득은 더 큰 공감을 불러일으킬 수 있다. 구성원들 또한 위기의식을 공유하여 변화에 대한 필요성을 더 이상 '선택지'가 아닌 '현실'로 받아들인다. 무엇보다 변화를 '누군가의 의지'가 아니라 '불가피한 대응'으로 인식할 때, 그 변화는 조직 내에서 자연스럽고 빠르게 흡수된다.

이러한 상황은 조직이 구성원들에게 변화의 필요성과 이유를 정당하게 설명할 수 있는 명분을 제공한다. 그 명분은 단지 제도 도입을 정당화하는 수단에 그치지 않고, 조직의 분위기와 문화를 바꾸는 출발점이 된다. 구성원들은 단지 '일하는 방식'을 바꾸는 것을 넘어, '조직이 나아가려는 방향'을 함께 이해하고 수용한다. 이처럼 강력한 명분과 함께 형성되는 새로운 분위기는 구성원들로 하여금 변화를 능동적으로 받아들이게 하는 기반이 되며, 조직 전체가 변화의 흐름에 자발적으로 동참할 수 있도록 만든다.

11.2 HEED로 보는 상하 커뮤니케이션의 혁신

HEED로 살펴본 상하 커뮤니케이션의 실제

조직 내 커뮤니케이션은 단순한 말의 주고받음을 넘어 관계를 형성하고 신뢰를 쌓거나 무너뜨리는 중요한 역할을 한다. 다음의 표에는 실제 조직 내 상황을 HEED 관점에서 분석한 대화 사례로, 상급자가 어떻게 응답하느냐에 따라 하급자가 느끼는 겸손, 공정, 실책에 대한 태도와 낙심 정도가 달라질 수 있음을 보여준다. 표에는 개인의 직무, 동료 간 관계, 조직공정성, 팀 분위기, 조직의 방향 및 전략 등 다섯 가지 카테고리로 구분하여 제시하고 있다.

1. 개인의 직무 관련 사례

직무 수행 중 실수나 지연이 발생했을 때, 하급자가 사과하면 상급자의 반응은 조직 분위기에 큰 영향을 미친다. 예를 들어, 출장으로 보고서 제출이 늦어진 상황에서 상급자가 "늦어진 이유를 공유해 줘서 고마워요. 다음엔 어떻게 하면 더 원활할지 같이 고민해보죠"라고 응답하면, 하급자는 낙심에서 회복하고 신뢰를 유지할 수 있다. 반면, "그건 네가 알아서 했어야지. 다음에 또 그래 봐라"라는 반응은 하급자의 사기를 저하시켜 업무 의욕을 떨어뜨릴 수 있다.

과거의 성과를 근거로 같은 방식을 반복하는 하급자에게 상급자가 변화된 환경을 인식시키며 겸손하게 접근하면, 하급자의 사고 폭이 넓어지고 환경 변화에 대한 인식 수준도 높아진다. 반대로, "그때 좋은 성과를 냈다면 이번에도 활용할 수 있을 것 같아"와 같은 반응은 환경의 변화를 간과한 태도로 비칠 수 있다. 상급자의 인식 수준은 하급자의 관점에도 영향을 미치므로, 상황에 맞는 피드백이 중요하다.

결재 요청이나 보고 등 일상적인 커뮤니케이션에서도 상급자가 겸손하고 공정하게 응대하면 신뢰가 형성되고, 위계를 지나치게 강조할 경우 하급자는 위축될 수 있다. 새로운 프로세스 제안에 수용적인 태도를 보이는 것은 조직 혁신을 촉진하며, 실수를 인정하는 하급자에게는 그 용기를 격려하고 개선을 유도하는 태도가 효과적이다. 반면, 반복된 실수를 이유로 낙인을 찍는 태도는 구성원의 위축과 소극적인 태도를 유발할 수 있다.

[표 1] 개인의 직무 관련 HEED 응답 사례

하급자의 말	HEED 관련 요소	상급자의 긍정적 응답	상급자의 부정적 응답
출장 때문에 보고서 작성이 늦어서 죄송해요	낙심, 실책	늦어진 이유를 공유해줘서 고마워요. 다음엔 어떻게 하면 더 원활할지 같이 고민해보죠. (겸손↑, 낙심 회복)	그건 네가 알아서 했어야지. 다음에 또 그래 봐라. (낙심 방치, 책임 전가)
지난 분기에도 이렇게 작성했는데 성과가 좋았어요!	겸손	그때와 지금은 상황이 다르잖아. 지금은 하루가 다르게 변해! (겸손↑)	그때 좋은 성과를 냈다면 이번에도 활용할 수 있을 것 같네요. 의견 고마워요. (환경변화의 간과)
결재 요청 드립니다. E-mail 혹시 보셨을까요?	겸손, 공정	아, 아직 확인 못했네요. 기다리게 해서 미안해요. 우선순위로 처리할게요. (겸손↑, 공정한 절차 준수)	내가 그렇게 한가한 사람으로 보여? 내가 매일 보고하라고 했잖아. (불쾌함 전달, 위계 과시)

더 효율적인 프로세스를 제안 드리고 싶어요	겸손	좋은 제안이네요. 구체적으로 이야기 들어볼 수 있을까요? 처리할게요. (겸손↑, 변화수용)	지금 시스템도 문제없는데 굳이 바꾸자고? (변화 거부, 수동적 복종 강요)
이건 제 판단이 부족했던 것 같아요	실책, 낙심	실수는 누구에게나 있죠. 중요한 건 그걸 인정하고 개선하려는 자세예요. (낙심 회복)	그러니까 실수가 잦은 거야. 좀 더 신중하게 해. (실책 비난, 낙심 유발)

2. 동료 간 관계에 대한 사례

동료 간 갈등이나 의사소통 문제를 제기할 때, 상급자의 공정하고 겸손한 개입은 조직 내 신뢰 회복에 중요하다. 예를 들어, 특정 동료가 자신의 의견을 무시한다고 느낄 때 상급자가 "그런 상황이셨다면 많이 답답하셨을 것 같습니다. 그분과 이야기해보겠습니다"라고 대응하면 하급자는 공정한 관계를 경험하게 된다. 반면, "너희끼리 알아서 해"라는 회피는 갈등을 방치하는 셈이 된다.

또한 소통 부족이나 갈등 상황에서 워크숍 제안 등 적극적 중재는 팀워크를 높일 수 있다. 비효율적인 방식에 대한 하급자의 문제 제기를 상급자가 수용하면 겸손한 학습조직으로 성장할 수 있다. 실수 고백에 대해 심리적 안정감을 주는 반응은 개인의 성장을 돕는다. 반면, 비난하거나 낙인찍는 반응은 낙심을 심화시킨다. 또한, 과도한 목표 설정에 대해 현실적인 재조정 의지를 보이면 공정성이 회복되고, 반대로 불만으로 치부하면 소통 단절로 이어질 수 있다.

[표 2] 동료 간의 관계 관련 HEED 응답 사례

하급자의 말	HEED 관련 요소	상급자의 긍정적 응답	상급자의 부정적 응답
A님이 제 의견을 자주 무시하시는 것 같아요	공정, 낙심	그런 상황이셨다면 많이 답답하셨을 것 같습니다. 그분과 따로 이야기해보겠습니다. (낙심과 공정성 회복)	그건 너희끼리 알아서 해결해! (공정성 회피, 갈등 방치, 낙심 방치)
팀원끼리 소통이 잘 안 되는 것 같습니다	겸손, 낙심	중요한 문제네요. 커뮤니케이션 방식을 함께 고민해보는 워크숍을 제안해볼까요? (겸손과 공정성↑)	소통은 네가 못해서 그런 거야! (책임 전가, 낙심 유발)
B님과 갈등이 생겼는데, 일이 제대로 안 되고 스트레스가 쌓이는 것 같아요	공정, 낙심	이야기해줘서 고마워요. 갈등이 더 커지기 전에 함께 조율해보죠. (공정성↑, 신뢰 회복)	왜 매번 문제를 만들지? (낙심 유발, 비난)
이번 업무처리 방식이 비효율적인 것 같습니다	겸손, 실책	좋은 관찰이에요. 어떤 방식이 더 효과적일지 함께 검토해볼까요? (겸손↑, 아이디어 수용)	그건 네가 아직 잘 몰라서 그래. (위계 과시, 낙심 유발)
제가 이번 프로젝트에서 실수한 것 같아요	겸손, 실책	인정하기 쉽지 않았을 텐데 말해줘서 고마워요. 그 경험에서 배운 점을 함께 나눠볼까요? (심리적 안정감↑)	또 실수했어? 다음에도 이럴 거야? (낙인찍기, 심리적 위축 유발)
이번 목표는 너무 비현실적인 것 같습니다	공정, 낙심	의견 고마워요. 설정한 기준을 다시 검토해보는 것도 필요하겠네요. (공정성 회복)	그냥 하라는 대로 해! 불만 많네. (공정성 무시, 소통 단절)

3. 조직공정성에 관한 사례

불공정한 업무 분담, 승진, 평가 등의 이슈는 하급자의 낙심을 유발할 수 있으며, 이에 대해 상급자가 어떻게 반응하느냐가 조직의 신뢰도에 큰 영향을 준다. 동일 업무인데 야근이 자신에게 집중된다는 문제 제기에 대해 "조정이 필요해 보입니다. 재배분하겠습니다"라는 반응은 공정성과 겸손을 드러낸다. 반면, 실력이 부족하다는 식의 인신공격은 불신을 심화시킨다.

승진이나 성과 평가 기준의 불명확성은 명료성을 요구하는 하급자 목소리를 반영해야 한다. "기준을 명확히 공유 하겠습니다"는 신뢰를 높이는 반응이며, "그건 위에서 정하는 거니까 신경 쓰지 마. 나도 몰라"는 권위적 태도다. 누군가 실수에 관대하고 누군가는 질책 받는 상황을 제기했을 때 상급자가 공정한 기준을 재점검할 것을 약속하면, 조직의 공정성을 구현하게 된다. 공유 부족이나 불공정에 대한 낙심 표현에도 공감과 개선 의지를 보이는 것이 중요하다. "조직은 원래 그런 것"이라는 체념 유도는 조직의 몰입 수준을 떨어뜨린다.

[표 3] 조직공정성 관련 HEED 응답 사례

하급자의 말	HEED 관련 요소	상급자의 긍정적 응답	상급자의 부정적 응답
동일 업무인데 저만 야근을 많이 하고 있어요	공정, 낙심	그 부분은 조정이 필요해 보여요. 상황을 다시 파악해서 공정하게 재배분하겠습니다. (공정, 겸손↑)	네가 실력이 떨어지니까 더 노력해야지. (공정성 결여, 인격 무시)
승진 기준이 모호한 것 같아요	공정, 낙심	정당한 질문이에요. 승진 기준을 더 명확히 공유하겠습니다. (공정↑)	그건 위에서 정하는 거니까 신경 쓰지 마. 나도 몰라. (불투명, 권위적)

성과 평가가 불공정하다고 느껴져요	공정, 낙심	그렇게 느끼셨다면 저희가 놓친 부분이 있을 수 있어요. 구체적으로 이야기해 주시겠어요? (공정, 겸손↑)	그렇게 느끼는 사람은 원래 결과도 안 좋아. (인격 무시, 낙심 유발)
누구는 실수해도 그냥 넘어가고, 누구는 질책받아요	공정, 낙심	구체적인 사례를 알려주시면, 공정한 기준을 다시 점검하는 데 반영하겠습니다. (공정, 겸손↑)	그건 착각이야. 기준은 항상 똑같이 적용되고 있어. 예민하게 굴지 마. (공정성 무시, 감정 폄하)
이런 결정은 미리 공유되었어야 하지 않을까요?	겸손, 실책	맞아요, 그 부분은 저희가 놓쳤네요. 다음에는 사전에 충분히 공유되도록 하겠습니다. (겸손, 실책 인정)	윗선에서 정한 거니까 따르기만 해. 너무 따지지 마. (권위적, 일방적)
불공정한 일이 있어 일이 무의미하게 느껴져요	공정, 낙심	어떤 점에서 그렇게 느끼셨는지 자세히 말씀해 주시겠어요? 개선에 참고하겠습니다. (공정, 낙심 공감)	그런 태도로 일하면 더 힘들어져. 조직은 원래 그런 거야. (공감 결여, 체념 유도)

4. 팀 분위기에 대한 사례

팀 분위기가 위축되었거나 구성원들이 말을 아끼는 상황에서는 상급자의 공감 어린 대응이 심리적 안정감을 높이는 데 중요한 역할을 한다. 예를 들어, 팀 분위기가 침체된 상황에서 상급자가 "저도 비슷하게 느꼈어요. 이야기할 시간을 마련해요"라고 제안하면, 구성원이 낙심에서 회복하는 계기가 될 수 있다. 반면, "그런 얘기 할 시간에 일이나 더 해요"처럼 상황을 무시하거나 감정을 억누르는 반응은 팀의 위축된 분위기를 더욱 악화시킨다.

의견 표명이 어렵거나 지적 중심의 피드백 문화가 형성된 환경에서도 마찬가지다. 상급자가 "편하게 이야기할 수 있는 환경을 만들겠다"거나 "앞으로는 더 격려하겠다"는 식의 태도를 보일 경우, 구성원들은 점차 심리적 안정감을 느끼며 조직문화도 개선될 수 있다. 그러나 "그런 걱정할 시간에 실적 올려요. 일 잘하면 지적 안 받아요"처럼 위협적으로 들리는 언행은 오히려 표현의 자유를 위축시키고 구성원을 소극적으로 만든다.

이처럼, 겸손한 자세와 낙심 회복을 중심으로 한 의사소통은 건강한 팀 문화를 조성한다. 반대로 과도한 통제나 상황에 대한 몰이해는 구성원들의 반감을 키우고 조직 내 신뢰를 저해할 수 있다. 상급자는 구성원의 정서적 표현을 존중하고, 공감과 이해를 바탕으로 한 소통을 통해 팀의 편안한 분위기를 조성해야 한다.

[표 4] 팀 분위기 관련 HEED 응답 사례

하급자의 말	HEED 관련 요소	상급자의 긍정적 응답	상급자의 부정적 응답
요즘 팀 분위기가 위축된 것 같아요	낙심	저도 비슷하게 느꼈어요. 솔직하게 이야기 나눌 수 있는 시간을 마련해볼까요? (낙심 회복, 겸손)	그런 얘기 할 시간에 일이나 더 해요. (겸손↓, 공감 부족)
모두 너무 조심해서 말을 안 하려고 해요	겸손, 낙심	저도 그런 분위기를 느꼈어요. 실수해도 괜찮은 분위기를 같이 만들어 봐요. (낙심 회복, 겸손↑)	그건 본인들 문제죠. 할 말 있으면 하는 거고, 안 하면 없는 거예요. (낙심 유발, 책임 전가)
칭찬보다는 지적이 많은 것 같아요	낙심	그런 피드백 고마워요. 앞으로 더 많이 인정하고 격려하려고 노력할게요. (겸손, 낙심 회복)	일 잘하면 지적 안 받아요. (낙심 유발, 내적 동기 위축)
의견을 말하면 괜히 찍힐까 걱정돼요	낙심	그런 걱정이 생긴다는 게 안타깝네요. 편하게 말할 수 있는 환경을 만들겠습니다. (공정, 겸손↑)	그런 걱정할 시간에 실적 올려요. (위협적, 억압적 분위기)

이런 주제는 좀 더 편하게 얘기할 수 있으면 좋겠어요	낙심	맞아요. 이런 이야기가 자주 오갈 수 있어야죠. 편하게 이야기해요. (낙심 회복)	계속 편하게 하자고만 하면 조직이 산으로 가요. (공감 결여, 과잉 통제)
요즘 팀 분위기가 지나치게 경직된 느낌이에요	겸손, 낙심	집중도도 중요하지만 너무 긴장되면 비효율적일 수 있어요. 균형을 찾아봅시다. (공정, 겸손↑)	지금이 중요한 시기니까 당연히 더 집중해야죠. (위협적, 몰이해)

5. 조직 방향과 전략에 대한 사례

조직 전략이나 방향에 대해 하급자가 문제를 제기하는 것은 단순한 불만이 아니라 조직이 스스로를 점검할 수 있는 기회를 제공한다. 예를 들어, 경쟁사에 비해 전략이 지나치게 보수적이라는 지적에 대해 상급자가 외부 시각의 중요성을 인정하고 회의 내용에 반영하겠다고 약속하면, 조직은 보다 유연하고 개방적인 태도를 갖게 된다. 반대로 "우리 방식대로 해"라는 반응은 폐쇄성과 방어적인 태도를 드러내며 구성원의 제안 의지를 꺾는다.

조직 목표와 전략 간의 연계성 부족, 현장 의견의 반영 미흡 등에 대해 하급자가 문제를 제기했을 때, 상급자가 논리적이고 겸손하게 대응하면 구성원들은 조직의 방향성을 더 깊이 이해하고 주도적으로 참여할 수 있다. 그러나 이를 무시하거나 책임을 회피하는 방식으로 반응한다면 하급자의 참여 동기를 약화시키고 조직에 대한 신뢰를 떨어뜨릴 수 있다.

비전과 미션이 현실과 부합하는지에 대한 질문, 장기 전략에 대한 균형 잡힌 시각의 제안도 상급자의 수용 여부에 따라 조직의 전략적

민첩성에 영향을 미친다. 설명이 부족하다는 지적에 대해 상급자가 진심 어린 설명과 맥락을 제공하면 하급자의 낙심을 예방할 수 있다. 반면, "꼭 설명까지 들어야 하니? 결과로 증명해"와 같은 반응은 일방적이고 위계 중심적인 문화를 강화하고 조직구성원의 수동성을 유발한다.

이러한 사례들은 HEED 요소를 기준으로 상급자의 반응이 조직문화를 어떻게 긍정적 또는 부정적으로 이끌 수 있는지를 구체적으로 보여준다. 건강한 조직은 겸손, 공정, 명료성, 그리고 낙심 회복을 중심으로 한 상호작용이 자연스럽게 이루어지는 곳이다. 결국 상급자의 언행은 단순한 응답을 넘어, 조직의 문화와 방향을 결정짓는 중요한 변수로 작용한다.

[표 5] 조직의 방향, 전략 관련 HEED 응답 사례

하급자의 말	HEED 관련 요소	상급자의 긍정적 응답	상급자의 부정적 응답
경쟁사에 비해 우리 전략이 너무 보수적인 것 같아요	겸손	외부 시각도 중요하죠. 구체적인 아이디어가 있다면 전략 회의 때 함께 검토해볼게요. (겸손, 수용)	우리는 우리 방식대로 해. 다른 데랑 비교하지 마. (폐쇄적, 방어적)
조직의 목표와 전략이 잘 연계되어야 하는 거 아닌가요?	겸손	건설적인 지적이에요. 목표와 전략이 잘 연결되는지 다시 확인해서 공유하겠습니다. (겸손, 명료성)	그건 네가 알 필요 없어. 시키는 일만 해. (의견 배제, 권위주의)
현장의 의견이 반영되지 않는 것 같습니다	공정	현장의 목소리는 조직 운영에 핵심이에요. 말씀해주셔서 감사합니다. (공정성, 참여 존중)	넌 그냥 시키는 대로 해. (의견 무시, 낙심 유발)

비전과 미션이 현재 상황과 잘 맞지 않은 것 같아요	겸손	그런 시각은 매우 중요해요. 현실에 맞는 방향인지 점검해보겠습니다. (겸손, 진정성)	그건 네가 걱정할 일 아니야. (폐쇄적, 책임 회피)
단기성과도 중요하지만 장기적인 방향도 함께 고려해야 할 것 같아요	겸손	좋은 시각이에요. 장기적인 방향 없이 당장의 성과만 좇는 건 위험하죠. 함께 점검해 봐요. (겸손, 수용)	지금은 실적이 급해. 장기 방향은 윗선에서 정해. (단기성과 편향)
왜 이런 방식으로 일해야 하는지 설명이 부족한 것 같아요	겸손	맞아요, 설명이 부족했네요. 결정의 배경부터 다시 말씀드릴게요. (겸손, 명료성)	꼭 설명까지 들어야 하니? 결과로 증명해. (낙심 조장, 일방적)

11.3 관행을 바꾸는 다섯 가지 실천 방안

관행은 기존의 방식대로 일하는 하나의 습관을 말한다. 그러나 이 습관이 고착화되면 새로운 생각이나 변화는 쉽지 않다. 이는 흔히 '자동적 사고'가 작동하기 때문이며, 결과적으로 관행은 고집으로 굳어지고 결국 고정관념으로 이어질 수 있다. 따라서 조직과 개인 모두가 이러한 습관을 인식하고 개선하기 위한 지속적인 훈련과 교육에 힘써야 한다. 다음은 이를 위한 실천 방안이다.

실천1 관행 인식하기: 익숙함 들여다보기 연습

조직에서 당연시해 왔던 업무 방식과 태도에 스스로 질문을 던져 보는 일은, 변화의 첫 걸음을 떼는 일이다. "왜 이렇게 해 왔을까?",

"꼭 이 방식이어야만 했을까?"라는 단순한 질문이 때로는 큰 전환점을 만들어 낸다. 익숙한 관행을 의식적으로 들여다보고 그 안에 감춰진 불필요함과 비효율을 조금씩 발견하는 연습이 반복되면, 조직은 점차 스스로 진화하는 체질로 바뀔 수 있다.

익숙함을 돌아보는 일은 결코 거창한 데서 찾지 않아도 된다. 예를 들어, 작게는 매주 회의 시작 전 5분을 투자해 '이번 주 관행 점검' 코너를 열어보는 것만으로도 충분하다. 조금 더 확장해서는 분기마다 '관행 되짚기 워크숍'을 여는 방안을 시도해볼 만하다. 무엇보다 중요한 건 리더가 먼저 "사실 저도 그동안 익숙한 방식에 기대고 있었어요!"라고 고백하며 솔선수범하는 것이다. 그럴 때 구성원도 훨씬 더 편안하게 참여할 수 있다.

조직 내 익숙한 관행 점검표

구분	점검 항목	이런 질문, 해 보셨나요?	바꾸려면 이렇게 시작해 보세요
조직 차원	비전·미션 재점검	현재의 비전과 미션이 지금도 유효한가?	분기별 비전·미션 리뷰 미팅 운영
	신제품/서비스 개발 회피	성과가 좋다고 새로운 시도를 미루고 있지는 않은가?	분기별 전략 점검 워크숍 운영
	경쟁사 인식 부족	최근 경쟁사는 어떤 시도를 하고 있는가?	월별 벤치마킹 리포트 공유
팀 차원	보고서 양식 고착화	지금의 양식이 실제 업무에 도움이 되는가?	실무자 의견 수렴 후 양식 개정
	의견 표현 위축	회의에서 이견을 말하기 쉬운 분위기인가?	회의 후 '이견 존중 시간' 운영

개인 차원	고정된 업무 습관	늘 같은 자리에 앉아 있지 않은가?	회의 시 자리를 바꿔 앉아보기
	무비판적 동조	다른 의견이 있었지만 말하지 않았던 적은 없었는가?	회의 후 1분간 '다르게 말해보기' 시간 운영

실천2 작게 시작하기: 관행의 변화를 위한 최소 단위 찾기

관행의 변화는 실현가능한 작고 구체적인 변화에서 출발하는 것이 더 효과적일 수 있다. 조직 관행을 바꾸는 일은 단기간에 끝나는 일이 아니며, 그 첫걸음은 일상 속 사소한 습관과 절차를 점검하고 바꾸려는 시도에서 시작된다. 너무 사소해 의미 없을 것 같은 개선조차도 작은 변화가 쌓이고 반복되면 결국 조직의 일하는 방식 전체를 바꿀 수 있는 힘이 된다.

예를 들어, 회의 시간을 매주 10분씩만 줄여보는 것도 좋은 방안이다. 불과 10분을 줄이는 것만으로도 회의 집중도와 효율성이 높아지고, 자연스럽게 회의 준비 방식이나 참여 방식 등 전반적 변화를 이끌 수 있다. 특히 회의용 보고서에 과도한 글자 크기 제한이나 형식 규칙은 없는지, 회의가 리더 중심으로만 진행되는 것은 아닌지 살피는 것만으로도 개선의 실마리를 찾을 수 있다. 단 하나의 규칙만 완화하거나, 발언 방식을 조금만 바꾸어도 구성원들이 체감하는 변화는 의외로 크게 다가온다.

작게 시작할 수 있는 관행 개선 점검표

구분	점검 항목	작게 시작할 수 있는 실천	기대 효과
조직 차원	보고서 실행력 부족	보고서 실행 여부에 대한 피드백 요청	실행력 강화, 실무 연계 향상
	형식 중심 보고 관행 (예 글자 크기, 정렬 규정 중시)	제목·핵심 내용 중심 보고서 간소화	실무 시간 절약, 실용성 향상
	결재 절차 복잡	결재 단계 축소 시범 운영	의사결정 속도 향상, 실무자 실무 시간 확보
	현장의 안전 위협 사각지대 존재	사각지대 신고 직원 포상 (예 지게차 후방에 형광 표시)	사고 예방, 가시성 향상
팀 차원	회의 시간 과다	회의 시간 10분 단축 시범·적용	집중도 향상, 회의 질 개선
	리더의 일방적 회의 진행	회의 주도자 순환 제도 운영	구성원 참여 확대, 소통 활성화
개인 차원	지나치게 빠르게 작성된 보고서	품질 체크리스트 작성 후 활용	실수 감소, 완성도 향상
	아이디어 제안 주저	아이디어 노트 작성 후 팀과 공유	창의성 촉진, 심리적 안정감 향상

> **실천3** 편하게 질문하는 조직 만들기

관행을 바꾸려는 여정에서 가장 중요한 출발점은 '편하게 질문할 수 있는 문화'를 만드는 것이다. 누구든 "왜 이렇게 하죠?", "꼭 이래야 하나요?"라는 질문을 불편 없이 꺼낼 수 있는 분위기가 조성되어야 한다. 특히 리더가 솔직하고 환영하는 태도로 먼저 질문을 던짐으로써, 심리적 안정감을 높이는 데 큰 역할을 할 수 있다. 중요한 건 정답보다 질문이 환영받는 환경이다.

정기적으로 '편하게 질문하는 날'을 운영해 보자. 사소해 보이는 의문이라도 자유롭게 꺼낼 수 있도록, 누구에게나 질문이 허용되고 환영받는 날을 만드는 것이 핵심이다. 리더는 "질문은 많을수록 좋습니다. 오늘은 편하게 질문하는 날입니다", "질문하기 좋은 하루, 놓치지 마세요!"처럼 분위기를 여는 말을 먼저 건네며, 그 질문들을 반갑게 받아들이는 태도를 보여야 한다.

편하게 질문하는 조직 실천 방안 점검표

구분	표현	조직관행의 유형	개선을 위한 방안
조직 차원	"그건 누구나 생각해"	아이디어 폄하 문화	'무엇을 기대했는지'를 함께 묻는 피드백 구조 도입
	"왜 이렇게 하죠?" 문제 제기 못함	질문 없는 형식주의 문화	보고서·회의 자료에 '이유 묻는 한 줄' 포함 제안
	"사인만 하면 돼요"	결과 중심 보고 문화, 무비판 결재 문화	보고서 양식에 질문·피드백란 포함 유도
팀 차원	"회의에서 튀면 안 돼" 분위기	침묵(체념) 문화	회의 중 다양한 의견에 '1개 이상 피드백' 의무화
	"질문 있어요!" 말하기 어려움	질문 차단 회의 문화	회의 후 5분간 '자유 질문 시간' 운영

개인 차원	"가만히 있어도 본전은 건져요"	비판받는 문화	책상에 '질문 환영' 메모 붙이기 실천
	"눈치가 보여서 말이야…"	소극적 참여 문화	제안 노트 기록 → 주 1회 팀과 공유
	"그냥 시키는 대로 하는 거야"	의문 억제 문화	'의문 기록 노트' 작성해 공유 가능성 열기

ⓒ 실천4 관행 변화의 정착을 위한 점검 및 실천하기

일회성의 변화로 끝맺지 않고, 새로운 관행이 또다시 익숙한 관행으로 굳어지는 것을 경계해야 한다. 새로운 관행도 시간이 지나면 다시 익숙한 방식으로 고착화될 수 있다. 익숙함이 고착화되기 전에 그 징후를 찾아내는 습관을 꾸준히 길러 나가는 것이 중요하다. 무엇보다 좋은 관행도 변경하지 않으면 원래대로 되돌아가기 마련이므로 지속적인 관찰과 주의 깊은 실천이 중요하다.

우선, 평가 항목에 '관행 변화 시도 참여'와 같은 요소를 반영함으로써 결과 중심에서 벗어나 실천의 노력을 공식적으로 인정하는 시스템을 마련해야 한다. 또한 관행 변화 추진 담당자를 지정하여 변화의 기획과 실행을 전담하게 하면, 변화의 흐름을 조직 전반으로 확산시키는 데 효과적이다. 또한, 관행 변경의 전후를 비교하고 기록하는 문서화 작업은 변화의 의미를 구성원들이 명확하게 인식하는 데 도움이 된다.

관행 변화 정착을 위한 점검 및 실천 방안 점검표

구분	관행 유지 사례	고착화 가능성	정착을 위한 실천 방안
조직 차원	이전 성과에 안주하는 보고 방식 (이전에도 이렇게 했는데 좋은 평가 받았어요!)	기존 방식으로의 회귀	매월 '일하는 방식 점검' 회의 운영
	일회성, 보여주기 식 캠페인으로 매듭	반복 실천 부족	분기별 변화 미션제 및 성과 인증 배지 운영
	교육 이후 실행 부재	전환 학습 결여	교육 후 1주 내 실천 피드백 회의 시스템 구축
	관행 변화 과정이 평가에 반영되지 않음	실천 동기 저하	'새로운 시도 및 과정 참여' 평가 항목 신설 및 반영
팀 차원	성과 발표회 등 특정 시점에만 관행 변화 시도	평상시 관심 부족	월 1회 '미니 성과 공유 모임' 운영
	반복 실수에 대한 동일한 대응	개선 노력 부재	반복 이슈 관리 루틴 (공유 → 피드백 → 기록) 운영
	관행 변화 추진 팀 및 담당자 부재	팀 내 변화 주도력 부족	팀별 '관행 변화 리더' 및 '관행 실행 리더' 지정
개인 차원	실천 시도가 한두 번에 그침	단발성 실행	개인별 변화 일지 작성 및 주간 공유
	실천에 대한 인정 부족	실천 의욕 저하	과정 중심 피드백 제공 및 동료 칭찬 제도 운영

> **실천5** 실패를 허용하는 조직문화 만들기

관행의 변화를 시도하다 보면 누구나 실수나 실패를 경험할 수 있다. 중요한 것은 실패를 숨기지 않고 드러내며, 그 경험을 기록하고 공유하는 문화를 만드는 일이다. 실패를 터부시하거나 회피하는 분위기에서는 누구도 새로운 시도를 하려 하지 않는다. 반대로 실패를 학습의 자산으로 인식하고, 이를 기반으로 개선점을 찾아가는 조직은 끊임없이 진화할 수 있다.

먼저 실패에 대한 인식을 전환할 수 있도록 '작은 실패 사례 공유 시간'을 정기적으로 마련하는 것이 좋다. 또한 '안전한 실험 존' 공간을 마련하는 것도 효과적이다. 리더가 먼저 자신의 실패를 고백하는 것도 효과적이다.

실패 허용 조직문화 점검표

구분	실패 관련 상황	기존 반응	문화 조성을 위한 실천 방안
조직 차원	안전사고 발생 후 빠른 정상화	사고 은폐, 조기 복귀 우선	사고 원인 및 개선 아이디어 공유 회의 정례화 (현장 직원 참여 필수)
	아이디어 실패 시 비난 문화	"괜히 했네" 등 실패를 낭비로 간주	실패 사례 발표회 개최, "실패로부터 배운 점" 포스터 게시
	책임 추궁 중심 평가	도전 회피 유도	'실패 인정' 평가 기준 도입, 과정 중심 평가 확대
	실패 기록 부재	학습 데이터 미축적	실패 경험 및 학습 결과 문서화 및 조직 내 공유 시스템 구축

구분	현상	원인	개선 방안
팀 차원	비공식 자리에서만 실패 제안	공개 제안 회피	'실패 공유 타임' 정례화(5분 공유)
	회의 중 실수 지적 시 무반응	발언 위축	팀장의 "실수는 학습입니다" 선언 및 긍정적 리액션 훈련
	개선 실패 무시	반복 실수 재현	실패 후 '다시 해 보기 미션' 부여, 동료 피드백 참여 유도
개인 차원	실수 혼자 감추고 수정	책임 회피 및 두려움	개인별 실수 기록장 작성 및 리더와의 1:1 리뷰 시간 운영
	실패 경험 공유 주저	타인 시선 부담	내부 블로그에 '실패 후기' 게시 및 칭찬 댓글 문화 조성
	실패 후 위축	자신감 저하	실패 시 "잘 시도했어요!" 피드백 제공, 응원 표현 문화 정착

에필로그

HEED는 마치 사람의 심장과 같습니다. 심장은 기분이나 감정에 흔들리지 않고, 단 한 순간도 멈추지 않으며 일정한 리듬으로 제 역할을 다합니다. 조직 역시 그러해야 합니다. 멈추지 않고 꾸준히 움직일 때 비로소 성장할 수 있기 때문입니다.

조직에 HEED를 심으면, 구성원들은 새로운 관점을 발견하고 문제를 선제적으로 해결하며, 깊은 신뢰를 바탕으로 협업합니다. 또한 조직의 목표를 향해 흔들림 없이 나아갑니다.

HEED의 네 가지 가치는 따로 떨어진 개념이 아닙니다. 겸손은 공정성을 높이고, 이 공정성이 뿌리내린 조직은 구성원의 문제를 자연스럽게 드러내어 실수를 예방합니다. 실수를 올바르게 다루는 문화는 구성원의 낙심을 줄이고 동기를 높입니다. 반대로, 겸손이 부족하면 구성원 간의 보이지 않는 차별이 생기고 이는 불공정한 평가로 이어집니다. 그 결과 구성원의 일하는 방식에 왜곡을 불러와 잦은 오류로 이어집니다. 이는 구성원을 낙심하게 만들고, 조직의 동력을 떨어뜨립니다.

이처럼 HEED는 겸손에서 시작해 낙심까지 이어지는 하나의 흐름입니다. 어느 한 지점에서 문제가 생기면, 다시 겸손으로 돌아가야 합니다. 이때의 겸손은 개인에게만 한정되는 것이 아니라, 조직 전체에도 스며들어야 합니다. HEED의 네 가지 가치는 독립된 항목이 아니라, 흐름이 끊기지 않도록 다시 시작할 힘을 품고 있습니다.

조직은 경쟁기업의 제품이나 전략은 모방할 수 있어도, 구성원 개개인이 지닌 태도와 신념은 쉽게 따라 할 수 없습니다. HEED는 조직이 남들과 다른 방식으로 경쟁력을 갖추게 하는 강력한 기반이며, 지속적 경쟁우위를 확보해가는 원천이 될 것입니다.

HEED에서 답을 찾는다
당신의 조직은 무엇에 멈춰 있습니까?

발행일	2025년 11월 25일 초판1쇄
지은이	양필석
펴낸이	오성준
편집	김재관
디자인	아작 디자인팀
펴낸 곳	카오스북
등록번호	제395-251002012000111호(2012년 10월 22일)
주소	경기도 고양시 덕양구 청초로 19 아이에스비즈타워센트럴 A동 706호
전화	02-3144-8755, 8756
팩스	02-3144-8757
웹사이트	www.chaosbook.co.kr
이메일	info@chaosbook.co.kr
ISBN	979-11-87486-63-3 93320
정가	22,000원

• 이 책은 지은이 양필석과 카오스북의 독점 계약에 따라 발행된 저작물로 저작권법의 보호를 받습니다.
• 어떠한 형태의 무단 전재와 복제를 금합니다.